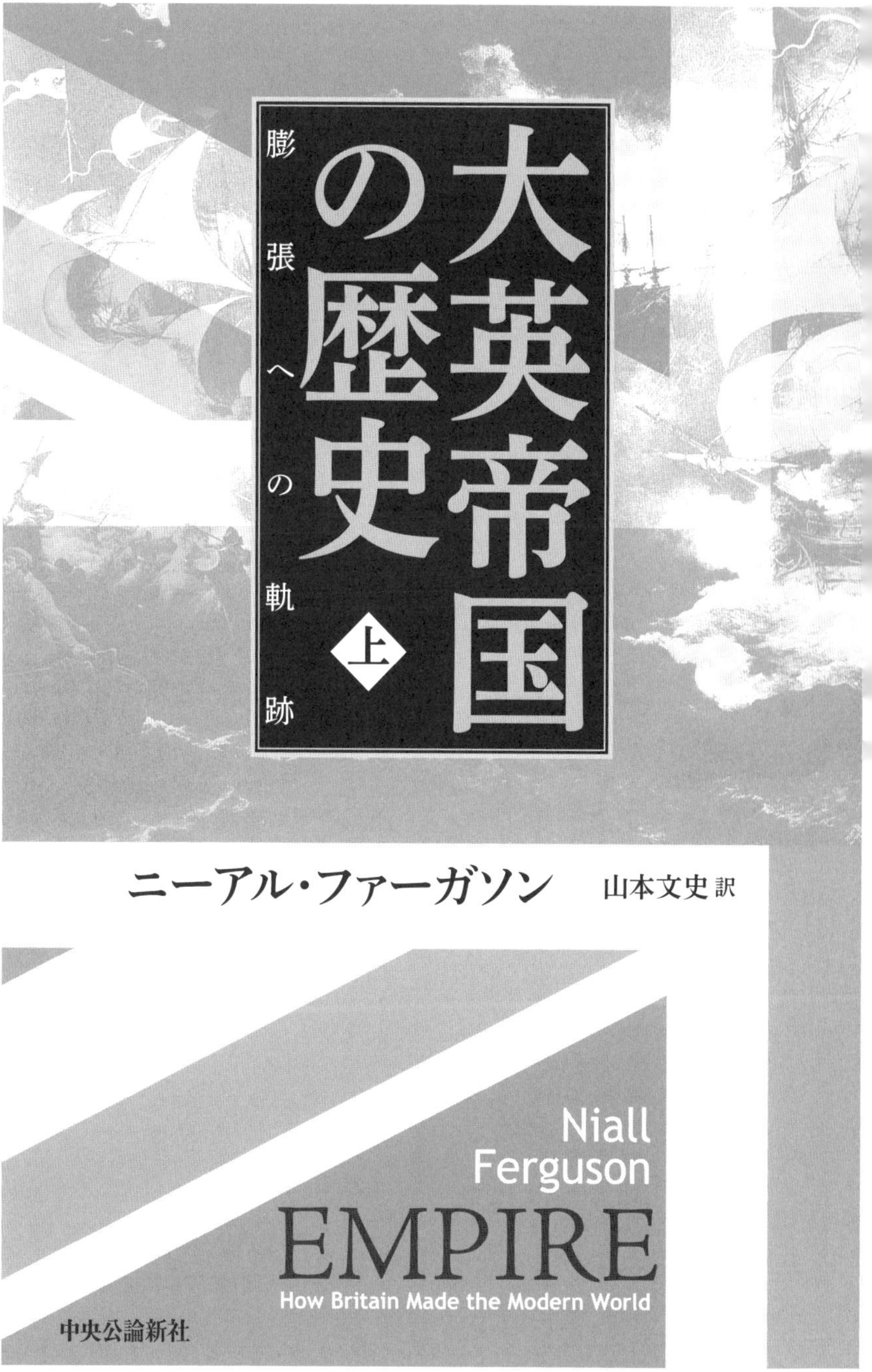

大英帝国の歴史

膨張への軌跡

上

ニーアル・ファーガソン　山本文史 訳

Niall Ferguson

EMPIRE

How Britain Made the Modern World

中央公論新社

大英帝国の歴史　上

目次

大英帝国の歴史　下　　目次

凡例

［　］は原著者による追記、〔　〕は訳者による追記。

＊は、原著者による注、＃は訳者による注。

大英帝国の歴史　上　膨張への軌跡

その古い川の幅広い流れは、陽が沈むなか、穏やかにたたずんでいる。長い年月にわたってテムズは、その岸辺に住む民に、恵みを授けてきた。この荘厳な流れは、地球の最果てまでつづいている。……絶えることのない潮の満ち引きは、これまで、幾多の男たちや、多くの船を、故郷での安息へと運び、海での戦いへと運んできた。この川は、この国が誇る男たちをすべて知り、彼らに奉仕してきたのだ。……テムズの流れは、暗闇に輝く宝石のような名をもつすべての船を、運んできたのである。……この川は、船と、船乗りたちを、すべて知っている。彼らは、デッドフォードから、グリニッジから、エリースから旅立った。冒険家たち、移民たち、海軍の艦船、取引所の船、船長たち、提督たち、東洋貿易に従事する闇の「インターローパーたち」、東インド会社の委託を受けた「将軍たち」、黄金を求めた者たち、名声を求めた者たち、皆、この川から旅立って行った。刀を携え、時には松明《たいまつ》を持ち、奥地へと伝える力のメッセージを携え、聖なる灯火《ともしび》の運び手として、旅立ったのだ。テムズの流れに乗って、見知らぬ地へと旅立った者たちの、何と偉大なことか！……彼らは、男の夢、コモンウェルスの種、帝国の源《みなもと》。……

ジョセフ・コンラッド『闇の奥』から

序章

イギリスは、今日、三億五〇〇〇万人あまりの外国の人々の運命をコントロールしている。これらの人々は、自分たちで統治を行ない得るまでには達しておらず、強力な軍事力による保護を与えなければ、強奪や不正行為の犠牲にされてしまう。イギリスはこれらの人々を統治しているが、その統治には、当然ながら、至らない点もあろう。だが、それはそれとして、ここで、あえて述べさせていただくならば、イギリスの統治は、かつてどの支配国家もその従属民に対して与えたことがないほどのものなのだ。

ジョージ・M・ロング教授〔カナダの歴史家：一八六〇―一九四八〕。一九〇九年

植民地主義が人種主義、人種差別、外国人排斥、そして、これらと関連のある不寛容を生んできた。……アフリカ人、アフリカ系の人々、アジア系の人々、先住民は、植民地主義の犠牲者となった。また、今後も、植民地主義の影響の犠牲となりつづける〔ことを認定する〕。……

人種主義、人種差別、外国人排斥、及び関連する不寛容に反対する世界会議、ダーバン宣言。二〇〇一年

かつて、一つの帝国が存在した。この帝国が統治する人の数は、世界人口のおよそ四分の一に及び、その面積は、地球の陸地表面の、ほぼ四分の一を占め、その海洋支配は、ほとんどすべての海に及んだ。イギリス帝国は、史上最大の帝国であり、これに比類し得るものは存在しない。ヨーロッパの北西岸沖に浮

かぶ雨の多い島国が、どうして世界を支配することになったのか、このことは、イギリス史の問題にとどまらず、世界史の問題として、根源的なものだろう。この本の目的の一つ目は、この問題に答えを出すことである。この本の二つ目の目的は、おそらくは、達成することがより難しいであろう。それは、イギリス帝国が良いものであったのか、それとも悪いものであったのかという問いに、答えを出すことである。

イギリス帝国は、全体として見れば、悪いものであった、そのように考えることが、現在では、まったく当然とされる。おそらく、イギリス帝国が悪いものと見なされる最大の理由は、イギリスが、大西洋の奴隷貿易、それから奴隷制自体に関与したから、というものであろう。奴隷制については、今日では、歴史の審判を受けるのみならず、政治的な問題ともなり、法的な問題に発展しかねないものともなっている。

一九九九年八月、〔ガーナの団体〕「アフリカ大陸への国際賠償と賠償真実委員会」は、〔ガーナの首都〕アクラで会合を開き、「奴隷貿易と植民地制度に従事し、そこから利益を得た西ヨーロッパとアメリカのすべての国家と組織」に対して賠償を求めた。適切な賠償額として示された金額は、七七七兆ドルという巨額なものだった。この金額は、「奴隷貿易によって命を失ったアメリカ人の数、そして、植民地とされていた間にアフリカ大陸から持ち出された金、ダイヤモンド、その他の鉱物資源の総額」に基づいた額であるとされた。一八五〇年以前に奴隷として大西洋を越えた一〇〇〇万人あまりのアフリカ人の内の三〇〇万人以上は、イギリスの船舶によって輸送されたのであり、このことを計算に入れると、イギリスが負うべきだとされる賠償額は、およそ一五〇兆ポンドとなる。

こうした主張は、現実離れしたものに見える。だが、このような考え方が、二〇〇一年の夏、〔南アフリカの〕ダーバンで開催された「人種主義、人種差別、外国人排斥、及び関連する不寛容に反対する国連世界会議」において推奨されたのである。この会議の最終報告は、奴隷ならびに奴隷制を、「人道に対する犯罪」であると「認定」し、「アフリカ系の人々、アジア人、アジア系の人々、先住民」を「犠牲者」

として「認定」するものであった。

この会議の別の宣言においては、「植民地主義」は、「奴隷」「奴隷貿易」「アパルトヘイト」「大虐殺」などと一緒にひとくくりとされて、「過去の悲劇の犠牲となってきた人々の記憶に敬意を払う」ことが国連加盟各国に求められたのである。そして、会議は、「いくつかの国々は、過去に犯した重大な犯罪に対して自ら謝罪をし、その必要がある場合には、自ら賠償を行なってきた」と指摘し、その上で、「犠牲者の尊厳の回復を未だに行なっていないすべての国に対して、適切な方法によりそれを行なうことを求めた」。

このような呼びかけは、イギリスにおいても、注意が向けられなかったわけではない。二〇〇二年五月、ニュー・レイバー〔新しい労働党〕の前衛だと見なすこともできるロンドンに本拠を置く「シンクタンク」デーモス（Demos）の所長は、女王は、「イギリス連邦をより有効で今日的なものとするための第一歩として、過去の帝国の罪を謝罪するための世界ツアー」を行なうべきであると提案した。この提案を報道した通信社記事は、次のように、説明を加えていた。「イギリス帝国を批判する論者たちは、一九一八年のその最盛期にあっては世界の人口と面積の四分の一を支配してイギリス帝国は、圧政と搾取によってその莫大な富を築き上げた、と述べている」。

本書執筆時点において、BBCのウェブサイトの一つは、イギリス帝国の歴史を次のように簡潔に要約している（明らかに、子供たちを対象としたものである）。

> 後にこうしたやり方は改められたとはいうものの、帝国は、武力において劣るたくさんの人たちを殺し、彼らの土地を奪うことによって、巨大となったのです。陸軍のやり方というのは、マシンガンでたくさんの人たちを殺すというものでした。……帝国がバラバラになったのは、勇敢な改革者であったマハトマ・ガンディー

のような人たちが、人々のために立ち上がったからなのです。

ＢＢＣテレビで著名な歴史家が呈していた質問が、今日、常識的だとされている考え方を見事に要約しているように思われる。彼は、このように述べていたのだ。「どうして、自らを自由の民だと見なす人々が、世界の大部分をその隷属下に置くようになったのでしょうか？……自由の帝国は、どうして奴隷の帝国となったのでしょうか？」イギリスは「良い心がけ」を持ちながらも、どうして、「共通の人間善」を犠牲にして「市場〔利益〕に執着した」のだろうか？

受益者たち

イギリス帝国が存在したために、わたしの親族は、〔カナダの〕アルバータ、オンタリオ、フィラデルフィア、オーストラリアのパースといった具合に、世界各地に散らばっている。わたしの父方の祖父ジョンは、帝国の恩恵を受けて、二〇代の初め、エクアドルでインディアン〔先住民〕に金物《かなもの》と安酒を販売していた。* わたしは、祖父が持ち帰ったアンデス山脈の風景を描いた二枚の大きな油絵に畏敬の念を覚えながら育った。その二枚の絵は、祖母のリビングの壁に、よく見えるようにかけられていた。祖母の陳列棚には、中国の小立像と、薪の重みに押しつぶされ険しい顔つきとなった二体のインドの人形が、不釣り合いに並んでいた。帝国のおかげで、わたしの母方の祖父トム・ハミルトンは、イギリス空軍の士官としてインドとビルマ〔ミャンマー〕で三年以上を過ごした。そこで、日本を相手に戦っていたのだ。祖父が家に送った手紙は、祖母が丁寧に保管してきたものだが、戦時におけるラージ（Raj）〔イギリスのインド統治のこと〕について、鋭い観察眼と豊かな表現力で記録したものである。そこには、祖父の哲学の核となっていた懐疑深い自由主義が入り混じっていた。わたしが、今でも時折思い起こすのは、祖父がインドに駐留していた時に撮った写真を一枚一枚めくる喜びであり、襲いかかってくるタカ〔飛行機〕、そして、うだるような暑さについて祖父が語ってくれた時に感じた興奮である。

＊　もちろん、エクアドルは、植民地ではない。だが、ラテン・アメリカのイギリスの「非公式」経済帝国の一部であった。

帝国のおかげで、わたしの叔父イアン・ファーガソンが建築家の資格を得て最初に得た仕事は、マッキントッシュ・バーンという〔インドの〕カルカッタの会社での仕事であった。この会社は、ジランダー・マネージング・エージェンシーという会社の子会社であった。イアンは、イギリス海軍で社会人としての歩みを踏み出しており、生涯を外国で過ごすこととなった。最初はアフリカであり、その次は中東であった。叔父は、子供のわたしの目には、海外へと冒険に出る人物の典型のように見えていた。日焼けしており、大酒飲みで、強烈な皮肉屋だった。わたしがほんの幼い頃から、わたしを男として扱ってくれたただ一人の大人であった。罰当たりな言葉を遣い、ブラック・ユーモアを吐き、いつも男同士という立場で接してくれた。

彼の兄弟、つまりわたしの父も、海外に雄飛した時期があった。一九六六年、グラスゴーで医学の勉強を終えた父は、友人たちや親戚たちからの忠告をものともせず、妻と幼い二人の子供を連れてケニアへと旅立った。父は、ナイロビで、二年間に渡って、医学を教え、医療に従事した。そんなわけで、イギリス帝国のおかげで、わたしの子供時代の記憶は、植民地アフリカから始まっているのだ。ケニアは独立してから三年が経過しており、ラジオは、〔ケニアの初代首相〕ジョモ・ケニヤッタの代名詞ともなっていた曲『ハランベ、ハランベ（力を合わせて頑張ろう）』をひっきりなしに流していた。とはいえ、白人支配の時代から変化したものはほとんど何もなかった。わたしの一家はバンガロー[#]に住み、家にはメイドがおり、わたしたちは、片言のスワヒリ語を用いていた。そして、わたしたちが感じていた安全感は、絶対的なものだった。それはそれは素晴らしい時間だった。チーターが狩りを行なう姿、キクユ族の女性の歌声、雨季の始めの雨の匂い、熟れたマンゴーの味、それらの感覚は、わたしの意識に永遠に刻みこまれている。

　# 日本で「バンガロー」と呼ばれている山小屋風の粗末なものではなく、熱帯地方のイギリス植民地において広く見られたヨーロッパ系住民のための瀟洒な住宅のこと。バンガローは、エアコンのない時代に熱帯地方で快適に過ごせるよう、様々な工夫がなされた住宅である。

　わたしの母にとっては、もっとも幸福な時間だっただろう。最終的には、わたしたちは、グラスゴーのどんよりした空と、冬のベチャベチャ雪の下へと戻ってきたのだが、わたしたちの家は、ケニア時代の思い出の品々で満たされていた。ソファーの上には、レイヨウの皮がかかり、壁には、マサイ族の戦士の写真がかかっていた。妹とわたしがよく座っていたのは、荒々しくも美しい彫刻が施された足載せ台だった。二人とも、それぞれに、シマウマの皮の太鼓、モンバサ製の派手な籠、ヌーの毛で出来たハエ叩き、キクユ族の人形を持っていた。子供の頃はそのことについて考えることはなかったのだが、わたしたちは、植民地時代の名残で満たされた小さな博物館のような場所で育ったのである。わたしが、今も持っているのは、木製の、カバ、イボイノシシ、象、それからライオンの彫刻である。これらは、わたしが子供だった当時、最高の宝物であったものだ。

　それでも、わたしたちの一家は、故郷へと戻ってきた。そして、再び離れることはなかった。再びスコットランドへと戻ることがなかったのは、わたしの大叔母アグネス・ファーガソンである（彼女を知る人々からは、アギーと呼ばれていた）。アギーは、わたしの曽祖父で庭師であったジェームズ・ファーガソンと彼の最初の妻マリーの娘として一八八八年に生まれた。アギーは、進化をつづける帝国の夢を体現したような人物であった。

一九一一年、アギーと新婚ほやほやの夫アーネス・ブラウンは、カナダの美しい大草原の写真に魅せられて、旅立つ決意をした。夫の兄弟たちの例に倣い、ファイフ〔スコットランドの地名〕の家や家族、友人たちの下を離れ、西へと向かった。誘い水となったのは、〔カナダ西部〕サスカチェワン州の無料で手に入る一六〇エーカーの未開拓の土地であった。唯一付されていた条件とは、そこに家を建て、そこの土地を耕すことであった。家族の言い伝えによれば、アギーとアーネスはタイタニック号で発つ予定であった。ところが、どういうわけか、タイタニック号が沈んだ時、載っていたのは、彼らの荷物だけだった。そのこと自体は、ある種の幸運であったかもしれないが、その結果、彼らは、何も持たずに新しい生活を始めなければならないこととなった。

アギーとアーネスは、これでスコットランドの冬の厳しい寒さともおさらばだ、と思ったのだが、すぐに現実を思い知らされることとなった。彼らを迎えたロックグレンは、厳しい風が吹き付ける荒涼とした大地であり、気温は、霧雨の降るファイフより、はるかに下まで下がるのであった。アーネスが義理の姉妹のニリーに宛てた表現を用いるのならば、「極寒の地」なのであった。彼らが最初に家として建てたものは、非常に粗末なものだったので、彼らはそれを、トリ小屋と呼んだ。一番近い町であるムースジョウは、九五マイルかなただった。最初の頃、もっとも近い隣人はインディアンだった。幸いなことに、友好的なインディアンであった。

そうはいうものの、毎年クリスマスになると、親戚一同に、彼ら自身と「わたしたちの大草原の家」の白黒の写真が送られてきたが、それらの写真は、彼らの成功と充実ぶりを伝えるものであった。懸命に働くことによって手に入れた幸せである。三人の健康な子供たちの母となったアギーは、移民の妻としての、かつてのやつれた姿ではなくなっていた。アーネスは、大草原を耕すことによって、日焼けして、その肩幅は、がっちりしたものとなった。髭をそり落とし、かつてのしょげたような顔は、精悍なものとなった。トリ小屋は、クラップボード〔下見板〕を張ったファームハウス〔農家〕に取って代わられた。近所にスコットランド人の入植者が増えていったことにより、彼らの孤独感は、しだいに、収まっていった。以前は「ここの人たちは、スコットランド人のように新年を盛大に祝うことはしないのよ」と書き送ってきたほどだったので、故郷を遠く離れた地で同胞のスコットランド人たちとホグマネイ〔大晦日から一月一日まで夜通しつづくスコットランドの祭り〕を祝うことができるようになったことは、格別だったようだ。現在、彼らの一〇人の孫たちが、カナダのあちらこちらに住んでいる。カナダの一人当たりの国民所得は、イギリスを一〇パーセント上回っているのみならず、アメリカに次いで、二番目の高さなのだ〔原著執筆当時の数字〕。あれも、これも、すべてはイギリス帝国のおかげである。

このように、帝国の庇護の下で育った、などと述べようものならば、かなり陰鬱なイメージを人々に与えるようである。ところが、スコットランド人であるわれわれにとって、帝国とは、燦然《さんぜん》と輝く太陽なのだ。確かに、一九七〇年代までに、帝国は、地図の上ではほとんど消滅してしまった。だが、帝国の精神にどっぷり浸かっているわたしたちの一族にとっては、帝国の重要性は、疑問の余地のないものなのである。実際、帝国の遺産は、どこにでもあり、ありふれたものとなっているので、わたしたちにとっての帝国とは、あって当たり前の存在となっている。

カナダの祝日は、こうした感じ方に変化をもたらすほどのものとはなっていない。かつては、クライド川〔スコットランド中南部クライド北西に流れ、グラスゴーを経てクライド湾に注ぐ川〕の南岸においては、みんながカトリックであるアイルランドを罵《ののし》り、それが日常生活の一部となっていたが、帝国への感じ方を打ち消すものとはならなかった。わたしは、グラスゴーを、〈帝国〉「第二の都市」であるとうぬぼれて見なすような環境のなかで、ヘンリー・ライダー・ハガード#やジョン・バカン##をまったく無批判に読み、帝国のチーム同士のスポーツの試合を楽しみながら大人になったのである。スポーツの試合のなかでも最高だったのは、ラグビー「ブリティッシュ・ライオンズ〔イギリス本国代表〕」のオーストラリア、ニュージーランド、そして、（残念なことに、中断される前までの）南アフリカへの遠征試合であった。* わたしたちは、家では「エンパイア・ビスケット」を食べ、学校では「エンパイア・シューティング」をして遊んでいたのだ。

イギリスのファンタジー作家、冒険小説家、秘境探検小説を主に著した。
スコットランドの小説家、歴史家、政治家。
＊ 実のところ、南アフリカとのスポーツ試合遠征の禁止は、自由主義的な帝国主義思想を持っていた子供の頃のわたしにとって、容易に受け入れられるものであった。黒人の南アフリカ人の公民権や政治的権利を否定するということは、アフリカーナ〔白人の南アフリカ人〕が、単に自らの肌の色を強調しているということであり、アフリカーナによる支配を打ち破ろうとした啓蒙的なイギリス人による（残念なことに失敗に終わった）それまでの努力に対するアフリカーナの復讐として受け止めることができたからである。アパルトヘイトがイギリスによる統治と関係があるとか、イギリス自身がアパルトヘイトのような制度を暗黙のうちに行なっていたことがあったなどということは、〔子供であった〕当時のわたしには、思いもよらないことであった。

反対論者による主張

確かに、わたしが十代になる頃までには、〔イギリス陸軍のユニフォームである〕レッドコートを着て、上唇を引き締め、ヘルメット帽を被った男たちが世界を支配しているなどといった見方は、笑いのネタとしてしか通じなくなった。『カイバル峠を超えて（Carry On Up the Khyber）』『It Ain't Half Hot Mum』

『空飛ぶモンティ・パイソン（Monty Python's Flying Circus）』などでのネタである。それがもっとも端的に表われているのはモンティ・パイソンの映画『人生狂騒曲（The Meaning of Life）』のなかのセリフであろう。ズールー族との戦いで瀕死の重傷を負った「トミー」は、血を流しながら恍惚とした表情でこう叫ぶのだ。「上官どの、一五人の野郎どもを始末してやりました。故郷でそんなことをやったら、間違いなく絞首刑になるんでしょうが、ここでは勲章がいただけるんですよね！」

わたしがオックスフォードに入学した一九八二年になると、帝国は、笑いのネタにもならなくなっていた。当時、〔伝統あるディベート・サークル〕オックスフォード・ユニオンでは、「当会は、植民地化を悔恨すべきである」などということが真面目に論じられていたのである。若く愚かであったわたしは、これに真っ向から異議を唱え、そのことによって、学生政治家としての道は、早くも閉ざされてしまった。他の人たちみんながわたしのように帝国の過去をバラ色で見ているわけではない、ということがはっきりと分かったのは、この時であった。実際、わたしの同期生の何人かは、わたしに対してかなり憤慨していたので、わたしは、必死に自己弁護しなければならないほどであった。帝国について本格的な勉強を始めると、わたしとわたしの家族はとんでもなく間違ったことを教えられていたようだ、ということを認識するようになった。どうやら、帝国の負の遺産は、帝国がもたらした利益を、はるかに上回っているようだということを学んだのである。結局のところ、イギリス帝国は、悪い歴史の一つ、だというのである。

ここで、帝国主義に向けられた批判について、くどくどと説明する必要はないであろう。わたしの見るところ、これらの批判は、二種類に分類することができる。一種類目は、植民地統治を受けた側が負わされた負の側面を強調する見方であり、もう一種類は、植民地統治を行なった側の誤りを強調する見方である。一種類目の分類には、ナショナリストと共産主義者の両方が含まれる。『近代史について（Seir Mutaqherin）』（一七八九年）の著者であるムーガル朝の歴史家グーラム・フセイン・カーン（Gholam

Hossein Khan）から、『オリエンタリズム』（一九七八年）の著者であるパレスチナの学者エドワード・サイードに至るまで、レーニンや数多くの者がここに含まれる。二種類目の分類には、アダム・スミスを始めとして、自由主義者たちが含まれる。こちらに分類される論者たちは、イギリス帝国は、イギリスの視点から見ても「お金の無駄」であったと長年にわたって主張してきたのである。

ナショナリストと共産主義者の考え方の基本となっているのは、帝国主義が、経済的な搾取を行なうための思想であるという考え方である。先住民の文化を研究し、理解しようとするヨーロッパ人による真摯《しんし》な努力なども含めて、植民地統治のすべての側面が、「剰余価値」を従属民から最大限に搾取するための手段であるという理解なのである。

自由主義者たちの基本となっている考え方は、逆説的なものである。帝国主義——軍事力から、〔イギリス〕本国のビジネスにとって有利になるような関税の設定に至るまで、使える手段をすべて使うこと——は、市場の力を歪めることになるので、長い目で見れば、本国の経済に利益をもたらすものではない、と考えるのである。彼らの考え方によれば、市場の力が働くことによって世界経済が統合されることに価値があるのであって、帝国主義のように強制力を働かせることは、好ましくないのだ。それゆえ、〔イギリス本国の〕国内産業に投資を行なっていたならば、はるか遠くの植民地に投資を行なうよりも、イギリスにとって有益となったはずである、また、植民地防衛のための費用は、〔本国〕納税者の負担となっただけであり、これらは、〔本国の〕民生部門の製品に対して用いるべきであった、と考えるのである。

オックスフォード大学出版から新しく出された〔一九九八年から九九年にかけて全五巻で出版された〕『イギリス帝国史（The Oxford History of the British Empire）』に著者として参加している一人の歴史家は、さらに踏み込んだことを述べている。イギリスが一八四〇年代のなかばに植民地を手放していたならば、「脱植民地化の恩恵」として、二五パーセントの減税ができたであろう。そうであったならば、〔本国の〕

納税者は、電気製品や自動車、その他の耐久消費財にその分を消費できたはずであり、それによって、本国の産業の近代化が促進されたであろう、と述べているのだ。

一〇〇年近く前、〔経済学者の〕ジョン・アトキンソン・ホブソンや〔政治学者で社会学者の〕レオナルド・ホブハウスなどといった論者は、これと似たようなことを述べていた。さらにいえば、彼らは、一八四〇年代や一八五〇年代のリチャード・コブデンやジョン・ブライトの後継者であるともいえる。

アダム・スミスは、『国富論』(一七七六年)のなかで、「われわれの〔植民地産の〕様々な生産者の生産物を購入させるため、顧客となる国家を育成し、ありとあらゆるものを供給させる」〔帝国を維持するため、帝国内でありとあらゆるものを生産し、イギリス国民にそれらの産品を買わせる〕というやり方が、果たして賢明なものかどうか、疑問を呈していた。だが、イギリスの通商の拡大は、外交上の不介入政策と共にあるべきであると最初に唱えたのは、コブデンである。コブデンの主張するところによれば、通商は、「偉大なる万能薬」なのであった。

それ〔通商〕は、医学上の発見による利益のように、世界中のすべての国々の文明に、健全で救いとなるものをもたらすのである。梱包された商品がわれわれの岸を離れるというだけではないのだ。梱包された商品というものは、われわれほどには発展していない社会の成員にとって、知識の種、実りある思考の種ともなるのである。商人は、単にわれわれの製造業の現場を訪れるだけではないのだ。その商人は、彼の故国に、自由、平和、良い政治を伝える使者となって帰るのである。今この瞬間も、われわれの蒸気船は、ヨーロッパのすべての港に寄港している。世界中で話題となっているわれわれの夢のような鉄道は、われわれの発展した制度の広告塔ともなり、その価値を証明する証書ともなっている。

肝心な点は、通商はおろか、イギリス「文明」の拡大も、帝国の制度によって強制する必要がない、とコブデンが考えていたことである。力の行使によって達成できるものは何もなく、それどころか、力の行使は、グローバルな自由市場の自然な法則が作用することの妨げとなる、というのだ。彼は、こう述べている。

通商について述べるならば、武力や暴力によって通商を維持することもできなければ、武力や暴力によって害することもできないのである。われわれと取引するために外国から来る人々は、力によって強制されて無理やり連れてこられるわけではない。イギリスの外交官に説得されてやって来るわけでもない。また、彼らは、われわれの艦隊や軍隊に捕らえられて連れてこられるわけでもない。われわれに好意を抱いてやって来るという人も、あまり居ないであろう。「貿易に友情は不要である」という格言は、すべての国々、すべての人々に当てはまるのである。ヨーロッパの商人や、世界中の商人が、船をわれわれの港に派遣し、われわれの労働者が生み出した商品を積み込むのは、それが自分たちの利益となると彼らが見なしているからである。それがたった一つの理由なのだ。このたった一つの理由によって、世界中の国々は、これまでの歴史において、ティルス〔現在レバノンのスールの位置にかつてあった都市であり、フェニキア人の造った通商都市として非常に栄えていた〕、ヴェネツィア、そしてアムステルダムへと引き寄せられてきたのである。この先時を経て様々な出来事が起こり、どこかの国が、イギリスや他のどの国よりも綿織物や毛織物を安く生産し、世界がそのことを発見したならば（これは、あり得ることなのだ）、たとえその国が地球の果ての辺鄙《へんぴ》な場所であろうとも、世界の商人はそこへと向かうであろう。マンチェスターやリヴァプール、リーズが、かつて繁栄を誇ったオランダやイタリア、フェニキアの都市と同じ運命をたどることを阻止することができる人物も、艦隊も、軍隊も、存在しないのである。……

つまり、帝国など必要ない――貿易は、放っておいてもちゃんと成立するものであり、世界平和を含め他の一切合切もそうである――ということなのだ。一八五六年五月、コブデンは、「イギリスが、アジア大陸に一切土地を持たない時が来たならば、その時がイギリスにとって最良の日である」とまで述べている。

ここまで紹介してきたこれらの主張に共通して見られる考え方とは、〔イギリス〕帝国がなかったとしても、国際交流は行なわれたはずであり、われわれはその恩恵を受けられたはずである、ということである。もっとはっきりいうならば、砲艦なしでもグローバル化は起こったはずだ、ということである。

帝国とグローバル化

現代のグローバル化は、一九一四年以前の世界経済の統合と多くの共通項を持っており、このことは、今では、ほとんど当たり前のことと見なされている。だが、繰りかえし用いられているこの言い回しは、正確にはどういうことを意味するのであろうか？　これは、コブデンが示唆したように、経済的に決定された現象であり、商品や製品の自由な交換が「平和裏に人類を統合させた」のであろうか？　それとも、自由貿易が機能し得るには、自由貿易に付随する何らかの政治的な枠組みが必要だったのであろうか？

グローバル化に左翼的立場から反対する人たちにとって、グローバル化は、当然ながら、忌々しくてしつこい国際資本主義の最新の兆候にしか過ぎない。一方で、自由主義陣営の経済学者たちの最近の見解によるならば、経済の自由化が進めば、敗者となる人たちも一定程度は存在するものの、〔全体としては〕人々の生活水準は上昇するのである。敗者となる人たちは、それまで特権を得ていたり、社会的に擁護されていた人々であり、国際競争に晒されることによって、それまでの特権を失うのである。

ここで注意しておかなければならないこととは、経済学者と経済史家は、共に、商品、資本、労働力の移動に、意識を集中させる傾向があるということである。彼らは、知識、文化、制度の移動については、それほど発言していないのだ。また、彼らは、政府が、グローバル化を、積極的に推進したり、押し付けることができるという側面よりも、様々な種類の規制緩和によって、政府が、グローバル化を促進させることができる、という側面に、より多くの注意を向けるという傾向がある。

国境を越える資本の移動が促進されるに当たって、法の支配、信頼できる金融体制、透明性のある財政制度、清廉な官僚制度といった、法律上、財政上、行政上の制度の重要性に対する認識は、現在、高まりつつある。ところで、これらの制度の西ヨーロッパ版が、これほどまでに世界に広がったのはどうしてなのだろうか？

いくつかの非常に珍しい事例においては、これらの制度は、意識的に、積極的に、模倣されたのである――そのもっとも顕著な事例は、日本の場合である。しかしながら、より多くの場合、ヨーロッパの制度は、力によって押し付けられたのである。多くの場合、文字通りに、銃口を向けられながら押し付けられたのである。

コブデンが思い描いたように、グローバル化が、様々なアクターが互いに協力する国際的な制度として、自然に発生することも、理屈の上ではあり得るであろう。だが、それと同様にあり得ることとは、自由主義経済を好む世界において支配的な力を持つ国家が、これを世界に押し付けた結果としてグローバル化が起こる、ということだ。ここで思い浮かぶのは、帝国、なかんずくイギリス帝国の事例である。

現在、労働力、資本、商品が世界のなかで適切に配分される上で、主要な妨げとなっているのは、一方では、内戦であり、統制されていない政府であり、腐敗した政府である。これは、サブ・サハラ・アフリカやアジアの一部で、何十年にもわたって貧困がはびこっている理由であるとされている。もう一方では、アメリカや、その同盟国が、自由貿易の実行や促進に消極的なことであり、経済的な援助に対して、資源の出し惜しみをしていることである。

これと比べるならば、イギリス帝国は、その歴史の大部分において〔これから見てゆくように、常にそうあったというわけではないのだが〕、自由市場、法の支配、投資家保護、比較的腐敗していない政府を、世界のおよそ四分の一の場所に押し付けるアクターとして機能していた。イギリス帝国は、また、その公式の領地の外側にはあるが、その経済的な影響が及ぶ国々に対して、自由市場、法の支配、投資家保護、比較的腐敗していない政府を、その「自由貿易の帝国主義」を通して、かなり積極的に促したのである。このことによって、帝国が、グローバルな福利を向上させたということは、一見しただけで確かなようである。いいかえるなら、帝国は、良いものだったのだ。

もちろん、イギリス帝国に対して、多くの批判を向けることは可能である。これから挙げるような批判は、十分成り立ち得る。わたしは何も、かつてジョン・スチュアート・ミルが述べたように、イギリスのインド統治は、「その動機において真摯であったのみならず、その実行においても、かつて人類が行なったなかでももっとも寛大なものの一つであった」などと述べたり、かつてカーゾン卿《きょう》が述べたように、「イギリス帝国は、神の下において、かつて世界にあった最良の機関である」などと述べたり、かつて〔ヤン・〕スマッツ将軍〔南アフリカの軍人、政治家〕が述べたように、「人類の歴史にこれまで存在したなかで、人間の自由をもっとも広範に実現する制度である」などと述べたいわけではない。

イギリス帝国が利他的であったことはない。イギリス人たちは、後になって、奴隷の廃絶に実に熱心に取り組むようになるのであるが、一八世紀には、奴隷を最大限獲得し、最大限利用することに対して、同様の情熱を傾けていたのである。そして、それよりも長い期間、イギリス人たちは、今日のわれわれが唾棄するような人種差別や人種隔離を行なっていたのである。

帝国の権威が挑戦を受けた時――インドでは一八五七年、ジャマイカでは一八三一年と一八六五年、南アフリカでは一八九九年――イギリスの反応は、容赦のないものであった。飢饉《ききん》が起きた時（アイルランドでは一八四〇年代、インドでは一八七〇年代）、イギリスの反応は、鈍いものであった。意図的に見殺しにした、とさえいえる。イギリス人が、他の文化に対して学問的な興味を抱いた時さえ、興味を抱いたのは、おそらくは、学問研究の過程において、それらの文化を巧妙に侮辱することができるからなのであった。

そうはいうものの、歴史上、商品、資本、労働力の自由な移動に、一九世紀から二〇世紀初頭にかけてのイギリス帝国ほど貢献した組織はないという厳然たる事実は残るのだ。そして、西洋の規範的な法、秩序、統治を世界に押し付けたという点において、イギリス帝国以上の役割を果たした組織は存在しないのである。

これらすべてを「ジェントルマン資本主義」として片づけてしまうような見方は、経済の領域において達成したことの規模と先進性を過小評価してしまうという恐れがある。ちょうど、イギリスの海外統治の「装飾的な」（階層的な）性質を批判することが、金銭において驚くほどに清廉であった行政機構を備えていたという、顕著な美徳を見逃すことになるのと同様である。これらから恩恵を受けたのは、わたしの一族だけではないのだ。

イギリス帝国の成果について述べることは難しい。というのは、帝国の成果は、あまりに当たり前のものとなっており、その罪過のようには、目にはつかなくなっているからである。そうはいうものの、イギリス帝国が存在しない世界というものを想像してみることは、意味があるだろう。ところが、フランス革命がなかった場合の世界や、第一次世界大戦がなかった場合の世界は、かろうじて想像できるものの、イギリス帝国なしの近代史を想像しようとすると、途方に暮れてしまうのだ。

わたしは、二〇〇二年の前半、イギリス帝国の足跡を訪ねて世界を旅した。この旅で常に思い知らされたのは、あらゆる場所で目にしたイギリス帝国の創造性であった。イギリス帝国のない世界を想像するということは、〔ヴァジニア州〕ウィリアムズバーグやフィラデルフィア旧市街の美しい大通りを地図の上から消去する、ということであり、ジャマイカのポート・ロイヤルの低く構えた城砦を海のなかに放り込む、ということであり、シドニーの荘厳な街並みを藪《やぶ》に戻す、ということであり、シエラレオネのフリータウンの猥雑とした海沿いのスラムを更地にする、ということであり、〔南アフリカ〕キンバリーの〔露天掘りのダイヤモンド鉱坑《こうこう》の跡である〕ビッグホールを埋める、ということであり、〔南アフリカ〕クルマンのミッション〔モファット・ミッション（Moffat Mission）〕を破壊する、ということであり、ヴィクトリアの滝に突き出たリヴィングストンの町を滝から落としてしまう、ということなのである——当然、滝の名前は、元の通り、モシ・オ・トゥニャに戻さなければならない。

イギリス帝国が存在しなかったならば、カルカッタ〔コルカタ〕も、ボンベイ〔ムンバイ〕も、マドラス〔チェンナイ〕も、存在しないのである。これらの都市の名前を、インド人が、何度でも好きなだけ変えたとしても、それでも、イギリス人が築き上げた街並みは、そのまま残るのである。

もちろん、イギリス帝国がなかったとしても、これらすべては起こり得たはずだ、その場合は別の名前がついただけのことである、という主張は成り立ち得るものだろう。確かに、別のヨーロッパの国が鉄道を発明し、世界に広めていたかもしれない。もしかしたら、どこか別の国が、海底に電信ケーブルを張り巡らせていたかもしれない。コブデンが主張したように、好戦的な帝国が介入しなかったとしても、同じ量の交易が、平和裏に行なわれるようになっていたかもしれない。人口の大規模な移動は、すべての大陸の文化と人口構成を大きく変化させたのだが、これも、起こっていたかもしれない。

それでも、イギリス帝国が存在しなかったとしても、世界が今と同じか、似たものになっていただろうという主張に対して、異議を唱える理由は存在するのだ。過去三〇〇年の間に、貿易、資本の移動、移住が「自然発生」したであろうという仮定を認めたとしても、文化や制度の普及、という問題が残るのだ。これらの点において、帝国の足跡は、より容易に認識でき、これらは、消し去ることが、より困難である。

イギリスが統治した国――直接統治した場合だけではなく、軍事力や経済力の行使という手段で、その国の統治に影響を及ぼした場合においても――には、これらの国々の社会に共通して見られるいくつかの特徴が存在する。これらの特徴の重要な項目を一覧にしてみると、次のようなものとなる。

一、英語
二、イングランド式の土地保有
三、スコットランド、イングランド式の銀行制度
四、コモン・ロー〔イギリス法〕
五、プロテスタンティズム
六、チームスポーツ
七、小さな政府あるいは「夜警」国家
八、議会制度
九、自由主義

最後のものが一番重要かもしれない。なぜなら、イギリス帝国の最大の特徴であり、大陸ヨーロッパのライバルたちとイギリスを隔てるものだからである。わたしは、何も、イギリスの帝国主義者たちは、全

員、自由主義者であった、そう主張したいわけではない。彼らの多くは、自由主義からは、かけ離れた存在であった。だが、イギリス帝国の歴史において顕著な特徴とは、イギリスが専制的に振る舞うと、それに対してイギリス国内で自由主義的な立場から批判を唱える人々がほとんど常に現われた、ということなのである。

自由主義的な傾向は、非常に力強く、一貫したものであったので、自由という尺度をイギリス帝国の行動に当てはめたならば、自ら崩壊してしまうような特性を、イギリス帝国に与えたのであった。〔イギリスの〕植民地とされた社会が、イギリスが与えた制度を十分に咀嚼《そしゃく》できるまでに達すると、イギリスは、彼らの政治的自由を押さえつけることができなくなったのである。政治的自由を尊重することは、非常に重要なことであるとして、イギリス自身が彼らに教えたことだったからである。

イギリス以外の帝国であったとしても、同様の効果は得られたであろうか？　それは疑わしいように思われる。わたしは、この旅行において、帝国になり得たかもしれない国家が残した多くの爪痕を見てきた。荒廃した〔インド、西ベンガル州〕チンスーラでは、オランダが衰退し、没落しなかったならば、アジアがどのようになっていたのかを想像することができた。何もかも真っ白な〔インド、ナードゥ州〕ポンディチェリ〔英語風表記、フランス語風では「ポンディシェリー」〕では、フランスが七年戦争に勝利していたならば、全インドがどのようになっていたのかを想像することができた。ほこりまみれのデリーでは、インド大反乱〔「セポイの乱」などとも呼ばれる〕が鎮圧されず、ムーガル帝国が再興されていたらどのようなものになっていたのかを想像することができた。じめじめとしたカーンチャナブリーには、日本帝国が造った橋がクウェー川に架かっているが、日本がイギリス人を奴隷のように使って造ったものである。

もし一六六四年にオランダが、ニューアムステルダムをイギリスに明け渡していなかったとしても、ニューアムステルダムは、現在のニューヨークのような都市になっていたであろうか？　ニューアムステルダムは、オランダの植民地としてつづいた〔南アフリカの〕ブルームフォンテーンのような町になっていたのではないだろうか?

アングローバル化(Anglobalization)〔世界のイギリス化〕

イギリス帝国の歴史を描いた本として、すでにいくつかの優れた通史が出版されている。本書の目的は、これらに書かれていることを繰りかえすことではない。本書の目的は、グローバル化の歴史を、イギリスとその植民地によって促されたものとして捉えることだ。いってみれば「アングローバル化〔世界のイギリス化〕」の歴史を描くのである。

本書の構造は、だいたいにおいて年代順である。だが、それぞれの章において、明確なテーマを設定する。単純化して列挙するならば、以下のテーマについてのグローバル化の歴史を描くのである。

一、商品市場
二、労働市場
三、文化
四、政治
五、資本市場
六、戦争

登場人物に焦点を当てるならば、次のようになる。

一、海賊
二、入植者
三、宣教師
四、官僚
五、銀行家
六、破産者

第一章では、イギリス帝国が、主に経済的な現象から始まったということを強調する。帝国の拡大は、通商や消費によって促されたのだ。商人たちは、砂糖の需要によって、カリブ海へと引き寄せられたのであった。商人たちをアジアへと引き寄せたのは、香辛料、茶、織物であった。こうしたグローバル化は、最初から砲艦を伴うものであった。イギリス人が、最初の帝国建設者であったわけではない。イギリス人たちは、海賊として、イギリスよりも先に帝国を築いていたポルトガル、スペイン、オランダ、フランスから奪い取ったのであった。イギリス人たちは、他の帝国を模倣したのである。

第二章においては、移住者たちが果たした役割を描く。イギリスの植民地化は、巨大な規模の人の移動、民族大移動であり、これほどの規模の人口の大移動は、後にも先にも例がない。ある者たちは、宗教的自由を求めてブリテン諸島を旅立ったのであり、ある者たちは、政治的自由を求めて旅立ったのであり、ある者たちは、経済的な利益を求めて旅立ったのであった。奴隷とされたり、囚人となったりして、否応なしに移動させられた者たちも居た。それゆえ、この章で主題となるのは、イギリスの自由主義と、帝国政府が実際に行なったことの間に横たわる緊張関係、そしてこの緊張関係がどのように解消されていったのか、という点である。

第三章では、政府の外側で、自分たちの意志で進められた帝国建設の側面を描く。特に注意を向けるのは、しだいにその影響力を増しつつあった福音主義に基づくキリスト教の各教派、伝道団体がイギリスの影響力の拡大に果たした役割である。この章で重要となるのは、ヴィクトリア期版の「ＮＧＯ」とでも呼び得るような、これらの各種団体から発せられた自意識過剰ぎみの近代化プロジェクトである。ここでの逆説とは、先住民文化をイギリス化する〔改宗させる〕ことは可能であるとする信念が、帝国統治に対して、一九世紀でもっとも激しい抵抗を生み出したということなのである。

イギリス帝国は、これまで存在したもののなかで、世界政府にもっとも近い存在であった。とはいうものの、その運営方法においては、ミニマリズムが徹底されていた。数億人のインドの人々を統治したが、インド高等文官〔イギリスのインド統治に従事した高級官僚〕の人数は、最大となった時でも、一〇〇〇人をわずかに超える程度であった。第四章では、このような少ない数の官僚で、どうしてあのような巨大な帝国を統治し得たのかを問う。また、イギリス人統治者たちと現地人エリートたちの関係についても探索する。古くからのものと、新しいものの両方である。彼らの関係は、〔長年にわたって〕共生的であったものの、最終的には維持することができなくなった。

第五章は、「アフリカの分割」の時代に軍事力が果たした役割を中心として扱い、金融のグローバル化と、ヨーロッパの列強間で繰り広げられた軍備競争の相互作用について探求する。それ以前からもその兆候はあったとはいえ、この時代、非常に重要な近代的な現象が三つ誕生したのであった。真にグローバルな債券市場、軍産複合体、そしてマスメディアの三つである。これらは、帝国が、その絶頂へと向かってゆくに当たって、非常に重要な役割を果たした。なかでも出版によって、帝国は、ギリシャ人が慢心と呼んだものへと誘い込まれた。驕《おご》れる者は久しからず、となるのだ。

最後の第六章では、二〇世紀にイギリス帝国が果たした役割について考える。この時代になると、帝国は、ナショナリストの反乱——彼らには、何とか対応することができた——というよりは、他の諸帝国という、より強力なライバルからの挑戦を受けた。一九四〇年、帝国は、歴史の転換点に立つことを余儀なくされた。ヒトラーの悪魔の帝国と取引をするか、それとも、そのまま戦いをつづけ、多大な犠牲を払ってまでも勝利を得ようとするのか、究極の選択を迫られたのだ。わたしの意見を述べるならば、この時、正しい選択肢が選ばれたのである。

一冊の本で四〇〇年に及ぶグローバル史を書くのであるから、必然的に、省略しなければならないことが生じてくる。このことを、わたしは、しっかりと認識しているつもりだ。〔帝国を〕実際以上に見せるために選択を行なわないよう気をつけるようにしたい。奴隷や奴隷貿易については、省略すべきではないし、省略しないつもりだ。アイルランドのジャガイモ飢饉についてもそうであるし、マタビリ人からの収奪やアムリットサル事件についてもそうである。

他方、公正を期すためには、イギリス帝国が達成したことも、省略すべきではない。帝国が残した遺産は、「人種主義、人種差別、外国人排斥、及び関連する不寛容」だけではない、ということも書くつもりだ——だいたい、これらは、植民地主義の時代以前に、すでに存在していたものである——それらには、次のようなものも含まれる。

——経済秩序にとって最適な制度としての資本主義の勝利、
——北アメリカとオーストララシア〔オーストラリアとニュージーランド〕のイギリス化、
——英語が国際言語となったこと、
——プロテスタント系のキリスト教の永続的な影響、そして、何よりも、

——議会制度が生き残ったこと、一九四〇年代に、〔イギリス帝国よりも〕はるかに悪い諸帝国は、この火を絶やそうとしたのであった。

若き日のウィンストン・チャーチルが、自らの最初の植民地戦争から帰った際、次のような良い疑問を投げかけている。

文明の進んだ社会が行なう事業で、肥えた土地と多数の人口を未開から救い出すこと以上に崇高で有益な行ないなど存在するのだろうか？　争いをつづける部族に平和をもたらし、暴力が蔓延《はびこ》る土地で公正な裁きを行ない、奴隷の鎖を解き放ち、大地から収穫を得、商いを行ない学ぶための種を蒔き、人々が幸福を得て苦痛を和らげる能力を高める——こうした行為以上に、人々の努力を喚起する、美しい理念、あるいは価値のある利益は、存在するのだろうか？

そうはいいながらも、チャーチルは、このような抱負を伴ってはいたとしても、帝国の実際の行ないには褒《ほ》められないことが多い、ということを認識していたのだ。

しかしながら、気高い志の理想郷から目を離し、足元の見苦しい企てや手柄を見つめると、これに反する思いが、多く浮かび上がってくる。……征服と統治、この間に必然的に生じる隙間は、欲深い商人、不適当な宣教師、野心的な軍人、嘘つきの投資家たちによって満たされることとなる。彼らは、統治される側の人々を不安にし、支配する側の薄汚い欲望を扇動するのである。そして、このような悪い面に目を向けてみるならば、薄汚れた者たちによって正しい行ないがなされる、と信じることは、なかなか難しいものとなってくる。

それが良いものであろうが悪いものであろうが、正しいものであろうが汚いものであろうが、今日われわれが世界として認識しているものは、その大部分が、イギリス帝国の時代の産物である。問われるべきは、イギリス帝国に瑕疵《かし》があったかどうかということではないのだ。瑕疵がなかったはずはない。問われるべきは、近代への歩みのなかで、流血をより少なくするような道が他にあり得たであろうか、ということなのである。理屈だけで考えるならば、当然、あり得たであろう。だが、そのような道が現実的に選択可能であったのか、という点が問題なのである。わたしとしては、その答えは、この本を読み進めることで読者の皆様に出していただきたい、と考えている。

第一章　なぜイギリスだったのか？

ヨーロッパ人は何によってそんなにも力を得ているのだろうか？　また、どうしてそうなのだろうか？　ヨーロッパ人は、貿易や征服のためにアジアやアフリカを容易に訪れることができるが、アジア人やアフリカ人が、ヨーロッパの海岸へと進攻し、ヨーロッパの港に植民地を建設し、ヨーロッパの君主たちに法を授けることはできない。彼らを連れ戻すのと同じ風が、われわれをあちらへと運ぶのだ。

サミュエル・ジョンソン『ラセラス』

一六六三年一二月、ヘンリー・モーガンという名のウェールズ人が、カリブ海を五〇〇マイル〔八〇〇キロ〕航海し、ニカラグア湖の北方にあったグレン・グラナーダという名のスペインの前哨基地に対し、壮絶な攻撃を行なった。この遠征の目的は明確であった。スペインの金《きん》、あるいは他の金目のものを見つけ出し、奪い取る、それが目的であった。ヘンリー・モーガンと仲間たちがグレン・グラナーダに到着した時のことを、ジャマイカの総督は、次のようにロンドンに報告している。「〔彼らは〕一斉射撃を行ない、一八門の大砲を破壊し……すべての武器と弾薬が保管されていた曹長の家を確保し、三〇〇人の男を捕虜として教会に閉じ込めた。……一六時間にわたって荒らしまわり、囚人を解き放ち、すべての船を沈め、去っていった」。一七世紀でもっとも特異な奇襲の一つの始まりであった。

イギリス帝国の始まりはこうであった、このことは、永遠に記憶されてしかるべきである——海上からの暴力行為と略奪行為のお祭り騒ぎ、として始まったのだ。外国の土地にイギリスの支配を確立しようという意図があったわけではない。海外に移住し、新しい生活を始めたいと考える入植者であったわけでもなかった。自分たちが帝国主義の担い手であるなどということは、想像もできないことであった。モーガンとその仲間の「バッカニアー（buccaneers）〔海賊〕」は、泥棒であり、他の帝国のものを盗もうとしただけであった。

バッカニアーは、自分たちのことを「沿岸の仲間（Brethren of the Coast）」と呼んでおり、怪我に備えた傷害保険を含め、かなり複雑な利益分配制度を持っていた。そうはいうものの、彼らは、本質的には、組織犯罪を行なう集団であった。一六六八年、モーガンは、スペインの町であったパナマのポルト・ベロへの遠征を率い、莫大な量の略奪品――合計すると、当時ジャマイカの法定貨幣であった八レアル銀貨二五万枚――と共に帰ってきた。たった一回の襲撃で、六万ポンドに相当する額であった。イングランド政府は、モーガンの行為に目をつぶっていただけではない。積極的に後押ししていたのである。ロンドンから見れば、バッカニアーの行為は、イングランドのヨーロッパにおける宿敵スペインに対して、安上がりに戦争を遂行する手段だったのだ。実際に、〔イングランド〕王室は、海賊に「プライヴェティア（privateers）〔私掠船〕」としての許可を与え、略奪品の分け前を得ることと引き換えに、彼らの行為を合法化していたのである。イギリス帝国が、その歩みを始めるに当たっては、モーガンのキャリアは、その典型例の一つであった。進取の気象に富んだフリーランスの者を、国家権力の担い手として用いたのだ。

海賊

かつて、イギリス帝国は、「意図することなしに」築かれたと考えられていた。実際のところは、イギ

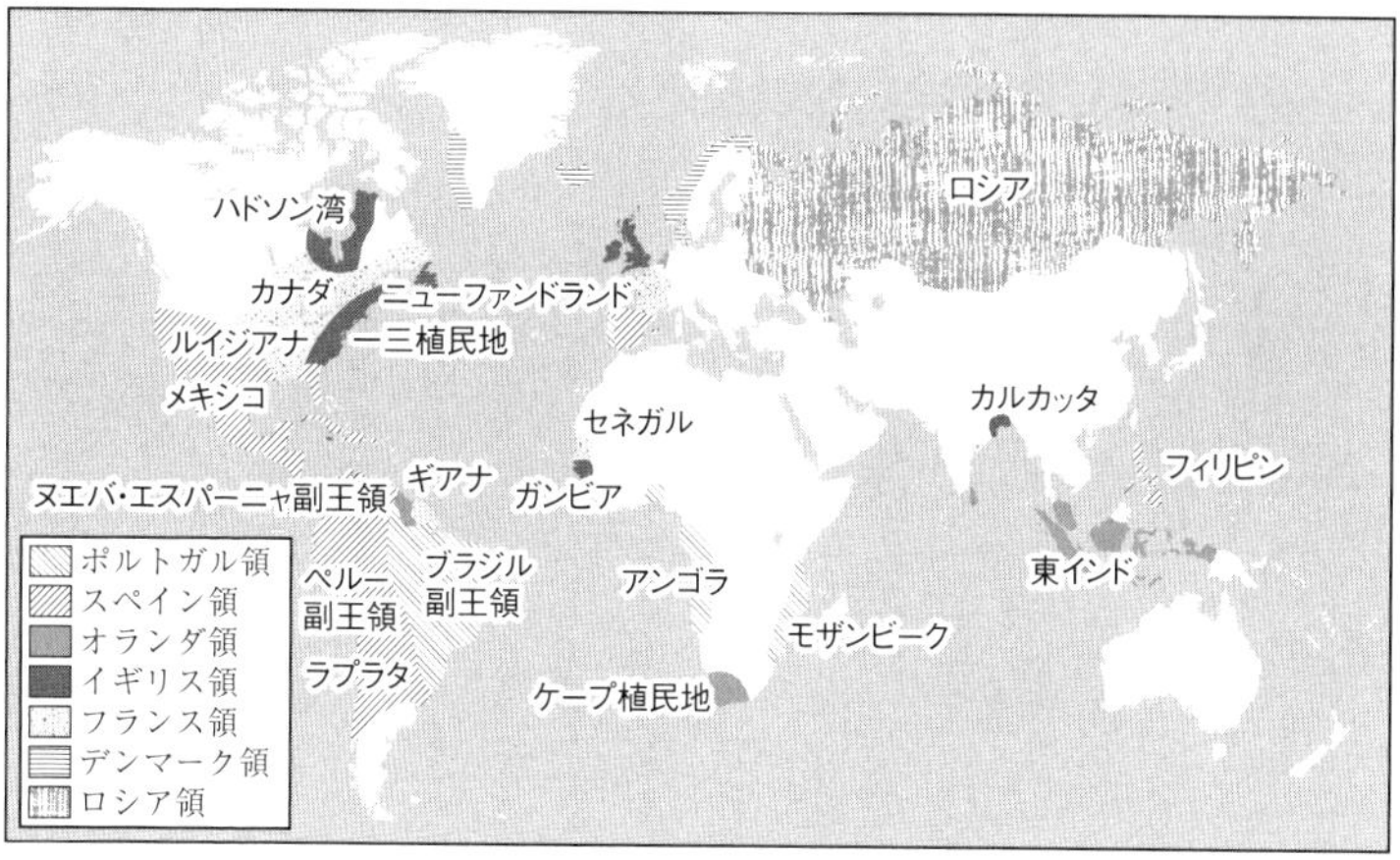

ヨーロッパ各国の植民地帝国、1750年頃

リスの拡大は、偶然などというものではなかった。意図して模倣が行なわれたのである。経済史家たちは、たいてい、イングランドを「最初の工業国」であると考えている。ところが、帝国を巡るヨーロッパ各国間の競争においては、イギリスは、遅れてやって来た新参者なのであった。イングランドがジャマイカを獲得したのは、一六五五年になってからやっとである。その頃のイギリス帝国とは、いくつかのカリブ海の島々、北アメリカにおける五つの「植民地」、二、三のインドの港にしか過ぎないものであった。

一方で、クリストファー・コロンブスは、一世紀半以上も前に、スペイン・アメリカ帝国の基礎を築き上げていた。スペイン帝国は、マドリードからマニラへと延び、ペルーとメキシコを含み、もっとも豊かで、アメリカ大陸でももっとも多くの人口を抱えた領域であった。まさに世界が羨望する存在であった。

これを上回る大きさを誇り、同様の利益を上げていたのがポルトガル帝国であった。大西洋のマデイラ諸島やサオ・トーメ島から外へと向かって広がっており、ブラジルの広大な領域を含み、西アフリカ、インドネシア、インド、さらには中国までの、無数の貿易拠点が含まれていた。一四九三年、ローマ教皇〔アレクサンデル六世〕が回勅《かいちょく》を布告し、アメリカ大陸との貿易はスペインに、アジアとの貿易はポルトガルに、それぞれ優先権を与えた。世界が分割されたことにより、ポルトガルは、砂糖、香辛料、そして奴隷を得た。だが、イギリス人がもっとも羨ましかったのは、スペイン人がアメリカ大陸で見つけた金と銀であった。

ヘンリー七世〔在位一四八五―一五〇九年〕の時代以降、イギリスの男たちは、自分たちの「黄金郷」を発見することを夢見ていた。アメリカ大陸の金により、イングランドが豊かになることを望んでいたのである。だが、何度も挑戦してみたものの、何も発見できなかった。イギリスの男たちができた最大のことは、自らの船乗りとしての能力を生かし、スペインの船や町から、金を奪うことであった。早くも一四九六年三月には、三年前にコロンブスがスペイン王室のためにアメリカ大陸を発見したことに明らかに触発されて、ヘンリー七世は、ヴェネツィア人の航海者ジョン・カボットに特許状を与えたのであった。カボットとその息子たちには、以下のものが与えられていた。

わが国の旗印、旗、国旗の下に、東方、北方、西方の海〔スペインが発見したものとの衝突を防ぐため南方の海は含めない〕のすべての地方、地域、海岸への航海を行なうための如何《いか》なる拘束をも排除した完全なる権限、権力、特権……これまでクリスチャンには知られてこなかった世界のあらゆる場所の異教徒や不信仰者の島々、国々、地方、地域……町、城、都市、島などを発見し、これらを征服、占領、所有し得る場合、征服、占領、所有するための如何なる拘束をも排除した完全なる権限、権力、特権。一方、これによって発見した町、城、都市、島、土地における支配権、土地財産所有権、司法権は、わが臣下、総督、副官、補佐官が、獲得する。

……

イギリス人が帝国を求める気持ちは、宗教改革以降、ますます強くなった。宗教改革の間、スペインとポルトガルの「カトリック」帝国に対抗してプロテスタントの帝国を築くことは、イングランドの宗教的義務である、との声が起こり、カトリックのスペインに対しての戦争が主張されるようになっていたのだ。

エリザベス期の学者リチャード・ハクルート（Richard Hakluyt）は、教皇がフェルナンドやイサベルに、キリスト教の世界の外側で「発見、もしくは、これから発見する島や大陸」を占領する権利を授けられるのであれば、イギリス王室は、プロテスタントのために、「キリストの信仰」を「広め前進させる」義務を有するはずだ、と主張した。帝国という概念は、イギリスにおいては、スペイン帝国に対抗するためのものとして形成されたのである。つまり、スペイン帝国がカトリックを基盤としているのであれば、プロテスタントを基盤にしたイギリス帝国が築かれるべきである、ということなのであった。

ここには、政治上の違いも存在した。スペイン帝国は、中央集権による専制政治であった。王室の国庫には、アメリカ大陸産の銀が大量に流れ込んできたので、スペイン王は、世界支配を望むことができた。王室の栄光を高めることということの他に、これだけの金額の使い道はあったであろうか？

これと比べれば、イングランドでは、王室が絶対的な力を持つことはなかった。王室の力は、常に制限されていたのである。古い時代には、豊かな貴族たちによって制限されており、後の時代には、二院制の議会からの制限を受けることとなった。一六四九年には、イングランド王は、議会の政治的主張に逆らおうとしたために、処刑されてしまったのだ。イギリスの歴代君主は、財政の紐《ひも》を議会に握られていたがために、自らの戦争を遂行するのに、フリーランスの者に頼るしか手段を持たないことも多かった。

しかしながら、イングランド王室の権限の弱さによって、イングランドは、将来に向けた力を蓄えておくことができたのだ。なぜなら、政治的権力が広く分散しており、富も、広く分散していたからである。徴税は、議会の承認を得た場合にのみ、実行することができた。それゆえ、富を持った者は、絶対君主に富を収奪されることを恐れずにすんだのである。このことが、アントレプレナー〔事業家、起業家〕にとって重要なインセンティヴとなった。

ここで重要な問いとは、イングランドは、反スペイン帝国をどこに築くか、というものであった。ハクルートは、一五八九年、同名のいとこから、無限ともいえる可能性を提示されている。

……わたしは、［わたしのいとこの］大テーブルの上に載っていた……世界地図を見つけた。その地図にわたしが興味を感じたことを察した彼は、わたしに説明を始めた。まずは、古くからの解釈に従って世界を三分割して説明をし、そこから近年の解釈に従ってさらに細かく分割して説明してくれた。彼は愛用の杖《つえ》を使って指し示しながら、それぞれの地域でこれまでに知られているすべての海、湾、入江、岬、河川、帝国、王国、公国、属領について説明し、各地の特産品や、それぞれの場所で欠乏しているものにも触れ、さらには、交易の有益性や商人の交流についてもたっぷりと話してくれた。そして、地図から離れ、聖書を持ってきて、詩篇第一〇七編を開いてわたしに手渡し、第二三節と第二四節を示した。そこにはこう記されていた。「舟で海にくだり、大海《おおうみ》で商売をする者は、主のみわざを見、また深い所でそのくすしきみわざを見た」。〔日本聖書協会（一九五五年改訳）〕

しかしながら、彼のいとこが彼に示すことができなかったこととは、世界の他のどんな場所で無尽蔵の金や銀を見つけられるか、ということであった。

この目的のためにイングランドを出港した最初の記録は、一四八〇年のものである。胸いっぱいに期待を背負った男たちを乗せた船は、ブリストルを出港して、「アイルランドの西方にあるブラシル《ママ》（Brasylle）という島」を目指した。この事業の成否の記録は残されていないが、失敗したのであろう。ヴェネツィア人の航海者ジョン・カボット（ズアン・カボト）は、一四九七年、ブリストルを出港して大西洋の横断に成功した。だが、その翌年、航海中に死去した。彼のように、アジアへの新しい航路を発見したいというコロンブス流の信念に動かされる者は、イングランドにはほとんど居なかったようである（命取りとなった二度目の航海で彼が目指したのは、当時「シパンゴ（Cipango）」と呼ばれた日本であった）。

これ以前にもブリストルからの船がアメリカに到達していたかもしれないということは、可能性としては存在する。確かなこととしては、すでに一五〇一年には、イギリス人のコンキスタドール（征服者）が、スペイン人を出し抜いてメキシコ湾の富を手にすることがあるかもしれないと、スペイン政府が心配をしていたことである——スペイン政府は、「この方面におけるイングランド人の探検を阻止するための」遠征すら命じていたのだ。だが、もしこれ以前にヒュー・エリオット（Hugh Elyot）のようなブリストルの船乗りが大西洋を横断していたなら、彼らがたどり着いたのは、ニューファンドランドであったはずであり、そこには金はなかった。一五〇三年のヘンリー七世の王室の出納記録には、「ニューファンドランド島のタカ」への支出が記録されている。これ以上にブリストルの商人たちの興味を惹《ひ》いたのは、ニューファンドランド沖からの、大量のタラの水揚げであった。

サー・リチャード・グレンヴィル（Sir Richard Grenville）を南アメリカの先端へと引き寄せたのは金だった——あるいは、一五七四年に彼が請願書に記したように、「他の〔キリスト教〕国々が同様の地域で行なっているように、これらの国々から、金、銀、真珠などの素晴らしい貴重品をわが国へと持ち帰ることができる可能性」なのであった。三年後、サー・フランシス・ドレイクを南アメリカ遠征へと駆り立てたものは、同様に「金と銀への期待」であった——「香辛料、薬、コチニール〔染料〕」については述べるまでもない（ハクルートは、「ペルーの金山がすべてイングランドのものとなることは間違いない」と熱心に主張していた……）。

マーティン・フロビッシャー（Martin Frobisher）の一五七六年、一五七七年、一五七八年の遠征の目的は、すべて、同様に、貴金属であった。一六〇六年にサー・トマス・ゲイツほかに与えられた勅許状によれば、ヴァジニアへの入植目的のなかには、「金鉱、銀鉱、銅鉱」の発見と開発が含まれていた（一六〇七年になっても、ヴァジニアには「豊富な金や銅」があるとの、かすかな希望が存在したのである）。このことは、この時代、固定観念となっていたのだ。

サー・ウォルター・ローリーは、その著書『広大で豊かで美しきギアナ帝国の発見／偉大なる黄金都市マノアとの関係（スペインが黄金郷と呼ぶ都市）』（一五九六年）のなかで、次のように語っている。スペイン帝国の偉大さは、「セビリア・オレンジのたくさんの輸出」とは何の関係もない、「インド〔南米〕の金が……ヨーロッパの他のすべての国々を脅かし、悩ませている」のだ。ローリーは、自らの言葉通り、トリニダード島への航海を行ない、一五九五年、スペインの基地であったサン・ホセ・ド・オルナ（San José de Oruña）〔現在のセント・ジョージ（Saint Joseph）〕を襲撃し、アントニオ・デ・ベリオ（Antonio de Berrio）を拘束した。ローリーは、この男が黄金郷の場所を知っているはずだと信じていたのである。〔オリノコ川河口域の〕オリノコ・デルタの臭い船の上で、ローリーは、こう嘆くことになる。「イングランド中の牢獄を探したって、ここよりも不快でひどい場所はない、と断言できる。これまで何年もの間まずいメシを食べ、別のものを追い求めてきたわたしにとっては殊更だ」。

誰かが黄金に輝く金属を見つけていたなら、このような苦労も、報われたであろう。だが、誰も発見できなかったのである。フロビッシャーが一緒に連れて帰ってきたのは、一人のエスキモーだけだった。「広大で豊かで美しきギアナ帝国」を発見したいというローリーの夢は、叶うことがなかった。オリノコ川を遡って彼が見つけたもののなかでもっとも喜ばしかったものは、金ではなく、現地の女性であった（「これまでの人生において、これほどまでに好みの女性は見たことがない。端麗な容姿、黒い両目、ふくよかな体、素晴らしい顔立ち……彼女のような女性をイングランドで見たことはあるが、肌の色が違った。同じ色であったなら、わたしは誓っていたであろう」）。

カロニ川の河口近くで、彼らは鉱石を拾ったのであったが、それは金ではなかった。ローリーの妻が述べるには、彼は「最高の栄誉を纏《まと》って」プリマスへ帰ってきたのであったが、「何の財産」も持って帰らなかった。女王は、感銘を受けなかった。一方で、ヴァジニアでクリストファー・ニューポートが見つけてきた鉱石の分析結果も、彼の希望を打ち砕いた。サー・ウォルター・ポートは、ソールズブリー卿に、一六〇七年八月一三日、このように報告している。「先日、われわれは金についてお知らせしましたが、本日お知らせするのは、銅についてでもありません。われわれが発見したのは、オフィル〔旧約聖書で金の産地として語られる地名〕の地ではなく、カナーンの地であったようです。……結局、すべて蒸発してしまいました」。一六一八年から一六二一年にかけて行なわれた金を求めるための三回の航海でも、何の発見もできなかった。この航海では、実に、五六〇〇ポンドほどが費やされたのであった。

スペイン人たちは、ペルーとメキシコを征服した時、大量の銀を発見した。イングランド人たちは、カナダ、ギアナ、ヴァジニア、ガンビアで試してみたが、何の発見もできなかった。彼らにできたことは、ただ一つ――不運なイギリス人たちは、スペイン人たちから、奪い取るしかなかったのだ。この方法によって、ドレイクは、一五七〇年代、カリブ海やパナマで金を稼いだ。この方法は、ホーキンスが、一五八一年にアゾレス諸島を襲った理由でもある。四年後にドレイクが、カルタヘナ〔現在はコロンビアの都市〕とサントドミンゴ〔現在はドミニカ共和国の首都〕を襲撃した主たる理由も、これであった。

たいてい、遠征がうまくいかなかった時――一五七八年、サー・ハンフリー・ギルバート（Sir Humphrey Gilbert）の西インド諸島への遠征がアイルランド沖で失敗した時のように――生存者たちは、海賊行為を働くことによって、遠征にかかった費用を回収した。これは、ローリーが、黄金郷を求めて行なった遠征において、その費用を賄うための手段でもあった――アムヤス（Amyas）船長にカラカス〔現在のベネズエラの首都〕、リオ・デ・ラ・アチャ〔現在のコロンビアの都市「リオアチャ」〕、サンタ・マルタ〔現在のコロンビアの都市〕を襲撃させたのであった。

同じような方法をローリーは、一六一七年にも試みている。彼は一六〇三年から大逆罪でロンドン塔に幽閉されていたのであったが、〔国王〕ジェームズ一世を説得して、〔一六一六年に〕解放してもらった。ローリーは、何とか三万ポンドを工面して、このお金で遠征隊を編成した。だが、この頃までに、スペインのこの地域〔現在の中米〕に対する支配力はかなり強まっており、彼の息子ワットがスペインの支配する町サント・トーメ（Santo Tomé）を攻撃した時、この遠征は大失敗に終わった。彼の息子は死に、スペイン人とのいかなる衝突も避けるというジェームズ一世への誓いは、破られたのであった。

この不運な航海から得られたわずかな収穫は、二本の金塊（サント・トーメの総督の金庫からいただいたもの）、いくつかの銀食器、いくつかのエメラルド、たくさんのタバコであった。それに、インディアンも一人生け捕りにした。ローリーは、この男が金鉱のある場所を知っているかもしれないと思ったのだった。ローリーとその部下たちは、スペイン人の総督から、（まさしく）「海賊だ、海賊だ、海賊だ！」と非難されたのであった。このことによって、ローリーは、イングランドへと帰還した後、処刑されることとなった。ローリーは、最後の瞬間まで、「サント・トーメから三マイル以内に……金鉱」があると信じていた。ローリーは、斬首《ざんしゅ》の前にこう叫んだ。「わたしは、全身全霊で金を求めた。国王陛下の御為、わたしと共に戦った男たちのため、わが祖国のためである」。

イングランドの船が金より価値の小さいものを求めていた時でさえ、他国との衝突は、避けがたいことであったようだ。ジョン・ホーキンスが、一五六〇年代に、西アフリカの奴隷貿易に割って入ろうとしたところ、スペインの利害と衝突することとなった。

　このような臆面もない海賊的な出自から、「プライヴェティア」、あるいは民間委託の海軍というような制度が誕生したのだ。スペインからの直接な脅威に晒されて――〔イングランドがスペインを破った一五八八年の〕アルマダの海戦によって頂点に達したが、消えることはなかった――エリザベス一世は、現に進行している状況〔海賊行為〕に許可を与えるという、実に賢明な判断をしたのである。こうして、スペイン人を襲撃することが、〔イングランドの〕戦略となった。一五八五年から一六〇四年まで、スペインとの戦争が周期的につづいたが、毎年、一〇〇から二〇〇隻の船がカリブ海でスペイン船を襲うために出港し、持ち帰る戦利品の合計額は、毎年、少なくとも二〇万ポンドに上った。これは、イングランドの「実力行使船」が、イベリア半島の各港を出入りするありとあらゆる船を襲うこともできるという、まさしく飛び入り参加自由の海上乱闘であった。

　サルトーンのアンドリュー・フレッチャー（Andrew Fletcher of Saltoun）は、一七世紀の終わりに、「海は、唯一の帝国であり、自ずとわれわれに属することとなろう」と書き記している。一八世紀の初めにジェームズ・トムソン（James Thomson）#は、「十分な奥行を獲得した」ブリタニアについて記している。イギリス帝国の勃興において鍵となる事実は、〔一五八八年の〕アルマダの海戦以降の一世紀間で、この海洋帝国が、大望から現実へと変わったということである。

　# イギリスの愛国歌であり、イギリスを擬人化した女神ブリタニアが世界を支配するであろうと歌う『ルール・ブリタニア』の作者として著名な一八世紀の詩人。

　ところで、イングランド人はどうしてそんなにも海賊として優れていたのだろうか？　イングランド人は、いくつかの現実的な不利を克服しなければならなかったのである。第一に、大西洋の風と潮流が時計回りであることにより、ポルトガルとスペインの船は、イベリア半島と中米の間を比較的容易に行ったり来たりできた。これと比べると、大西洋北東部における風向きは、一年のほとんどの期間、南西風〔風が南西方向から吹いているということ〕になりがちであり、北アメリカへと向かうイングランドの船にとっては向かい風となる。カリブ海へと向かう方がはるかに容易なのであった。南大西洋で優勢な北東風を利用できるからである。

イングランドの船乗りたちは、長い間、海岸線に張り付いたままであり、大洋での航海術を獲得するまでには年月が必要であった。大洋での航海術は、ポルトガル人が前進させたものであった。一五八六年になっても、ドレイクの西インド遠征において、キューバを目指してカルタへナを出港したのであったが、六日後にカルタへナに帰ってきてしまった。航路を誤ったのと、コンパスの誤差がつもりつもって、そうなってしまったのだ。

造船技術においてもイングランドは遅れをとっていた。スピードという点において最初にリードしていたのはポルトガルである。一五世紀の終わりまでに、ポルトガルは、三本マストの〔帆〕船を開発していた。これは、一般的には、フォアマスト〔最前列のマスト〕とメインマスト〔もっとも高いマスト〕にスクウェアセイル〔横帆《おうはん》〕、ミズンマスト〔最後尾のマスト〕に三角形のラテンセイル〔大三角帆〕という組み合わせであり、ラテンセイルにより、タッキング〔風を斜めに受けて風上方向に向かって方向転換しながらのジグザグ航行〕がより容易になったのであった。

キャラベル船を開発したのもポルトガル人であった。この船は、鎧《よろい》張りではなく、強固な肋材《ろくざい》〔船底と両舷を形作る湾曲した肋骨状の骨組み材〕に外板を並べて取り付けるという構造であった。このことにより、造船費を下げることができただけでなく、浸水しにくい砲門を備えることも可能となった。問題は、操船のしやすさと火力の間に、トレードオフの関係があるということだった。

イベリア半島のキャラベル船は、砲戦においては、ヴェネツィアのガレー船に敵わなかったのだ。ガレー船の方が、より重たい砲を積むことができたからだ。ヘンリー八世〔在位一五〇九―一五四七年〕は、一五一三年、地中海のガレー船が、ブルターニュ沖で彼の船の一隻をただちに沈め、他の一隻に損害を与え、艦隊司令長官を殺傷した時、このことを悟った。一五三〇年までには、ヴェネツィアのガレー船は、六〇ポンドまでの砲弾を発射できるまでになっていた。イングランド海軍とスコットランド海軍が、このような火力を搭載するのに必要な、荷重に耐えることのできる甲板を備えたキャラベル船を導入することができるようになったのは、一五四〇年代に入ってからであった。

だが、イングランド人は遅れを取り戻しつつあった。エリザベス一世の時代までには、「帆走できるガレー船」ともいうべきガレオン船が、イギリスの主要な艦船として登場した。これは、前方に向けて発射できる砲を四門搭載可能だった。砲力という点においては、未だにガレー船に劣るものだったが、速力と操船のしやすさでそれを補うことができた。船のデザインの進化に合わせて、製鉄技術の進歩により、イギリスの武器も進化しつつあった。ヘンリー八世の時代には、大陸から、青銅製の砲を輸入しなければならなかった。だが、国産の鉄製の砲は、鋳造することがより難しかったが、はるかに安あがりだった（およそ五分の一の価格）。これは、「コストパフォーマンス」がはるかに良かったということである――技術上の優位は、これ以降、長年にわたって保たれることとなる。

同様に、イングランドの船乗りたちは、良い航海士となりつつあったが、これは、以下の理由によるものであった。デッドフォードのトリニティ・ハウス〔河川交通、海上交通を取り仕切る公共機関〕が再編され、ユークリッド幾何学が採用され、コンパスの誤差や傾差についての理解が深まり、『船員規範（The Mariners Mirrour）』（一五八八年）などの書籍のなかのオランダの海図や図が翻訳されて、シェイクスピアの『十二夜』にも出てくる『インド諸島が詳しく載っている新しい地図（new map with the argumentation of the Indies）』のようなより進化した地図が出版されたからなのであった。

イギリス人は、船員の保健衛生の向上という分野においても先駆的であった。体調不良や病気は、多くの点において、ヨーロッパ人が拡大してゆく上で、もっともやっかいな障害であった。一六三五年、ルーク・フォックス（Luke Fox）は、船乗りの宿命を「固い床、冷たくて塩辛い肉、途切れがちな睡眠、カビの生えたパン、気の抜けたビール、濡れた衣服、火の気のなさを甘受し、耐え忍ぶこと」と表現している。

長い航海においては、壊血病がもっとも大きな問題であった。伝統的な船乗り食がビタミンCを欠いたものであったからである。それ以外にも、船乗りたちは、湿性脚気、食中毒、ペスト、チフス、マラリア、黄熱病、赤痢〔恐ろしい「下血のある下痢」〕に悩まされた。ジョージ・ワテソン（George Wateson）の『遠隔地域における病気の治療法（The Cures of the Diseased in Remote Regions）』（一五九八年）が、この問題に初めて取り組んだテキストであった。そうはいうものの、それほど役に立つものではなかった〔治療法が採血や食事の変更を中心にしたものであったため〕。この分野において大きな前進が見られるようになるのは、一八世紀も後半に入ってからであった。

それでも、ブリテン諸島は、過酷な海の生活に耐えられるタフな男たちを輩出しつづけたようである。〔ロンドン郊外の〕ライムハウス出身のクリストファー・ニューポート（Christopher Newport）のような男である。ニューポートは、一介の水夫から、豊かな船主となるまで出世したのであった。ニューポートは、西インドにおいて、プライヴェティアとしてキャリアを築いた。スペイン人との戦いにおいて片腕を失い、一五九九年には、メキシコのタバスコの町に対して襲撃を行なった。ヘンリー・モーガンのような男が特異だったわけではなかったのだ。

モーガンのグラン・グレナーダに対する襲撃は、スペイン帝国に対して行なわれた多くの襲撃の一つであった。一六六八年、モーガンは、キューバのエル・プエルト・デル・プリンシペ〔現在のカマグエイ〕、現在ではパナマに属するポルト・ベロ、それに、現在ではベネズエラに属するキュラソー島とマカライボの町を襲撃した。一六七〇年、モーガンは、オールド・プロヴィデンス島〔プロヴィデンシア島〕を奪い取り、〔アメリカ大陸〕本土海岸へと上陸し、パナマ地峡を横断して、パナマの町を奪い取った。*

＊ モーガンのスペイン植民地に対する数々の有名な襲撃の詳細は、エスケムリン（Esquemlin）という名のオランダ人の記述を基にするものである。エスケムリンが、いくつかの襲撃に自らも参加していたのは明白である。彼の著書『De Americaensche Zee-Rovers（c.1684）』は、『バッカニアーの歴史（The History of the Bucaniers）』として英訳された。モーガンは、この本を出したイギリスの出版社を訴えているが、これはエスケムリンがモーガンを残虐行為の首謀者として非難しているからではなく、モーガンがカリブ海に初めてやって来た時には年季奉公人であったことをほのめかしていたからである。

このような活動の規模は誇張されるべきではない。多くの場合、船団といっても、何艘かの手漕ぎボートに過ぎないものであった。一六六八年にモーガンの下にあった最大の船でさえ、その長さは五〇フィート（一五メートル）に満たない程度であり、八門の砲しか備えていなかった。彼らができたことは、せいぜい、スペインの通商に混乱を与える程度だった。それでも、こうした活動によって、モーガンは富豪となったのである。

しかしながら、ここで重要なのは、モーガンが、奪い取ったお金を何に使ったか、ということなのだ。彼は、そうであると自らいいはっていた「良い家柄のジェントルマンの子弟」であるかのように、故郷のモンマスシャーで快適な余生を送ることもできたはずである。しかしながら彼は、そうしなかった。その代わり、ジャマイカの不動産に投資したのである。リオ・ミント・バレー（現在のモーガン・バレー）の八三六エーカーの土地を購入したのだ。彼は、後に、セント・エリザベス教会の教区であった四〇〇〇エーカーを追加購入している。ここで重要なのは、この土地が、サトウキビ栽培に最適な土地であったということである。このことがきっかけとなり、イギリスの海外への拡大のやり方が、大きく変化することとなるのだ。イギリス帝国は、金の略奪から始まった。そして、この帝国は、砂糖栽培によって前進することとなるのである。

一六七〇年代、イングランド王室は、ジャマイカのポート・ロイヤルの港を防御するために、数千ポンドを投じて城壁を構築した。この壁は、今でもその場所に立っている（地震で海岸線が移動したことにより、現在では海岸線から離れた場所となってしまった）。この投資は、必要な投資であると考えられた。というのは、ジャマイカが、あっという間に、バッカニアーの本拠地以上のものへと発展したからである。すでに、王室は、ジャマイカの砂糖にかけた関税から、かなりの歳入を得るようになっていたのだ。ジャマイカ島は、極めて需要な経済上の拠点となったために、どんなことをしても守り抜かねばならないものとなったのであった。重要なことは、ポート・ロイヤルの城壁建設を取り仕切るのに適した人物はヘンリー・モーガン以外にはあり得なかった、ということである。彼は、今では、サー・ヘンリーとなっていた。

わずか数年前、モーガンは、グラン・グラナーダを襲った海賊であった。ところが、今の彼は、単なる一人の入植者というだけにとどまらず、海軍提督であり、ポート・ロイヤル連隊長であり、海事裁判所長であり、治安判事であり、ジャマイカ島代理総督でさえあった。かつては許可を受けた海賊の一人であり、フリーランスであった者が、今となっては、植民地を統治する仕事を任されるまでになっていたのだ。確かにモーガンは「酒癖……の悪さを何度も誇張して報告された」ことにより、一六八一年、すべての役職を解任されている。だが、彼は、その後も、名誉ある余生を送ることができたのだ。彼が、一六八八年に死去した時、ポート・ロイヤルの港では二二発の礼砲が撃たれた。

モーガンの生涯は、帝国がどのように建設されたのかを語るにおいて、格好の例となっている。海賊から権力者へと変貌を遂げたのであるが、この変貌が、世界を大きく変えたのだ。だが、これが起こり得たのは、本国において、革命的な変化が生じていたからなのであった。

砂糖需要の激増

ロンドンの商人の息子であり、ベストセラー小説となった『ロビンソン・クルーソー』や『モル・フランダーズ』の著者であったダニエル・デフォーは、当時のイギリス社会を鋭く観察していた。一八世紀初めのイングランドにおいて彼が見たものとは、新しい種類の経済――つまりは、世界最初の大衆消費社会――の誕生であった。デフォーは、『イギリス商人大鑑（The Complete English Tradesman）』（一七二五年）に、このように記している。

イングランドは、世界のいかなる国よりも、海外産のものを国内で多く消費している。これらは、いくつかの国々で、生産、あるいは製造されたものである。……輸入品の大きな割合を占めるものは、砂糖とタバコであるが、綿、インディゴ〔インド藍《あい》〕、米、ジンジャー、ピメントかジャマイカコショウ、ココアかチョコレート、ラム、糖蜜などの消費と比べるなら、イギリスで消費される量は、ささやかなものだと見なされている。

……

帝国が勃興する上で、甘いものを好んだイギリス人の味覚が、プロテスタントの職業倫理やイギリスの個人主義よりも大きな役割を果たした、といえるであろう。

デフォーが生きている間に〔一六六〇―一七三一年〕、砂糖の年間輸入量は二倍となったが、これは、大量消費時代のほんの始まりにしか過ぎないものであった。時代が進むにつれて、豊かなエリート層のみが味わうことのできた商品が、〔大衆の〕生活必需品となったのである。砂糖の輸入額は、一七五〇年代に海外産のリネンを抜き、一八二〇年代に棉花に抜かれるまで、商品別ではイギリスの輸入品で最大のものであった。一八世紀の終わりまでに、イギリス人一人当たりの砂糖の年間消費量は、フランスの一〇倍になっていた（フランスの二ポンド〔約九〇〇グラム〕に対して、一人当たり年間二〇ポンド〔約九キログラム〕）。イギリス人たちは、他のどのヨーロッパ人たちよりも、海外産品を、強く求めるようになったのである。

　イギリス人の消費者たちが殊更に好んだのが、砂糖と一緒に混ぜ、口で飲む、非常に中毒性の高いカフェインと、カフェインとよく合い、口から吸い、同じように中毒性の高いニコチンであった。デフォーの生きた時代、お茶、コーヒー、タバコ、砂糖は、最先端のものであった。そして、これらはすべて、海外から輸入されるものであった。

　お茶に対する注文として、イギリスで記録されているもっとも古いものは、一六一五年七月二七日付の手紙である。この手紙は、日本の平戸にいた東インド会社のエージェント、R・ウィッカム氏が、マカオにいた同僚のイートン氏に宛てて書いたものであり、「最高品質のチョー（chaw）」を送るよう求めるものであった。#

この頃にお茶を意味する「チョー」などの言葉でイングランド人が指していたものとは、紅茶ではなく、緑茶である。その後（一八世紀頃）、緑茶は紅茶へと徐々に代わってゆくが、本書では明確に区別されていない。そこで、本書では、「tea」などの語は主に「お茶」と訳し、紅茶を指すことが明確な場合には「紅茶」と訳す。茶の歴史については、より詳しくは、角山栄『茶の世界史』（中公新書）が参考になる。

　しかしながら、後に国民飲料となるものが最初にイングランドで広告されたのは、一六五八年だった。これは、公的な補助を受けていた『マーキュリウス・ポリティクス（Mercurius Politics）』という週刊誌の、九月三〇日で終わる週の号に掲載されていたものである。そこにはこうあった。「素晴らしい、すべての医者も推奨する中国の飲み物。中国人は、これをチャ（Tcha）と呼び、他国ではタイ（Tay）もしくはティー（Tee）と呼ばれている。……ご購入は Sultaness-head, 2 Cophee-house in Sweetings Rents by the Royal Exchange, London で」。

ちょうど同じ頃、コーヒー・ハウスのオーナーであったトマス・ギャラウェイは、「茶葉の等級、品質、特徴についての正確な記述」というタイトルの大判広告を発行し、その中で彼は、お茶が以下の症状を改善するものであると主張していた。「頭痛、結石、尿石、水腫《すいしゅ》、目が痛くて涙が出ること、壊血病、眠気、記憶力の低下、注意散漫もしくはやる気の低下、悪夢、お腹が張ることによる激しい腹痛」。「砂糖の代わりに新鮮なハチミツを用いたなら」、彼は、買ってくれそうな消費者にこのように訴えていた。「お茶は、肝臓や尿管をきれいにし、ミルクやお湯で薄めたなら、消費を抑えることができます。あなたが太っている人であれば、お茶は、食欲を増進させます。あなたが食べ過ぎたなら、お茶は、軽い吐き気を与えてくれます〔現在とは価値観が異なる〕」。

その理由はどうあれ、チャールズ二世〔在位一六六〇―一六八五年〕のポルトガル人の王妃〔キャサリン・オブ・ブラガンザ〕も、お茶の愛飲家であった。彼女の誕生日に〔詩人で政治家の〕エドムンド・ワラー（Edmund Waller）は、お茶を賛美している。「王妃の友であるお茶は、われわれにとって、極上の助けとなる。頭に浮かんでくる憂鬱な気分を和らげてくれ、心の平穏を保ってくれるものである」。一六六〇年九月二五日には、〔官僚として海軍の発展に尽くし「イギリス海軍の父」と呼ばれることもある〕サミュエル・ピープス（Samuel Pepys）が、「ティー〔中国の飲み物〕」という飲み物を初めて口にした。

しかしながら、お茶が大量に輸入されるようになって、その結果、大量消費市場が形成されるほど価格が下がったのは、一八世紀前半になってからであった。一七〇三年、六万五〇〇〇ポンド〔約三万トン〕

の茶葉を積んだケント号〔船の名前〕がロンドンに到着した。これは、前年の年間消費量に匹敵するほどの量であった。真の大きな変化があったのは、一七四〇年代である。一七四〇年代前半には、「家庭消費向けに確保された」茶葉の量は、平均すると八〇万ポンド以下であった。これが、一七四六年から一七五〇年にかけては、二五〇万ポンドを超えるようになったのだ。一七五六年までには、お茶を飲む習慣が、〔ジョナス・〕ハンウェイ（Jonas Hanway）の『お茶についてのエッセイ（Essay on Tea）』で早くも批判されるほどに普及していた。「その女中たちは、お茶を飲むことによって、美しさを損なっている」。〔サミュエル・ジョンソンは、これに対して、自らを「恥知らずの、お茶の常飲者」、と名乗り、〔お茶に対しての〕相矛盾する意見と共に反論している。〕

より議論を呼んだのはタバコである。これは、ウォルター・ローリーがもたらしたものであり、ヴァジニア〔植民地〕の失敗に終わったロアノーク植民地の数少ない遺産の一つだった（第二章で言及する）。お茶と同様に、タバコの販売業者も、その薬効を主張していた。

一五八七年、ローリーの従者であったトマス・ヘリオットは、その「ハーブ」は乾燥させて燻《くゆ》らすことで、次のような効果があると報告している。「余分な痰やその他の汚れた体液を取り除き、身体のあらゆる毛穴や通り道を開く。こうした用い方をすることによって、タバコの使用は、身体を障害から守るだけにとどまらず……瞬く間に、それらの障害を破壊するのである。そのことによって、彼らの身体は著しく健康に保たれ、われわれイングランドに居るすべての者がしょっちゅうかかる耐えがたい病気に悩まされることがなくなるのである」。初期の頃の広告は、タバコの効用を「健康を保ち、苦痛を和らげ、あなたの気分を盛り上げ、頭の働きを助ける」と主張していた。

すべての者が説得されたというわけではない。ジェームズ一世――他の事柄においても時代に先駆けていたが――にとって、その雑草を燃やすことは、目には忌まわしく、鼻には不快で、脳には有害で、肺には危険なことであった。だが、タバコの栽培が、ヴァジニアとメリーランドで爆発的に拡大するにつれて、価格は劇的に下がり（一六二〇年代と一六三〇年代には一ポンド当たり四から三六ペンスであったものが、一六六〇年代以降は、約一ペニーとなった）〔ペンスはペニーの複数形〕、それに伴い、大量消費されるようになっていったのである。

一六二〇年代、タバコを吸うのはジェントルマン階級に限られていた。一六九〇年代までには、タバコを吸うことは、「習慣となり、ファッションとなり、大流行となっていた――すべての農夫が自分のパイプを持つまでになったのであった」。一六二四年、ジェームズ一世は、自身のタバコ嫌いを脇に置いて、王室の独占を確立していた。輸入が急増したことにより、そこから得られる歳入は、「憎むべき」煙を価値あるものとしたのであった。もっとも、王室の独占は、全面禁止のような強制力を伴うものではなかった。

これらの新しい輸入品は、経済のみならず、国民の生活をも大きく変えたのであった。デフォーは、『イギリス商人大鑑』でこのように観察していた。「ご婦人方のお茶のテーブルと、殿方たちのコーヒー・ハウスは、新しく発明された場所であるようだ……」。人々がこれらの新しいドラッグを好むようになったのは、ヨーロッパの伝統的ドラッグであったアルコールとは違う種類の刺戟を味わうことができたからであった。アルコールは、鎮静作用を伴うものである。これに対して、グルコース、カフェイン、ニコチンは、一八世紀の覚醒剤ともいうべきものであった。これらの新しいドラッグは、イギリス社会に、空前のヒットをもたらした。イギリス帝国は、砂糖、カフェイン、タバコの大量注文を基にして築かれた、と述べることができるであろう。ほとんど全員といってもいいほどの人々が、これらを試してみたのである。

同時に、イングランド、特にロンドンは、これらの新しい刺激物のヨーロッパにおける商品市場となった。一七七〇年代までには、イギリスが輸入したタバコの約八五パーセントが再輸出され、コーヒーの九四パーセント近くが再輸出されるようになっていた。これらの再輸出先は、主に、北ヨーロッパであった。そうなった理由の一部は、商品ごとに関税が異なっていたからである。勃興しつつあった紅茶産業の利益のために、コーヒーには重い関税がかけられ、これがコーヒーの国内消費を抑えることとなったのだ。多くの国民性がそうであるように、イギリス人がコーヒーよりも紅茶を好むのは、イギリスの財政政策にその起源があるのである。

西インドや東インドからの輸入品のかなりの部分をヨーロッパ大陸向けに売ることによって、イギリス人は、長い間眠っていた別の要求を満たすためのお金を得た。新しい消費市場の重要な部分となるのが、服飾革命であった。ピーター・スタッブス（Peter Stubbs）は、一五九五年、「世界の人々のなかでイングランドの人々ほど流行に関心を持っている人間はいない」と記述している。スタッブスが述べているのは、新しいスタイルの服装へのイングランドの消費者の欲求である。この欲求は、一六〇〇年代の初めまでに、服装についての規制を吹き飛ばしてしまった――それまでは、贅沢禁止法によって、イングランドの男女が、社会的身分に応じて、どのような服装をするのかが伝統的に決められていたのだ。ここでも、デフォーは新しい動きに目を止めていた。彼は『みんなの責任は無責任（Everybody's Business is Nobody's Business）』で、こう述べている。

……あか抜けない田舎娘だったジョアンは、今ではすっかり洗練されたロンドンの御婦人だ。お茶を飲み、かぎタバコを吸い、最高級のものを身に着けることだってできる。ジョアンは、彼女の女主人同様にフープ〔スカートを広げるための針金〕だって持っているに違いない。粗末でみすぼらしかったペチコートは、品質の良いシルクのものに変わった。少なくとも、四ヤードか五ヤードの生地を使ったものだ。

しかしながら、一七世紀、確かな目を持つイングランドの御婦人が生地を買う店〔国〕は、たった一つしかなかった。インドの生地の、デザイン、出来ばえ、技術は、最高の品質によって、並ぶものがなかった。イングランドの商人が、インドのシルクとキャラコ〔インド産綿織物〕を購入し、国に持ち帰るようになった結果、国中の装いが一変した。

一六六三年、ピープスは、妻のエリザベスを連れてコーンヒルに行った。コーンヒルは、ロンドンでもっともファッショナブルなショッピング街の一つであった。彼はこう書いている。そこで「色々と見てみた後、妻にチンケ〔チンツ〕〔更紗《さらさ》〕を買った。これは、妻の書斎を飾るための染色してあるインド・キャラコで、とても素敵な品だ」。ピープス自身も、画家のジョン・ヘイルズ（John Hayls）に肖像画を描いてもらった時、ファッショナブルなインド・シルクのモーニングガウン、バイヤンをわざわざ借りている。

一六六四年、二五万反《たん》以上のキャラコがイングランドに輸入された。ベンガル・シルク、絹織物の一種のタフタ、白い平織りの木綿のモスリンに対しても、同じくらい大きな需要があった。デフォーが一七〇八年一月三一日号の『ウィークリー・レヴュー（Weekly Review）』で回想しているように、「キャラコは、われわれの家、われわれの洋服ダンス、われわれの寝室、カーテン、クッション、イスで用いられてきた。そして最後には、ベッドそれ自体も、キャラコ、もしくはインド産のものとなった」。

輸入品の織物の長所とは、その市場が、実質的には、青天井であったことだ。結局のところ、お茶でも砂糖でも、一人の人間が消費できる量には限度がある。しかしながら、織物への欲求には、そのような限度がないのだ。インドの織物は、デフォーが描いた「あか抜けない田舎娘だったジョアン」のような女中でも、手にすることができたのである。このことが意味することとは、イングランドの人々は、お茶を大量に飲むことで気分がよくなっただけではなく、その見栄えもよくなっていた、ということなのである。

初期の輸入貿易の経済構造は、比較的単純なものであった。一七世紀のイングランドの商人は、インド人に売るものがなかった。インド人が彼らから買いたくなるようなものがなかったからである。それゆえ、イングランドの商人は、現金で商品を購入する必要があった。インド人にイングランドの商品を売るのではなく、別の場所での貿易で手にした現金をインド人への支払いに充てていたのである。

現在のわれわれは、このような動きが広がることを、グローバル化と呼んでいる。われわれは、グローバル化という言葉を、世界が単一の市場に統合されてゆくこと、という意味で用いている。だが、一七世紀のグローバル化は、ある重要な点において、今日のグローバル化とは異なっていた。大金を持ってインドに行く、そして商品を持って帰ってくる、ということが意味することとは、往復でおよそ一万二〇〇〇マイルの航海をする、ということであった。この間、嵐に遭ったり、船が難破したり、海賊に襲われたりする可能性があり、常に危険と隣り合わせだったのだ。単に売り買いの注文を出すだけの場合でも、同じ行程を行き来する必要があり、同じことだった。

しかしながら、そのなかでももっとも怖いのは、海賊旗を掲げた船ではなかった。一番怖いのは、自分たちと同じことを行なおうとしている他のヨーロッパの国の船であった。アジアは、市場を巡る壮絶な闘いの舞台になろうとしていた。

これは、砲艦を用いたグローバル化だったのだ。

オランダ人のように[#]

原著では「Going Dutch」。「オランダ人のようにする」が直訳だが、英語では「割り勘」の意味で使われる。

幅広く茶色いフーグリ川（Hugli River）は、ベンガルの大ガンジスデルタのもっとも大きな支流であり、インドの古くからの交易路の一つであった。カルカッタの河口から上流に向かって遡って行くと、ガンジス川の本流に合流し、そこから、パトナ、ヴァラナシー〔ベナレス〕、アラーハーバード、カーンプル、アグラ、デリーへと遡れる。その反対側にはベンガル湾が広がる。ここから季節風を利用した航路をたどれば、ヨーロッパへとつながる。それゆえ、ヨーロッパ人が交易のためインドへやって来た時、フーグリ川が目指す目的地の一つであった。フーグリ川は、経済的に、インド亜大陸への入り口であったからだ。

今日、カルカッタの北方の町チンスーラ（Chinsura）には、いくつかの壊れかけた建物がある。これらの建物は、ここに、世界最大の貿易会社であった東インド会社のインドにおける最初の前哨地があったことを示す唯一の名残である。東インド会社は、一〇〇年以上にわたって、アジアの貿易路を支配していた。香辛料からシルクに至るまで、ありとあらゆる商品の取引を、独占的に行なっていたのだ。

もっとも、いま述べたのは、オランダ東インド会社――De Vareenigde Oostindische Compagnie――についてである。イギリス東インド会社についてではない。チンスーラの荒廃した邸宅や倉庫は、イングランド人のために建てられたものではなく、アムステルダムの商人たちのために建てられたものだったのだ。アムステルダムの商人たちは、イングランド人がこの地にやって来るはるか以前から、アジアで商売をしていたのである。

オランダ東インド会社が設立されたのは一六〇二年である。当時、アムステルダムでは金融革命が進行しており、これによってアムステルダムは、ヨーロッパでもっとも洗練されて、もっとも活動的な都市となったのであったが、東インド会社の設立は、その金融革命の一環であった。オランダは、一五七九年にスペインの軛《くびき》から離れて以来、ヨーロッパの資本主義の最先端をいっていた。オランダは、公的債権という制度を生み出し、これによってオランダの政府は、市中から、低金利で資金を調達できるようになっていた。オランダは、また、今日の中央銀行のようなものも、生み出していた。オランダの通貨は、信用度が高く、徴税を基にしたオランダの税制は、明確で、効率的なものであった。オランダ東インド会社は、会社組織の発展の上でも、重要な転換点であった。一七九六年に清算されるまでの間の、当初の出資に対する配当は、年間当たりに換算すると一八パーセントとなる。これだけ長い期間にわたって、これだけの成績を収め得たことは、まさに、驚くべきことである。

ロンドンを拠点とする商人たちのグループが、王室から独占権を得ることを条件として、「東インドと、その周辺の島々や国々への……航海を行なう」ことを目的に、すでに三万ポンドの資金を集めていた。一六〇〇年九月、エリザベス一世は、「東インドへの貿易を行なうロンドンの商人たちのカンパニー」に、東インドでの一五年間の貿易独占権を与え、翌年、四隻の船から成る最初の船団が、スマトラに向けて出港した。〔イギリス東インド会社の設立とされている〕この話は、事実である。

だが、一五九五年以来、オランダの商人たちが、喜望峰経由で、インドとの貿易にすでに従事していたのである。一五九六年までに、オランダ人たちは、ジャワ島のバンテン〔バンタム〕に、自分たちの拠点を築いていた。ここから、ヨーロッパの市場に向けた最初の中国茶が、一六〇六年に出荷されたのである。さらには、オランダ東インド会社は、イングランドのものとは違って〔イギリス東インド会社は、一回の航海ごとに出資者を募る方式〕、恒常的な株式会社であった。イギリス東インド会社が恒常的なものになるのは、一六五〇年以降である。イングランドのものよりも二年後に設立されたのにもかかわらず、オランダの会社は、インドネシアのモルッカ諸島との利益の上がる香辛料貿易に対する支配権を素早く打ち立てた。それまでは、ポルトガルが、この貿易を独占していたのであった。

オランダ人のやり方は、単純に、規模において勝っていた。アジアへ、ポルトガル人の五倍近い船を送り出すことができ、イングランドと比べるならば、二倍ほどであった。その理由の一端は、イギリス東インド会社と違い、オランダ東インド会社は、管理職の人間の報酬を、最終利益に基づくのではなく、売上合計に基づいて決めていたからである。これが、事業規模を拡大させるインセンティヴとなったのだ。一七世紀を通じて、オランダ東インド会社は急速に拡大し、インド東岸のマチリーパトナム（マスリパタム）、北西部のスーラト、セイロン島のジャフナに拠点を築いた。ところで、一六八〇年代までに、本国へと送る船積みの荷物の大部分は、ベンガル産の織物になっていた。これがそのままつづいていたならば、チンスーラは、やがて、オランダ領インドの首都となっていたであろう。

しかしながら、別の観点に目を移してみると、二つの東インド会社には、共通点も多いのだ。東インド会社は、政府の許可を得た独占企業的なものであったので、今日の多国籍企業と、安易に比較すべきではない。だが、その一方で、カリブ海のバッカニアーの連合と比べるならば、はるかに洗練されたものであった。この二つを設立したオランダとイングランドの商人たちは、規模が大きく危険も大きい事業に、政府の庇護の下で、資金を投入することができるようになったのである。同時に、政府は、海外拡大を民間委託することによって、それに伴うリスクを、会社に転嫁することができたのだ。会社が利益を上げた際には、特許状の更新と引き換えに、政府に利益を還元するか、より一般的には、貸付を行なったのであった。一方で、個人の投資家は、彼らの投資先が一〇〇パーセントの市場占有を保証されることによって、安心して投資ができたのである。

このような会社に、先例がなかったわけではない。また、二つの東インド会社だけがそうだったわけでもない。その一つは、一五五五年に設立されたものであった（「地方、領地、島、未知の場所を発見するための冒険商人の集団ならびに会社」として）。この会社は、ロシアと貿易を行なうためのモスクワ会社となった。一五九二年、ヴェネツィア会社とトルコ会社が合併してレヴァント会社が設立された。

一五八八年と一五九二年、西アフリカのセネガンビア、そしてシエラレオネとの貿易を独占することを目指す会社に、特許状がそれぞれ下付されていた。これらの会社は、一六一八年、ギニア会社（「ロンドンとアフリカの各港の貿易を行なう冒険家たちの会社」）によって引き継がれた。ギニア会社は、一六三一年、西アフリカとのすべての貿易を三一年間独占する特許を得た。一六六〇年代までに、新しく、より強力な会社が組織された。王立アフリカ冒険会社である。この会社は、少なくとも一〇〇〇年間の独占権が想定されていた。これは、殊更に、魅力的な事業であった。というのは、ついに、ここで、イギリス人が金を発見したからである。とはいうものの、やがて、この地方の最大の輸出品となるのは奴隷なのであった。

気候が正反対の場所に目を転じてみると、一六七〇年、カナダの毛皮を独占するために、ハドソン湾会社（「ハドソン湾において通商に従事するイングランドの総督ならびに冒険家の一団」）が設立された。一六九五年、スコットランド人もイングランド人を真似て、自らの会社、アフリカ・インド貿易を行なうスコットランド会社を設立した。少し後の一七一〇年には、南アメリカ大陸との貿易を独占することを目的に、〔イングランドの〕南海会社が設立された。

ところで、これらの会社が得た貿易の独占権には実際の効力はあったのだろうか？　二つの東インド会社について見てみると、問題は、両方とも、欧亜間の貿易の独占権を得たということであった。イングランドの市場とオランダの市場の距離的な近さを考慮するならば、ロンドンに向かう物資の流れと、アムステルダムに向かう物資の流れがそれぞれ別々であったなどと考えることは馬鹿げたことである。イギリス東インド会社が、一六一三年、インド北西岸のスーラトに拠点を築いたのは、明らかに、うまみのある香辛料貿易でシェアを獲得するためであった。

香辛料輸出の量そのものが変わらないとすれば、イギリスの会社ができることといえば、オランダの会社からビジネスを奪い取るということであった。このことは、当時、想定されていた。当時の政治経済学者であったウィリアム・ペティの言葉を借りるなら、「世界の貿易額には、一定の規模がある」のであった。イギリス東インド会社のディレクターであったジョシア・チャイルド（Josiah Child）は、このような希望を述べていた。「同じ〔ビジネス〕を巡ってわれわれと競合関係にある他国がわれわれから奪い取るということはないであろう。しかしながら、われわれのビジネスは今後も拡大をし、彼らのそれは縮小するであろう」。これは、ゼロサムゲームの経済であり、重商主義と呼ばれることになるものの本質であった。

他方、香辛料輸出の量が変化し得るものだとすれば、その場合、輸出の増大分がイングランドへ行き、これによって、ヨーロッパ〔全体〕の香辛料価格が下落する、ということになる。イギリス東インド会社のスーラトからの最初の航海は、大きな利益が上がるものであった。二〇〇パーセントの利益が得られたのである。だが、それ以降は、英蘭の競合関係によって、利益は小さくなるのであった。東インド会社の二期目の出資金募集で集まった一六〇万ポンド（一六一七年から一六三二年にかけて）に出資した人たちは、損害を被ることとなった。

それゆえ、東洋貿易をもぎ取ろうとしたイングランドの挑戦は、必然的に、紛争へとつながった。当時、オランダ東インド会社のビジネスにおいて、香辛料貿易は四分の三を占めていたので、そうなるのは必然だった。インドネシアのアンボイナで、オランダがイングランドの商人を一〇人殺害した時、暴力が燃え上がった。一六五二年から一六七四年の間、イングランドは、オランダを相手に、三回の戦争を行なった。戦争の主たる目的は、西ヨーロッパから各地に向かう航路の支配権をもぎ取ることであった。東インドに向かう航路だけではなく、バルト海、地中海、北アメリカ大陸、西アフリカに向かう、それぞれの航路もだ。このように、商業的な理由のみによって複数の戦争が戦われることは、めったにあることではない。

イングランドは、制海権を打ち立てようと、わずか一一年の間に（一六四九年から一六六〇年）、商船隊の規模を倍増させ、海軍そのものには、二一六隻以上の船を加えた。一六五一年と一六六〇年には航海条例が制定された。これは、イングランドの植民地からの海運はイングランドの船に限るとした条例で、それまで海運を支配していたオランダの商人を犠牲にして、イングランドの海運を盛り立てるためのものであった。

ところが、イングランドは、初めの頃は良かったのだが、戦いを有利に進めたのはオランダであった。アフリカ西岸のイングランドの貿易拠点は、ほとんど全滅させられかけていた。一六六七年六月には、オランダの艦隊がテムズ川を遡ることさえしたのであった。〔テムズ川とメドウェイ川河口付近の〕シェアネス〔砦〕を占領し、メドウェイ川〔河口〕の防御を突破し、チャタムとローチェスターのドックと船を破壊したのだ。第二次英蘭戦争〔一六六五—一六六七年〕終結時点において、イングランドは、〔南米の〕スリナムやポラルーン〔インドネシアのバンダ諸島に属するラン島（Pulau Run）のことであり、当時、香辛料貿易の中心地であった〕からも追い出された。一六七三年には、ニューヨークをも、一時的に失ったのであった。

この結果は、多くの人々にとって、驚くべきものであった。イングランドの人口は、オランダの二・五倍だった。経済規模も、大きかったのである。第三次英蘭戦争〔一六七二—一六七四年〕においては、イングランドは、フランスの支援も受けた。それでもオランダは、より優れた財政システムを持っていたことにより、その経済規模を上回る力を発揮できたのである。

反対に、うまくいかないこれらの戦争の経済的な負担は、イングランドの時代遅れの財政システムに重くのしかかるものであった。政府自体も、財政破綻の淵にあった。一六七二年、チャールズ二世〔在位一六六〇—一六八五年〕は、ある種の政府債務の支払いの一時停止を余儀なくされたのであった——「国庫支払い停止（Stop of the Exchequer）」と呼ばれる出来事である。この財政上の混乱は、政治的な結果をもたらした。チャールズ二世の在位する間、シティ〔通商・金融街〕と政治エリートの関係が、イギリス史上他に例を見ないほどに近づいたのである。英蘭戦争は、シティの重役会議のみならず、王宮や、貴族の大邸宅にも、不安をもたらしたのであった。

カンバーランド公〔ルパート（Prince Rupert）〕は、王立アフリカ会社の設立者の一人であり、後には、ハドソン湾会社の総督も務めた。後にジェームズ二世となるヨーク公〔ジェームズ・スチュアート〕は、一六七二年に設立された新しい王立アフリカ会社の筆頭理事を務めていた。前の会社〔王立アフリカ冒険商人会社〕は、オランダ人によって潰されていたのであった。一六六〇年から一六八三年にかけて、チャールズ二世は、東インド会社から三二万四一五〇ポンドの「自発的寄付」を受けている。オランダとの、互いを潰し合うような戦いが、王政復古期〔一六六〇―一六八八年〕を終わらせたのであった。英蘭共倒れを防ぐには、別の道が必要であった。その解決策は、（企業史には頻繁に見られるような）合併であった。だが、二つの東インド会社の合併ではない。必要とされていたのは政治的な合併であった。

一六八八年夏、ジェームズ二世のカトリック信仰と政治的な野心に猜疑心を抱いたイングランドの力のある有力貴族の一団が、彼に対してクーデターを仕掛けたのであった。重要なことは、これらの貴族たちが、ロンドンのシティの商人たちの支援を受けていたという点である。彼らは、オランダ総督オレンジ公ウィリアムに、イングランドへと侵攻するように要請し、ほとんど無血のうちに、ジェームズを追い出したのであった。この「名誉革命」は、通常、イギリスの自由主義と、立憲君主制を最終的に決定づけたものとして、政治的出来事として描かれる。

だが、名誉革命は、英蘭の商業的統合という性格も、併せ持っていたのである。オランダのオレンジ公ウィリアムが、実質的には、イングランドの新しい経営責任者となるなかで、オランダの商人たちが、イギリス東インド会社の主要な株主となったのである。名誉革命を遂行したイングランド人たちは、オランダ人から宗教や政治についてのレッスンを受ける必要はなかった。イングランドは、オランダ同様に、すでにプロテスタントであり、議会政治であったからだ。だが、イングランド人は、近代財政については、オランダ人から学ぶことができたのである。
一六八八年の英蘭の合併によって、イギリスは、いくつもの重要な財政機関を導入することとなった。これらは、オランダが、先駆けとなって導入していたものである。一六九四年には、政府の借り入れを管理し、国の通貨を発行することを目的として、イングランド銀行が設立された。これは、八五年前に設立され成功を収めていたアムステルダム銀行に近い機能を持っていた（完全に同じというわけではない）。
ロンドンは、また、政府の公的借り入れに関して、オランダ流の制度を導入することが可能となった。取引所を通じて取引を行ない、そこでは、長期国債が、簡単に売り買いできたのである。このことによって、政府は、それまでよりもはるかに低い金利で借り入れを行なうことが可能となり、大掛かりなプロジェクト――たとえば戦争――が、はるかに容易に賄い得るようになった。いつも同様に鋭い観察眼を持つダニエル・デフォーは、低い金利の借り入れが国家にもたらす影響を、すぐに知覚した。

借り入れが戦争を生み、平和を生む。借り入れが、陸軍を育成し、海軍を装備し、戦いを行ない、町を包囲する。借り入れは、お金というよりも、戦争の筋肉と称する方がよりふさわしい。……借り入れによって、報酬を支払うことなしに兵士を戦わせることが可能となり、持参金なしに軍隊を行進させることが可能となる。……借り入れは、難攻不落の要塞なのだ。……借り入れによって、お金として通じる紙片が刷れる。……望むなら、国庫や銀行を、望むままの金額で満たすことだってできるのだ。

オランダは、洗練された財政制度を持つことによって、世界大の貿易を賄うことができただけにとどまらず、第一級の海軍力によって自衛することもできたのであった。今や、イングランドが、こうした制度をより大きな規模で利用することが可能となったのだ。

英蘭の合併によって、イギリス人は、東洋において、はるかに自由に行動できるようになった。英蘭の取引によって、事実上、インドネシアと香辛料貿易はオランダのものとなり、イングランドは、インドとの新しい織物貿易を切り開いてゆくこととなった。この取引は、イギリス東インド会社にとっては良い取引となった。というのは、織物貿易の市場規模が、香辛料貿易の市場規模をすぐに上回ることとなったからである。はっきりしてきたこととは、胡椒、ナツメグ、メース、クローヴ〔丁子〕、シナモン――オランダ東インド会社の運命は、これらの香辛料にかかっていた――の需要は、キャラコ、チンツ〔更紗《さらさ》〕、綿布の需要と比べると、拡大の余地がずっと小さい、ということであった。

これは、イギリス東インド会社が、一七二〇年代までに、その売り上げにおいて、オランダ東インド会社を追い抜いた理由の一つである。一七一〇年から一七四五年までの間、イギリス東インド会社が赤字を計上したのは二年間だけであり、この間、オランダ東インド会社の利益を減少していった。今では、イギリス東インド会社は、〔ロンドン中心部の〕レデンホールストリートに本社を構えるまでになっていた。[#] ここは、会社運営上の二種類の会議が開かれていた場所である。理事会（The Court of Directors）（東インド株を二〇〇〇ポンドもしくはそれ以上持つ株主）と出資者総会（The Court of Proprietors）（一〇〇〇ポンドもしくはそれ以上持つ株主）である。だが、東インド会社の拡大をつづける利益を真に象徴するものであったのは、ここではなく、ビショップスゲートにあった巨大な倉庫であった。これは、東インド会社がインドからヨーロッパへと輸入していた莫大な量の織物を収容するために建てられたものであった。

＃　東インド会社のあった場所は、現在、ロイズの本社ビルがある場所。

香辛料から布地に転換するということは、東インド会社のアジアにおける拠点が変わるということでもあった。これ以降、スーラトの重要性は、低下してゆくこととなる。その代わりとして、三つの新たな

「商館」（として知られるもの）が建てられた——要塞化された商業拠点であり、今日、アジアで最大級の人口を抱える都市となっている。このうちの最初のものは、インドの南東岸にあった。この場所は、コロマンデル海岸沿いの伝説にも名高い岸でもあった。東インド会社は、一六三〇年代、ここの海岸に用地を取得し、そこに要塞を構築した。この要塞は、まるでイギリスらしさを強調するかのように、セント・ジョージ要塞と名づけられた。そして、この要塞を囲むように、マドラスの町が出現してゆくこととなる。

三〇年あまり後の一六六一年、イングランドはポルトガルからボンベイを譲り受けた。チャールズ二世が〔ポルトガルの〕キャサリン・オブ・ブラガンザと結婚した際、持参金として譲渡されたのだ。最後に、一六九〇年、東インド会社は、フーグリ川東岸のスターナティーに要塞を築いた。そして、この要塞が周囲の二つの村と合わさることによって、カルカッタと名づけられたより大きな町ができあがった。

これらのイギリス「商館」の名残を見てみることは、今日でも可能であるが、これらは、多くの点において、初期の頃の帝国における企画事業地域であった。マドラスの要塞には、教会、練兵場、住居、倉庫が付属しており、現在もほとんどそのまま残っている。このような配置は、イギリス独自のものではない。それ以前からあったポルトガル、スペイン、オランダの各地の商業拠点も、同じような配置であった。しかしながら、新しい英蘭の取り決めの下では、チンスーラのような場所は過去のものとなった。カルカッタは、未来の場所であった。

しかしながら、イギリス東インド会社は、オランダの会社との競合という問題を片づけるや否や、また新たな問題にぶち当たった。自社の社員との競合という問題であり、よりやっかいな競合であった。これは、経済専門家たちが、「代理人問題（agency problem）」と呼ぶ種類の問題であった。会社の社員たちをいかにしてコントロールするかという、会社の出資者たちが共通に抱える難問であった。株主たちと、従業員たちの距離が遠くなれば遠くなるほど、この問題は難しくなるのであった。

ここで考慮に入れなければならない問題は、距離だけではない、風も、なのだ。一七〇〇年までに、ボストンからイングランドまでは、四週間から五週間で航海することが可能となった（反対方向の航海は、五週間から七週間必要であった）。〔カリブ海の〕バルバドスに行くには、おおよそ、九週間必要であった。大西洋の風向きのために、交易には季節ごとのリズムがあった。西インドへと向かう船は、一一月から一月にかけて出港した。一方で、北アメリカへと向かう船は、真夏から九月末までの間に出港した。インドへと行き、また、インドから帰るには、より長い航海が必要であった。イングランドから、喜望峰を通り、カルカッタに着くまで、平均で、六カ月かかった。インド洋には、四月から九月までは南西の風が吹き、一〇月から三月までは、これと反対に、北東の風が吹くのであった。インドへと向かうには、春に出港しなければならず、秋まで待たなければ、帰路に就くことができないのであった。*

＊ 読者の方々にとっては、現在の飛行機のフライトタイムが参考になるかもしれない。ただしその場合は、「〇×時間」を「〇×週間」に入れ替える必要がある。

アジアとヨーロッパの航海がより時間がかかることによって、東インド会社の独占は、すぐに打ち立てられたが、その強制力は弱かった。北アメリカとの交易と比べれば、より小さな規模の会社が同様の商売で競合することは困難だった。一六八〇年代までに、アメリカやカリブ海との交易には、数百の会社が参入するようになっていたが、インドまでの六カ月の航海のコストと危険性はかなりのものであったために、巨大な一つの会社だけが担うことになったのであった。

だが、この巨大な会社をもってしても、その社員をコントロールすることは、相当に困難なことであった。何しろ当時は、彼らをその任地に送るだけで、半年もかかったのである。会社からの指示が彼らの元に到着するまでにも、同じ時間が必要であった。それゆえ、東インド会社の社員たちは、相当大きな自由裁量権を謳歌していたのであった——実際のところ、彼らのほとんどは、ロンドンの給与支払い係のまったく手の届かない場所に居たのだ。

同時に、彼らの給与は、比較的控えめなものであったので（「ライター（下級社員）」や事務員の基本給は、年額で五ポンドであり、これはイングランドの家事使用人の給与と大差のないものであった）、ほとんどの社員は、独自会計のサイドビジネスに手を出すことを躊躇なく行なった。このことは、後の時代に、「レデンホールストリート経済の古き良き伝統——安い給与と巨額の役得」として風刺されることとなる。社員のなかには、さらに一歩踏み込む者もいた。会社を辞め、自分のためにビジネスを営むのであった。これらは、インターローパー（interlopers）〔もぐりの商人〕であり、会社の管理機構にとって悩みの種であった。

究極のインターローパーはトマス・ピット（Thomas Pitt）であった。ドーセットの聖職者の息子であり、一六七三年に東インド会社に入社した。インドに到着するや、行方をくらまし、インドの商人から商品を仕入れて、それを自分の勘定に付けてイングランドへと船積みしたのであった。会社の理事会は、ピットは帰国すべきであると主張し、彼を「傲慢で、短気で、向こう見ずな、手に負えない若者であり、何か悪さができそうな場合には、それをせずにはいられなくなる者」と批判していた。しかし、ピットには、会社の命令など、屁《へ》でもなかった。実際のところ、彼は、会社のベンガル湾地区代表を務めていたマティアス・ヴィンセント（Matthias Vincent）と組んで商売を行なっており、ピットはヴィンセントの姪と結婚していたのだ。裁判を起こされたピットは、会社に四〇〇ポンドの罰金を払うことで会社と和解した。この金額は、〔大儲けした〕ピットにとって、取るに足らない額であった。

ピットのような男は、東インド会社の貿易が拡大してゆく上で、鍵となる要素であった。会社の正式の貿易と並行して、巨大な規模の個人営業が、発展しつつあった。このことが意味することとは、王室が会社に授けていた英亜間の貿易独占権が崩壊しつつある、ということであった。だが、このことは、会社にとってもも好都合な面があった。独占企業は、インターローパーの存在がなかったなら、英印間の貿易をあれほど急激には拡大させることができなかったであろう。実際のところは、その会社自身も、徐々に、インターローパー――ピットのようなわがままな者も含めて――の価値を認めつつあった。会社のビジネスにとって、彼らの存在は、障害というよりも、助けとなるのであった。

英蘭の合併によって、インドがイギリス東インド会社のものとなったと見なすことは、まったくの見当違いである。実際のところは、この巨大なアジアの帝国においては、オランダの商人も、イギリスの商人も、たいした存在ではなかった。マドラスも、ボンベイも、カルカッタも、巨大で経済的にも進んでいたインド亜大陸の隅っこにあった、ほんの小さな前哨地にしか過ぎない存在であった。イギリス人の存在は、この段階においては、隅っこに寄生しているだけの存在でしかなく、インド人ビジネスマン――マドラスでは、ドュバシス（dubashes）であり、ベンガル地方では、バンヤン（banyans）――とのパートナーシップに依存しなければ、何もできなかった。

政治的権力の中心は、依然として、デリーの赤い城であり、ここがムーガル帝国皇帝の主たる居住地であった。ムーガル皇帝は、ムスリムで「宇宙の統治者」であり、一六世紀に北方からインドに進出して以来、インド亜大陸の大きな部分を統治していた。サー・トマス・ロー（Sir Thomas Roe）のようなイングランドからの訪問者は、デリーを訪れた際、自分の見たものをけなそうとしていたようである（「宗教的には、何でもありであり、法は、何もない。このような混沌に、何が期待できるというのだろうか？」というのがローの一六一五年の見解である）。だが、ムーガル帝国は、豊かで巨大な帝国であり、これと比べれば、ヨーロッパの国民国家など、ちっぽけな存在でしかなかった。一七〇〇年当時、インドの人口は、イギリスイギリスの二〇倍であったのだ。

推計によれば、当時の世界の生産においてインドの占める割合は、二四パーセントであり、ほぼ四分の一である。これと比べるならば、イギリスは、わずか三パーセントであった。一七世紀後半にデリーを訪れた者が、いつの日かイギリスがインドを統治する日がやって来るなどと夢想したとしたら、それは、当時としては、まったく馬鹿げた夢想でしかなかった。

ムーガル皇帝の許可があった場合のみ――そして、地方にいる皇帝の臣下がそれを許した場合にのみ――東インド会社は、取引することができたのであった。そして、いつも許可が得られるとは限らなかったのだ。会社の理事会は、次のような不満を述べていた。

これら〔現地〕の支配者たちは……われわれを踏みつけるコツを心得ている、そしてわれわれの商館[*]を囲い込むことによって、われわれの地所から思うままにむしり取り、ガンジス川でわれわれの船を静止させる。われわれが彼らに、われわれの真実と正義に基づくわれわれの力を思い知らせることができる日がやって来るまで、彼らは、これらを永遠につづけるであろう。……

＊ 商館〔原文ではfactorys〔sic〕〕とは、倉庫のことである。当時、東インド会社は生産には携わっていなかった。

しかしながら、口で述べることは、実行することよりも、はるかにやさしいのだ。しばらくの間、ムーガル皇帝におべっかを使うことは、東インド会社にとって、もっとも重要な業務であった。皇帝のご機嫌を損なったなら、商売上がったり、となるからであった。ムーガルの宮殿まで出かけなければならず、そこで、会社を代表する者たちは、赤い城の一般謁見殿ディワーニ・アームで、孔雀の王座に平伏しなければならなかった。複雑な交渉を行なわなければならず、ムーガルの官僚たちには、賄賂をばらまかなければならなかった。売り買いを行なうためには、こうしたやり取りのすべてに習熟しておくことが必要不可欠であった。

一六九八年、過去の経緯にもかかわらず、会社が、セント・ジョージ要塞知事としてマドラスに送ることを決めた人物は、誰あろうインターローパーのトマス・ピットであった。ピットの給与は、年額わずか二〇〇ポンドであったが、彼と交わした契約書には、今では、ピットが別会計で自らの商売を営むことを容認することが、はっきりと明示されていた。闇商売の最高のやり手の一人が、取り締まる側に回ったのだ（その一方で、自らも、サイドビジネスとして闇商売に手を染めていた）。ピットは、就任するや否や、重大な危機に直面することとなった。アウラングゼーブ皇帝〔在位一六五八―一七〇七年〕が、ヨーロッパ人との取引を禁じたのみならず、ヨーロッパ人を逮捕し、その商品を没収することを宣言したからだ。ピットは、勅令の取り消しをアウラングゼーブと交渉している最中も、カルナータカ太守のダーウード・ハーン（Duad Khan）からセント・ジョージ要塞を守らなければならないのであった。ダーウード・ハーンが、皇帝の勅令を実行しようと急いでいたからである。

しかしながら、一七四〇年代までには、皇帝は、インドに対する統治能力を失いつつあった。一七三九年、ペルシャ〔イラン〕のアフシャール朝の〔初代シャー〕ナーディル・シャーが、アフガン・テュルク系の軍の長として、デリーを奪い取った。一七四七年以降、〔アフガニスタンの王朝ドゥッラーニー朝の〕アフマド・シャー・ドゥッラーニーに率いられたアフガン人が、繰りかえし北インドに侵入した。

このような「部族的な突入」に加えて、ムーガル帝国の地方の代官たち――アルコット太守やハイデラバードのニーザムなどの者たち――が、帝国を、自らのために切り取りつつあった。西では、マラーターたちが、デリーの意向とは関係なしに、統治を行なっていた。インドは内戦状態に陥りつつあった。この状態を、後にイギリス人は「アナーキー〔無秩序〕」と軽蔑的に呼ぶこととなる――インドの人々が、自分たちでは統治が行なえないことの証明である、というわけだ。

実際のところ、この争いは、インドの支配権を巡ってのものであり、それまでハプスブルクが握っていたヨーロッパの支配権を巡っての争いと、何ら変わるところはない。ヨーロッパでも、一七世紀以降、支配権を巡る争いがつづいていたのである。より正確に述べれば、北方からの脅威は、インドの統治をより効率的なものにしたのであった。常備軍を維持するために、徴税の近代化が行なわれたのである。同時期に、ヨーロッパで起こっていたことと、ほぼ同じである。

インドにおけるヨーロッパ人の入植地は常に要塞化されていた。当時、危機的な時期に突入していたので、これらの入植地は、真剣に防備しなければならなくなっていた。イングランド人だけではとても人数が足りないので、東インド会社は、インドの尚武の気風を持つカースト——南部のテルグ人、西部のクンビ、ガンジス川流域のラージプートやバラモン——から兵を募り、会社の連隊を組織することを始めたのであった。彼らをヨーロッパの武器で武装し、イングランドの将校に従わせたのである。建前としては、これは、会社の警備部門にしか過ぎないものであった。戦火から会社の資産を守るための組織である。ところが、実際上は、これは会社の軍であり、すぐに、会社にとって重要なものとなった。東インド会社は、商事会社として誕生したものであった。それが今では、入植地を持ち、外交官を持ち、さらには軍まで持ったのである。東インド会社は、それそのものが、王国のような存在になりつつあった。

そして、ここに、アジアとヨーロッパの鍵となる違いがあったのだ。ヨーロッパの戦いは、ヨーロッパ人同士のものであり、ヨーロッパ人同士、気が済むまで戦うことができた。誰が勝者になろうが、その勝者はヨーロッパ人であった。だが、インドが戦争状態に陥るなかで、非インド人が勝者として登場する可能性が存在したのである。

ここでの問題は、では、誰が勝者となるのか、という点である。

メン・オブ・ウォー

ジンジー〔シェンジ〕は、〔インド南部〕カルナティック〔現在はタミル・ナードゥ州〕にあるもっとも壮観な要塞の一つである。コロマンデル海岸の後背地には見渡す限りの大地が広がるが、そこから突然切り立った峻険な丘の頂《いただき》にある。一八世紀なかば、ここを守備していたのはイギリス人ではなかった。また、この地方を治めていた地元の支配者が守備していたわけでもなかった。ジンジーは、フランス人の手中にあったのだ。

イングランドとオランダの争いは、商業上のものであった。そこで争われていたのは、純粋にビジネスに関することであり、市場を巡る争いだった。一方で、フランスとの争いは――英仏百年戦争を世界大に拡大したものとして、地球の隅々で戦うこととなる――どちらが世界を支配するのかを決める戦いであった。この時点では、どちらが勝者となるのか、まだ誰にも分らなかった。

フランスの教育大臣は、自らの配下にあるすべての学校において、その日何が教えられているのかを完全に把握している、といわれている。すべてのフランスの子供たちが、同じカリキュラムで学ぶ――同じ数学を学び、同じ文学作品を読み、同じ歴史を学び、同じ哲学を学ぶ――というわけだ。これは、まさに、帝国式教育である。〔インドの〕ポンディチェリのフランスの高校《リセ》でも、パリの高校《リセ》でも、同じことを学んでいたのであった。一七五〇年代の歴史が違うものになっていたとしたら、すべてのインドの学校は、同じことを学ぶこととなっていたはずである。そして、世界の共通語《リンガ・フランカ》は、英語ではなく、フランス語になっていたはずである。

このような反実仮想は、まったくあり得ないことではないのだ。確かに、英蘭の合併によってイングランドは大きな力を得た。そして、一七〇七年、イングランドの議会とスコットランドの議会が合同した。この二度目の合併は、侮り難い存在を新しく生み出していた。グレイトブリテン王国である（日本では一般的に「イギリス」「イギリス王国」あるいは「英国」）。この概念は、元々は、イングランドに併合されるスコットランド人をなだめるためにジェームズ一世によって宣伝されたものであった。スコットランド人が、イングランドを統治することになる、というのであった。

スペイン継承戦争が終結するまでに（一七一三年）、この新しい国家は、疑いなく、ヨーロッパで支配的な海軍国となっていた。イギリスは、ジブラルタルとポート・マオン（ミノルカ島）を得たことにより、地中海に出入りする場所の支配権を得た。ところが、ヨーロッパ大陸それ自体においては、フランスが支配的な力でありつづけた。一七〇〇年の時点において、フランスの経済規模は、イギリスの二倍であり、人口は三倍近かった。そして、フランスは、イギリス同様に、海洋を通して、ヨーロッパ域外にも手を伸ばしていたのだ。

アメリカ大陸のルイジアナとケベックにはフランスの入植地があった——「ニュー・フランス（ヌーベルフランス）」である。マルティニークやグアドループといったフランスの砂糖諸島は、カリブ海でも、もっとも豊かであった。そして一六六四年、フランスは、フランス東インド会社——La Comapagnie des Indes Orientales——を設立しており、その拠点は、ポンディチェリにあった。イギリスの入植地であったマドラスの少し南側である。フランスが世界を賭けた戦いにおいてイギリスに対して勝利を得るという危険性は、現実的なものであり、この世紀の大半、そうでありつづけた。一七五六年の『クリティカル・レヴュー（Critical Review）』は、このように述べていた。

すべてのイギリス人は、フランスの野心について精通していなければならない。世界を支配しようという飽くなき野望、そして、隣人の土地への侵入、についてである。……われわれの共通の敵は、われわれの貿易、われわれの自由、われわれの国、否、全ヨーロッパを餌食にしようと、虎視眈々《たんたん》と窺っている。万能の強欲者〔フランスのこと〕は、隙あらば、世界を飲み込もうとしているのだ。

商業上の観点から見れば、確かに、フランス東インド会社の脅威は、それほどのものではなかった。フランス東インド会社は、政府からの補助を受けていたにもかかわらず、かなりの損失を計上し、一七一九年に再編しなければならないほどであった。イギリスのものとは異なり、フランスの会社は、フランス政府の強い管理下に置かれていた。フランス東インド会社は、貴族たちによって運営されていた。彼らは、貿易にはそれほど興味を持たず、その代わり、政治的権力を求めていた。そのため、フランスからの脅威は、オランダからの脅威とは、かなり異なるものとなった。オランダは、市場占有率を求めていたのであったが、フランスが求めていたものとは、領土であった。

一七四六年、ポンディチェリのフランス領インド総督であったジョゼフ・フランソワ・デュプレ（Joseph François Duplex）は、インドのイギリスに一撃を加えようと決意した。デュプレのインド人通訳であったアナンダ・ランガ・ピライ（Ananda Ranga Pillai）の日記によって、デュプレの襲撃前夜のフランス要塞の雰囲気を知ることができる。ピライはこう記している。「今、人々は、今後、戦いはフランス側に有利に傾いてゆくだろう、と語りあっている。……その人たちは……幸運の女神はマドラスを離れポンディシェリに居を構えた、と述べている」。

デュプレはピライにこう述べたのだ。「イギリスの会社は死ぬ運命にある。ヤツらは長い間金がないままだ。ヤツらが持っている金は国王から借りた金だ。その王朝がひっくり返されることは確かだ。そうなれば、金がなくなる。金がなくなったらお終いだ。わたしがいったことをよく覚えておきたまえ。そう遠くないうちにわたしがいった通りになるであろうが、その時、わたしが君に話していることの意味が分かるだろう」。

一七四七年二月二六日、ピライはこのように記録している。フランスは、

マドラスに対して総攻撃を加えた。……まるで、一匹のライオンが象の群れに飛び込むように……要塞を包囲し、わずか一日で、総督を驚かせ、狼狽させた。……そして、そこにいた人々全員をもだ。……フランス人は、要塞を確保し、城壁の上に自分たちの旗をはためかせ、町全体をわが物とした。フランスは、マドラスを太陽のように照らし、その光は、全世界へと広がっていた。

イギリス東インド会社は狼狽した。イギリス東インド会社は、フランスのライバルによって「完全に叩きのめされる」ことを恐れたのであった。ロンドンの理事が受け取った報告によれば、フランスは「われわれを［マドラス地域の］海岸での貿易から排除しようとしており、やがては、インドから追い出すつもり」なのであった。

実際のところは、タイミングを誤ったのは、デュプレの方であった。一七四八年、ヨーロッパでオーストリア継承戦争が終わると、アーヘンの和約が結ばれ、デュプレは、［せっかく獲った］マドラスを放棄させられたのだ。ところが、一七五七年、イギリスとフランスの戦いが再び始まったのである。今度の戦いは、史上空前の規模であった。

七年戦争［一七五六―一七六三年］は、一八世紀の世界戦争と呼べるほどのものであった。この戦争は、二〇世紀のグローバルな戦いと同じく、その源をヨーロッパに発するものであった。イギリス、フランス、プロイセン、オーストリア、ポルトガル、スペイン、ザクセン、ハノーヴァー、ロシア、スウェーデンが、

すべて、戦闘に加わったのである。だが、戦いは、〔インドの〕コロマンデル海岸、カナダ、〔アフリカの〕ギニア、〔カリブ海の〕グアドループ〔島〕、マドラス、マニラでも戦われた。インド人、ネイティヴ・アメリカン、アフリカ人奴隷、アメリカへの入植者が、皆、戦争に巻き込まれたのであった。

争われたのは、将来の〔世界〕帝国そのものであった。それは単純な問題であった。つまり、それはフランス帝国なのか、それとも、イギリス帝国なのか、ということだった。

このハノーヴァー朝の最終決戦ともいうべき戦いにおいてイギリスを指導する立場にあったのは、ウィリアム・ピットであった。ピットの家は、英印貿易で財を成したのである。その彼にとって、イギリスのグローバルな地位を、ヨーロッパにおける最古のライバル〔フランス〕に譲り渡すことなど、まったく考えられないことであった。ピットはトマス・ピットの孫である。直感的に、この戦争を、グローバルな視点で捉えることができたのだ。ピットの戦略は、イギリスが優位に立てる力を生かすということであった。その力とは、艦隊であり、その後ろ盾となる海軍基地であった。

イギリスの同盟したプロイセンが、フランスとその同盟国をヨーロッパ大陸に封じ込め、その間に、イギリス海軍が、これらの国の海外領土を切り取ってゆき、これらの植民地における最後の後片付けは、世界に分散していたイギリス陸軍に任せたのだ。ここで鍵となったのは、海上での明らかな優位を確立したことであった。ピットは、一七五五年一二月、庶民院でこのように述べている。この時、正式の宣戦布告はまだ行なわれていなかったが、植民地における戦闘は、しばらく前からすでに戦われていた。


　われわれは、宣戦を布告する前に、われわれの海軍を、可能な限り整え、人員を配置している状態にしておく必要があります。……われわれは、戦争の淵に立っているのであります。健康な船乗りや熟練した船乗りが、国王陛下の軍に入隊するよう、われわれは考えられるありとあらゆる方法を用いて勧誘すべきではないでしょうか？　これこそが、今、まさに必要とされていることではないでしょうか？……すでに戦闘は始まっているのです。すでに、フランス人が、国王陛下の軍〔イギリス陸軍〕にアメリカで攻撃を加えています。その反撃として、そこでは、国王陛下のお船〔イギリス海軍〕が、フランス国王の船〔フランス海軍〕に攻撃を加えているのです。これは戦争ではないでしょうか？……インドにおけるわれわれの味方を、そしてアメリカにおいてわが国民を、ありとあらゆるフランスの要塞や、ありとあらゆるフランスの駐屯地から救い出すことができないならば、われわれは、入植地を手放すこととなりましょう。

ピットは、五万五〇〇〇人の水兵を補充するということについて、議会の協力を確保した。彼は艦隊の規模を一〇五隻にまで増やした。フランスは、わずか七〇隻であった。この過程において、イギリス海軍の基地は、世界最大の工場となり、船を建造し、修復するために数千人を雇用することとなった。

ピットの政策は、ある程度、生まれつつあったイギリスの経済的優位に依存するものであった。造船、冶金、砲製造において、イギリスの他国に対する優位は、今や、はっきりしたものになっていた。イギリス人は、海洋を支配するために、技術を利用したにとどまらず、科学をも利用したのであった。

ジョージ・アンソン（George Anson）が一七四〇年代に六隻の船で世界周航航海を行なった当時は、壊血病の予防法は知られておらず、〔時計職人の〕ジョン・ハリソンは、海上で正確な経度を測定するためのマリン・クロノメーター〔揺れる船舶の上でも正しい時を刻む高精度の時計〕の三号機の制作にまだ取り組んでいた。多くの水兵が、亡くなっていたし、多くの船が、行方不明になっていた。

ジェームズ・クック船長がエンデヴァー号で南太平洋に向けて出港した一七六八年までには、ハリソンは経度委員会の賞を獲得しており、クック隊の隊員たちは、壊血病予防のためにザワークラウト〔塩漬け発酵キャベツ〕を食べるようになっていた。戦略と科学の新しい関係を象徴するものとして、エンデヴァー号には、博物学者の一行が乗船していた。なかでも有名なのは、植物学者のジョセフ・バンクス（Joseph Banks）であった。クックの航海には二つの目的があった。一つ目は、南洋州の領有権をイギリス海軍のために主張することによって「イギリスの国力、領土、主権の伸張を図る」ということであった。二つ目は、王立協会のために、金星の日面通過の観測を行なうことであった。

海軍の規定のみが、それまで通り、厳格なままであった。よく知られているように、七年戦争初期、ミノルカ島沖でフランス戦隊の撃滅に失敗したことにより、ジョン・ビング提督は銃殺刑に処せられた。戦時服務規程の第一二条には、こうあったのだ。

艦隊の成員で、怯懦《きょうだ》、怠惰、不忠実などにより……交戦相手の全艦艇の捕獲もしくは破壊に最善を尽くさなかった者は――これを怠った時点、もしくは軍法会議でこれを怠ったという判決が下った時点で――すべて死刑に処せられる。*

＊ ビングの死は、ヴォルテールの有名な句となっている。「この国では時々提督を銃殺した方が後進が育ちやすくなる」。

ビングのいとこのサー・ジョージ・ポーコック（Sir George Pocock）のような猛者《もさ》が、インド沖でフランス艦隊を撃破したのだ。ジェームズ・クックのような猛者が、［ジェームズ・］ウルフ将軍とその部下がセント・ローレンス川を遡ることを可能にし、ケベック攻略に導いたのだった。そして、ジョージ・アンソンのような猛者が――当時は海軍大臣になっていた――フランスの海上封鎖を指揮したのであった――おそらく、これが、この戦争［七年戦争］において、イギリスの海上覇権をもっとも明確にしたものであっただろう。

一七五九年一一月、とうとうフランス艦隊が出現した。イングランドへの侵攻を図ろうと最後の賭けに出たのだ。エドワード・ホーク提督が、これを待ち構えていた。風雨が荒れ狂うなか、ホーク艦隊は、ブルターニュ半島南岸のキベロン湾の奥深くへとフランス艦隊を追い込んだ。この湾で、フランス艦隊は撃滅させられた――フランス艦隊の三分の二は、座礁するか、焼かれるか、捕獲されたのであった。イングランド進攻は、断念させられたのだ。

ついにイギリスの制海権が確立されたのだ。これによって、フランス本国と植民地帝国の連絡線が途絶え、フランス植民地におけるイギリスの勝利がほぼ確実なものとなった。イギリス海軍が、イギリスの陸上兵力に、決定的な優位をもたらしたのである。ケベックとモントリオールを獲得したことにより、カナダにおけるフランスの支配は、終焉を迎えることとなった。カリブ海の豊かな砂糖植民地――グアドループ、マリー・ガラント島、ドミニカ島――も、イギリスの手に落ちた。一七六二年には、フランスの同盟国スペインが、キューバとフィリピンから〔一時的に〕追い出されていた。この年、フランスの守備隊は、ジンジー要塞を明け渡したのであった。この時までに、インドにおけるフランスの拠点は――ポンディチェリも含めて――すべて攻め落とされていた。

この勝利は、制海権を基盤とする勝利であった。とはいうものの、これが可能となったのは、イギリスがフランスに対して、ある事柄において決定的な優位を築いていたからである。それは、お金を借りるということについてであった。イギリスは、その戦費の三分の一以上を、借り入れによって賄っていたのだ。ウィリアム三世の時代にオランダから取り入れた制度が、今ではすっかり、自分たちのものとなっていたのである。ピットの政府は、市中の投資家たちに低金利の国債を売ることによって、使える戦費を拡大させることができたのであった。その一方で、フランスはといえば、寄付を募るか、盗むしかなかったのだ。

借り入れは、ジョージ・バークリー（George Berkeley）が述べていたように、「イギリスがフランスに対して有していた最大の優位」なのであった。フランスの経済学者イサーク・ド・ピント（Issac de Pinto）も、〔お金が〕「必要な時に借り入れをできなかったことが失敗であり、これが後の悲劇の主な原因である」と同意している。すべての海戦の勝利の陰には、国の借金があり、その額の拡大は――七年戦争の間に七四〇〇万ポンドから一億三二〇〇万ポンドとなった――イギリスの財政力の大きさの証明であったのだ。

一六八〇年代には、イングランドと、「アメリカのイングランド帝国」の間に、すでに区別が存在していた。一七四三年までには、「イギリス帝国をひとまとめにして一つのものとして」語ることは、すでに可能となっていた。つまり「グレイトブリテン王国、アイルランド、アメリカの入植地と漁場、それに、西インドやアフリカの領地」を一つのものとすることである。だが、今となっては、「その境界が未だに確定されていない、太陽の沈むことのない広大な帝国」についてサー・ジョージ・マカートニー（Sir George Macartney）が書き記すことが可能となったのであった。

ピットが唯一残念に思っていたこととは、海外領土を維持することをフランスに許したことであった（平和条約が結ばれたのは、彼が政権を離れてからであった）。特にフランスに返却されたカリブ海の島々についてであった。彼は、一七六二年一二月、庶民院で新政権に対する不満を次のように述べていた。

〔新政権は、〕商業上の観点、また海洋上の観点から見て、フランスが――唯一のとは呼べないまでも――主要な敵であるという根本的な原則を見落とし……西インドの価値ある島々をすべて返却してしまいました。……われわれは、フランスに、莫大な損失を取り返す手段を与えてしまったのです。……これらの戦利品〔カリブの島々〕との貿易は、莫大な利益を生み出すこととなったはずであり……われわれが受けたであろう利益は……フランスに与えることになったはずの損失の分も合わせれば、四倍となっていたでありましょう。

ピットが正確に見抜いていた通り、「戦争の種」は、すでに平和条約のなかで芽を出していたのであった。世界の覇権を賭けたイギリスとフランスの戦いは、いくつかの短い小休止をはさみながら、一八一五年までつづいたのである。だが、一つのことについては、七年戦争ではっきりとした答えが出ていた。それは、インドが、フランスのものではなく、イギリスのものになるということであった。このことによって、イギリスは、その後二〇〇年近くの間、イギリス貿易の市場と、無尽蔵の兵力供給源を得たのであった。インドは、「王冠の宝石」以上のものだった。文字通りにも、そして象徴的にも、インドは、巨大なダイヤモンド鉱山だったのである。

ところで、インド人はどうなったのであろうか？　答えを述べるならば、インド人は、インド人同士が分割されることを許すこととなり、そして最終的には、統治を受けることを許すこととなるのだ。七年戦争の前から、イギリスとフランスは、インドの政治に介入するようになっていた。デカン総督（The Subahdar of the Deccan）やカルナータカ太守《ナワーブ》の後継人事に介入したのだ。

東インド会社きっての活発な男であったロバート・クライヴ（Robert Clive）は、トリチノポリ〔南インドの都市で現在のティルチラーパッリ〕の包囲を解こうとした時、頭角を現した。トリチノポリには、イギリスがデカン総督に就けたかったムハンマド・アリー〔・カーン〕（Muhammed Ali）が囚《とら》われていたのである。そして、クライヴは、カルナータカ地方の首府アルコットを奪い取り、ムハンマド・アリーのライバルであり〔フランスと結ばれていた〕チャンダー・サーヒブ（Chanda Sahib）からの攻撃に対して、そこを守り抜いたのであった。

七年戦争が勃発すると、ベンガル太守であったシラージュ・ウッダウラ（Siraj-ud-Daula）が、カルカッタのイギリス人植地を攻撃し、六〇人から一五〇人ほど*のイギリス人捕虜をウィリアム要塞の「ブラックホール」として知られるようになる場所に閉じ込めたのであった。シラージュは、フランスから援助を受けていたのだ。一方で、金融業者のジャガト・セート・ファミリーは、イギリスの反攻に対して、金銭的支援を行なっていた。

＊当時の記録によるならば、捕虜の数は一四六人であり、その多くは窒息死したのであった。だが、実際のところは、この数よりも少なかったようである。彼らの多くが死亡したというのは、事実のようである。当時はインドの夏の暑い盛りであり、「ホール」というのは、一四フィート（四・二メートル）四方ほどの小部屋であった。

クライヴは、一七五七年六月二三日のプラッシーの戦いに際して、太守の地位をシラージュと争うライバルであったミール・ジャアファル（Mir Jafar）の支持者たちを、シラージュ陣営から引きはがすことに成功していた。戦いに勝利を収め、ベンガル知事の職を確保したクライヴにとってミール・ジャアファルは用済みとなり、太守の地位には、ミール・ジャアファルの娘婿ミール・カーシムを就けた。ところが、その後、ミール・カーシムが従順ではないことが分かってくると、今度は、ミール・カーシムを追いやり、ミール・ジャアファルを太守に戻した。ここでもまた、ヨーロッパ人たちが、インド人同士の確執を、自分たちが有利になるように利用したのであった。プラッシーの戦いにおいて、クライヴの兵力二九〇〇人のうち、三分の二以上はインド人であったが、このことは、この時代を象徴するものとなっている。インド人の歴史家で『近代史について』（一七八九年）の著者グーラム・フセイン・カーンは、次のように述べている。

このような、もしくは似たような「インド人指導者間の」仲たがいの結果として、ほとんどの拠点、否、ヒンドゥーの地のほとんどが、イギリス人の手に落ちたのであった。……二人の君主が一つの国を巡って互いに競い合い、このうちの一人がイギリスに接近し、その国の実権を握るのに必要な手段と手順をイギリス人に教えたのであった。この君主は、自らの立ち回りのうまさと、イギリス人たちの協力によって、自らの友人たちでもあったその国の有力者たちとの関係を深めていった。その一方で、その有力者たちにとっても、この君主は、すでに切り難く結ばれた存在だったのである。そうこうしている間に、イギリス人は、この君主と条約や協定を結ぶことを思いつき、実際に結んだのであった。イギリス人たちは、しばらくの間は、これらの条約や協定に従っていた。だがそれは、イギリス人たちが、その国の人々を通じて、その国の統治の仕方について、また、その国の慣習について、よく理解するまでのことであった。しばらくすると、イギリス人は、その国の軍を鍛え、その国の一部の人々の協力を取り付け、その国の別の人々を制覇したのであった。そのような方法によって、イギリス人は、その国に徐々に浸透してゆき、最後には、その国を支配するようになったのである。……一見すると、イギリス人は受け身であり、成り行き任せであったようにも見えるが、実のところは、そうなるように舞台を動かしていたのである。

グーラム・フセイン・カーンは、「これらの商人たちが、この国の支配者となれる手段を見つけ出したことは、不思議でも何でもない」――イギリス人たちは、単に、「同じようにプライドが高く、無知なヒンドゥーの君主たちの愚かさを利用したのであった」と結論している。

一七六四年に、プクサールで残ったインド人の敵を打ち破るまでには、クライヴは、東インド会社の将来について、大胆な結論に達していた。インド人が許容する下でビジネスを行なう、というだけでは不十分、というのがその結論だった。彼は、ロンドンの会社の理事たちに宛てた手紙でこのように述べていた。

本官は、ある程度の確信をもって断言するのであるが、この豊かで繁栄している王国は、二〇〇〇人ほどのヨーロッパ人という小さな力によって、完全に従わせることが可能である。……［インド人たちは］何といっても、怠惰で、贅沢好きで、無学で、臆病である。……何でもかんでも、力ではなく、計略によって何とかしようとする傾向がある……そのことによって、われわれは、現在の獲得物を、さらに確かなものにできるし、拡大してゆくこともできるが、彼らには、計略と忘恩以外に、何が残るというのだろうか？

アラーハーバード条約によって、ムーガル皇帝〔シャー・アーラム二世〕は、東インド会社に、ベンガル、ビハール、オリッサの行政権――ディーワーニーとして知られる――を認めた。これは、お金を刷ることを認める許可ではなかったが、それに近いものであった――徴税権を認めたのだ。ディーワーニーによって、東インド会社は、二〇〇〇万人の人々から徴税を行なう権限を得たのである。東インド会社の収入の三分の一以上が、これによって賄われていただろうと想定すると、その収入は、年額で、二〇〇万ポンドから三〇〇万ポンドの間くらいとなる。東インド会社は、今となっては、全インドで最大の企業となったのであり、その業務内容は、統治であった。一七六九年、会社のベンガル委員会が、理事への手紙に示したように、「今後のわれわれの業務は、収入をイギリスに運ぶこと」なのであった。

かつては海賊であった。その次には商人となった。そのイギリス人が、今や、多数の外国人の統治者となったのである――そして、それは、インドだけに、とどまらなかった。海軍力と財政力の組み合わせが、イギリス人を、帝国を巡るヨーロッパ人の競争の勝者としたのであった。通商を営むための組織として生まれたものが、今では、統治の手段となったのである。

ここでイギリス人が、自らに問わなければならなかった問題とは何か？　それは、インドの統治をどのように行なえばよいのか、ということであった。クライヴのような男の原動力はといえば、それは略奪することであった。そして、実際に略奪したのだ。もっとも、後に自らについて、「わたし自身の節度に驚いている」と主張している。クライヴの気質は、あまりにも暴力的であったために、敵が居なくなってしまうと、すぐに身を滅ぼしてしまった。クライヴは、キップリングの『王様になりたかった男』に出てくるようなハチャメチャな帝国建設者の代表格のような人物であった。

俺たちは……王様が不在で自らのものにできそうな場所へと出かけていった。……戦いができる場所へと出かけていった。そこでは、軍事教練が得意な男は、皆、王様になれるのだ。俺たちは、このような場所へと出かけて行って、そこで出会った王様にこう問いかけるのだ。「王様の敵をやっつけてご覧にいれましょう」。そして、この王様の前で、軍事教練のやり方を見せつけるのだ。このことに関しては、俺たちは、他のヤツらよりも上だ。次に、この王様を始末して、王冠を頂戴し、そして、自らの王朝を建設するのだ。

イギリスのインド統治を、バッカニアー流の略奪作戦の継続以上のものにするためには、より細やかなやり方が必要とされていた。一七七三年に規制法が制定されて、ウォレン・ヘースティングス（Warren Hastings）が初代インド総督に任命されたことは、新しい時代の幕開けを告げるものであったように思われる。

ヘースティングスは、頭の良い小柄な男であった。クライヴの持ち味がその豪胆さにあったとするならば、ヘースティングスの持ち味は、その頭脳にあった。〔名門パブリックスクールの〕ウェストミンスター・スクールで国王奨学生として学んだ後、一七歳で、ライターとして東インド会社に入社した。しばらくすると、彼はペルシャ語とヒンドゥー語に堪能となった。インドの文化について学ぶにつれて、インドの文化に尊敬心を抱くようになっていた。彼は、ペルシャについて学ぶことについて、一七六九年、次のように記している。〔学ぶことによって〕「われわれの心は必ず広がり、全人類のためにとわれわれの信仰が導いてくれた、慈悲の心が育まれてゆく」。ヘースティングスは、自ら関わった〔ヒンドゥー教の聖典の一つ〕『バガヴァッド・ギーター』の英訳の序文に、こう記している。

〔インド人の〕真の姿を理解しようと故国に持ち帰るたびに、彼らの生来の特質を、より寛大に理解しようとする気持ちが芽生えてきた。そして、われわれが、自分たちの尺度で彼らを推し量ってきたということを教えられたのである。だが、このような機会は、これら、彼らが書き残してきたものによって、初めて得られたのである。これらは、イギリスのインド支配が終わるずっと後に、イギリスが富と力を生んだ源泉であった時代がその昔存在したということが忘れられる日が来ても、残りつづけるのである。

ヘースティングスは、イスラーム文献『Fatāwā al-'Ālamgiri』や『Hidāyā』の英訳に資金援助を行ない、また、イスラームの法学校であるカルカッタ・マドラーサを設立した。彼は、サー・マンスフィールドに、「イスラーム法は、ヨーロッパのほとんどの国の法と比べても、同じくらいに包括的であり、同じくらいよく定義されている」と述べている。彼は、また、インドの地理や植生について学ぶことも、根気強く奨励したのであった。

ヘースティングスの援助の下で、新しいハイブリッドな社会がベンガルに誕生しつつあった。イギリス人の学者たちが、インドの法典や文献を英訳しただけではなく、東インド会社は、〔イギリス人と〕結婚したインドの女性を雇用し、インドの慣習を取り入れるようになっていた。文化的融合が起こっていたという、この驚くべき事は、われわれ現代人の感覚にも訴えるものがある。つまり、イギリス帝国は、人種差別という「原罪」を背負って生まれたわけではない、ということを示しているようにも思われるのだ。このことは、いったい何を意味するのだろうか？

ヘースティングスの時代の文化的側面を語るにおいて、しばしば、見逃されている問題がある。それは、完全に「現地化」した、もしくは部分的に「現地化」した東インド会社の社員の多くは、イギリス国内においても少数派に属する人々であったという点である。彼らは、スコットランド人だったのだ。

一七五〇年代、ブリテン諸島に住む人々の一割強は、スコットランドに住む人々だった。ところが、東インド会社においては、少なくとも半分ほどが、スコットランド人だったのである。ヘースティングスの任期の最後の一〇年間、理事会においてベンガルでライターとして採用された二四九人の内、スコットランド人は、一一九人であった。一七八二年に、会社のベンガル軍の士官候補生として採用された一一六人の内、スコットランド人は五六人だった。* 理事会によって、「自由商人」として営業することを認められた三七一人の内、スコットランド人は二一一人であった。医師見習いとして会社に採用された二五四人の内、スコットランド人は一三二人だった。

＊ これと比べるならば、より低い階級においては、アイルランド人が多かった。一九世紀の初めのベンガル軍における内訳は、イングランド人が三四パーセント、スコットランド人が一一パーセント、アイルランド人が四八パーセントであった。

ヘースティングス自身、自らの側近たちを「スコットランドの守護神たち（Scotch guardians）」と呼んでいた――ミント出身のアレクサンダー・エリオット、ピターヘッド出身のジョン・サムナー、ボスウェル出身のジョージ・ボグルらである。ヘースティングスが総督（Governor-General）の地位にある間に重要な仕事を任された三五人の内、少なくとも二二人はスコットランド人であった。ヘースティングスは、ロンドンに戻った際にも、スコットランド人株主を当てにしていた。株主総会において、ヘースティングスの行動を支持していたのは、スコットランド人の株主たちであった。なかでも目立っていたのは、ウェスターホール準男爵のジョンストン家であった。

一七八七年三月、スコットランド法務次官であったヘンリー・ダンダス（Henry Dundas）〔スコットランドの法律家、政治家で後に子爵〕は、冗談で、サー・アーチボルト・キャンプベル（Sir Archibald Campbell）〔陸軍将校で当時はマドラス知事、インドで財産を築き、そのお金で故郷であるスコットランドのアーガイル州の大地主になっていた〕の後任としてマドラス知事に就任する予定であると語り、「じきに、全インドがわれわれ〔スコットランド人〕のものとなるだろう。……キャンプベル家の移住がマドラスで準備されているので、アーガイル州からは人がいなくなるだろう」と冗談を述べた。（ヘースティングスの最初の妻も、スコットランド人のマリーであった。旧姓はエリオット、キャンバスラング出身で、ブラックホールで死去したブキャナン大尉の未亡人であった。）

この人口上の偏りは、海外で一旗揚げたいとする気持ちをスコットランド人がより強く持っていたということによって、説明できるだろう。このような気持ちは、一六九〇年代にはうまく行かなかった。当時、スコットランド会社が、パナマ東岸のダリエンに入植地を築こうとしたのであった。この地は、入植地に適した土地ではなかった上、スペインとイングランドの敵意によって、この試みは、失敗に終わった。

幸運なことに、一七〇七年のイングランドとスコットランドの議会の合同は、両国の経済が合同するということでもあった。そして、帝国を築きたいとする野望も合同したのである。このことによって、多くのスコットランドの事業家たち、技師たち、医者たち、鉄砲の扱いに長けていた者たちは、イングランドの首都の組織に入ることによって、イングランド海軍の庇護の下に、自らの能力と活力を、遠く離れた場所で生かすことができるようになった。

スコットランド人たちは、ブリテン諸島の南側の人たちに比べて、現地社会に溶け込もうとする気持ちを、より強く持っていたようである。ヘースティングスにブータンとチベットへの探検へと派遣されたジョージ・ボグル（George Bogle）は、チベット人の妻との間に二人の娘を儲けており、チベット特有の一妻多夫制を賞賛していた（一人の女性が複数の夫を持つことができる制度）。アバディーン近郊のニューマチャー出身の牧師の息子であり『インド・ガゼット』の編集者となったジョン・マックスウェル（John Maxwell）は、インド人の生活を、豊かで女性的なものであると感じ、そこに魅了され、インド人の妻との間に、少なくとも、三人の子を儲けたのであった。

一八〇〇年代初頭にインヴァネスからインドにやって来た五人兄弟の一人ウィリアム・フレーザー（William Fraser）は、グルカ人を手なずける上で非常に重要な役割を果たした。彼は、ムーガルの文献と、インド人の妻たちの両方を収集していた。ある話によれば、インド人の妻たちとの間に六人か七人の子を儲け、他にもたくさんの子供たちを儲けていた。これらの子供たちは、「お母さんの宗教とカーストによって分類するならば、ヒンドゥーの子もいれば、ムスリムの子もいた」。

こうしたスコットランドとインドの交わりで生まれた子供のなかに、フレーザーの友人であり戦友であったジェームズ・スキナー（James Skinner）が居た。モントローズ出身のスコットランド人とラージプートの姫との間の息子であり、「スキナーズ・ホース」という騎兵隊の創設者であった。スキナーには、少なくとも、七人の妻がおり、八〇人の子供たちを儲けていた。彼は、「わたしの前にあっては、〔肌の色が〕黒だろうが、白だろうが、どうでもいいことだ」と語っていた。彼は、自分の部下たちに、深紅のターバン、銀のふちのついた腰帯、鮮やかな黄色のチュニックを着せ、ペルシャ語で回顧録を書いたが、自身は敬虔なクリスチャンであり、デリーでもっとも荘厳な教会の一つであるセント・ジェームズ教会を建てたのであった。壮絶な血みどろの戦闘から生還したことへの感謝として、この教会を建てたのである。

もちろん、すべての者が多文化的態度を身につけていたわけではない。実際、インドの近代史を書いたグーラム・フセイン・カーンは、これと反対の傾向があったことを批判している。

地元の者たちと、よそ者たちの間のコミュニケーションの扉は閉ざされ、互いが交わることもなかった。よそ者たちは、地元の者たちの支配者となり、この者たちは、インドの社会に対する反感を常に口にし、インド人と話すことを避けた。……この国の紳士たちとの交際に、楽しみを覚えたり積極的になったりするイングランドの紳士は、まったく居なかった。……イングランド人は、現地の人々と交際することを公然と拒否し、現地の人々に対して、公然と蔑《さげす》みの感情を表すので、支配する側の人々と、支配される側の人々との間に、愛情や、仲間意識が芽生えたりする余地はなかった（愛情と仲間意識の二つは、互いに関係するものであり、すべての団結と関係性の基本となるものである。また、すべての規制や合意の源となるものである）。

ここで気をつけなければならない点とは、一八世紀のインド人とケルト人（スコットランド人、アイルランド人、ウェールズ人のことだが、ここでは主にスコットランド人）の交わりは、確かにわれわれにとって魅力的な題材なのではあるが、東インド会社が存在していた理由は、学術のためではなく、異民族間の結婚のためでもなく、お金を稼ぐためであった、ということである。ヘースティングスとその同僚たちは、大金持ちとなったのだ。

当時、インドの織物の主要な市場であったイギリスは、イギリスの産業を活性化させるために、様々な保護主義的な制限をインドの織物に対して掛けていたのだが、それにもかかわらず、彼らは大金持ちとなったのである。そしてまた、彼らは、インドの文化のためにどれだけ尽くしていようが、彼らの目的は、常に、インドでの利益をイギリスに持ち帰ることにあった。悪名高いインドからイギリスへの資本の「流出」が、始まっていたのだ。

インドからイギリスへの資本の「流出」は、トマス・ピットの時代やそれ以前にまで遡れるものであった。一七〇一年、マドラスの知事であったピットは、自らの儲けをイギリスへと送金する完璧な方法を思いついた。彼は、それを、「わたしの最大の品物」と呼び、「わたしの最大の関心、わたしのすべて、世界最高の宝石」と呼んだ。当時、ピットのダイヤモンドは、世界最大のダイヤモンドであり、およそ四一〇カラットであった。カットされた時には、その価値は、一三万五〇〇〇ポンドとなった。ピットは、どうやってそれを手に入れたのか、詳しく明かすことはなかった（ゴールコンダのムーガル帝国の鉱山から産出したものであることは、ほぼ確実なのだが、ピット自身は、これを否定している）。それはともかく、彼はそれを、後に、フランスの摂政（フィリップ二世）に売り、そのダイヤモンドは、フランスの王室に納められた。だが、そのダイヤモンドによって、彼は名を知られるようになった。これ以降、彼は、「ダイヤモンド・ピット」として知られるようになる。野心ある有能なイングランド人がインドで生み出した富を象徴するものとして、これ以上のものはない。その後、多くの者が、ピットを模倣することとなる。

クライヴも、自らの稼ぎをダイヤモンドにしてイギリスへと送った。このような方法で、インドからイギリスへと送られた資産の合計は、およそ一八〇〇万ポンドに達する。一七八三年以降の一〇年間では、その流出の総額は、一三〇〇万ポンドであった。グーラム・フセイン・カーンは、次のように述べている。


イングランド人は、慣習として、長年にわたってこの国へとやって来ている。だが、誰一人としてこの国に根を下ろそうという気持ちは示さず、〔用が済むと〕自らの故国へと帰るために立ち去るのであった。……この慣習に参加する一人一人〔のイングランド人〕すべては、神聖なる責務を携えてこの国へとやって来る。その責務とは、この国で稼いだお金をすべてかき集めて、巨額のお金を持ってイングランド王国へと帰ることである。

驚くべきことではないのだが、この二つの慣習が、互いに交わり合うことにより、この国をさらに蝕《むしば》み、この国をさらに荒廃させている。また、この国が再び繁栄するための永遠の足枷となっている。

もちろん、すべての東インド会社のライターがクライヴのようになれたわけではない。ベンガルに行った六四五人の文官を例として挙げるならば、その半数以上は、インドで死去していた。イギリスに戻ることができた一七八人のなかでも、かなりの数――およそ四分の一――は、特に金持ちとなれたわけでもなかった。サミュエル・ジョンソンは、〔ジェイムズ・〕ボズウェルに次のように語っている。「イングランドで一〇年間過ごし、一万ポンド残すことができた者は、インドで一〇年間過ごし、一万二〇〇〇ポンド残した者よりも、幸せであっただろう。その金を稼ぐのに、何を犠牲にしたのかを計算に入れるからである。インドで一〇年間過ごした男は、社会的な快適さと、イングランドに住むことによって得られるすべての利点を犠牲にしたのだ」。

それにもかかわらず、英語に、新しい語が生まれつつあった。「ネイボッブ（nabob）」である。これは、インドの称号「ナワーブ（nawab）〔「太守」とも訳される〕」が変形してできたものであった。ネイボッブとは、ピットやクライヴやヘースティングスのような者たちのことである。インドで得た財産を故国へと持ち帰り、荘厳な屋敷へと変えた者たちであった。ピットはスワロウフィールドに、クライヴはクレアモントに、ヘースティングスはデイルズフォードに、それぞれ屋敷を構えた。彼らがお金を使ったのは、不動産だけにとどまらなかった。

トマス・ピットは、インドで得たお金で、オールド・セーレム（Old Sarum）の議席を買った。あの、「腐敗選挙区」として有名な、オールド・セーレムである。彼よりも有名な彼の孫は、後に、ここを地盤に庶民院で活躍することになる。そう考えると、ウィリアム・ピットが、一七七〇年一月、次のような批判をしたことは、まったくの偽善である。

アジアの富がわれわれに降り注がれてきた。そして、われわれが取り入れたのは、アジアの贅沢品ばかりではないのだ。残念なことに、アジア流の政治も取り入れたのだ。……外国の金《きん》を輸入する業者は、そのお金で、議席も手に入れてきたのだ。このような腐敗の濁流に対しては、世襲の財産は、まったく太刀打ちできなくなっている。〔イギリスでは、伝統的に、世襲の財産こそが正当なものと見なされている。〕

「この議場には」、彼は、一二年後にこう批判している。「タゴールのラージャや、アルコットのナワーブや、その他のさもしい東洋の首領たちが席を得ている」。

サッカリーの〔長編小説〕『虚栄の市《いち》（Vanity Fair）』のなかで、〔主人公〕ベッキー〔レベッカ〕・シャープは、〔インドの〕ボグリー・ウォラのコレクター〔徴税官〕の妻となることを想像する。「数え切れないほどのショール、ターバン、ダイヤのネックレスを身にまとい、……象の背に乗り」〔中島賢二訳〕。[*] なぜなら、「インドのネイボッブは、皆、お金持ちばかりだといわれている」からなのであった。その〔『虚栄の市』の登場人物である〕ネイボッブ〔ジョーゼフ・セドリ〕は、「肝臓病」の治療のためにロンドンへと戻り、

＊　サッカリー著、中島賢二訳『虚栄の市（一）』（岩波文庫）六一頁。

ハイドパークで馬も走らせたし、流行の居酒屋で飯を食ったりもした。……そして、当時の流行に倣って頻々《ひんぴん》と劇場を訪れたり、窮屈な服に無理やり身体を押し込んで、縁《ふち》の曲がった帽子を粋《いき》に被《かぶ》って、オペラを聴きに出かけたりもした。……総督のミントー卿が、同郷のスコットランド出身の幕僚をたくさん周りに集めて

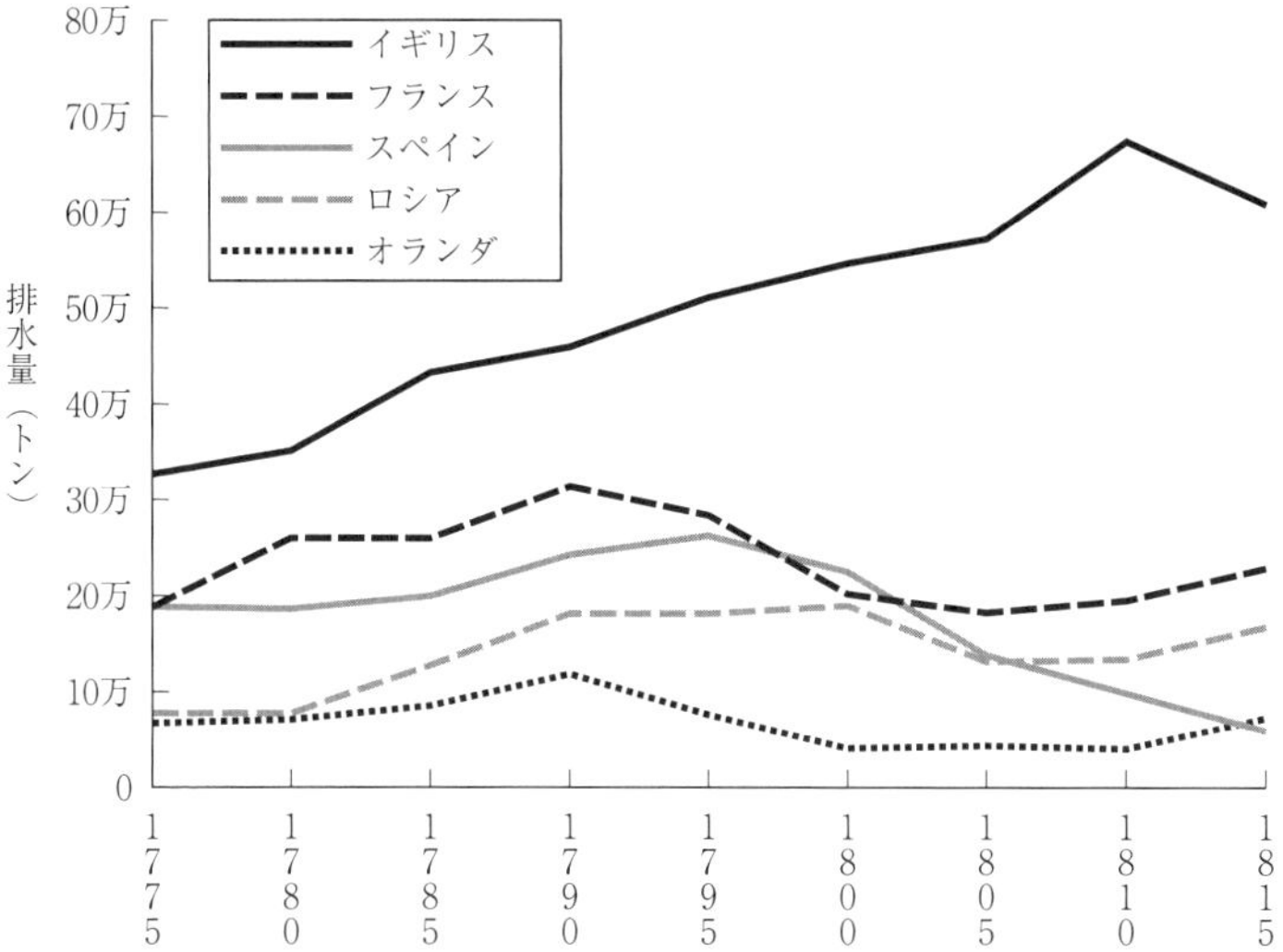

ヨーロッパ各国の海軍：排水量500トン以上の船舶の合計トン数、1775年から1815年まで。一八世紀末までに、イギリスは、真に海洋を支配することになった。

いることについて、ちょっと気の利いたことも言った。……スコットランド人幕僚についての話では〔の〕……レベッカ嬢の喜びようといったら！……〔中島賢二訳〕*

＊　サッカリー著、中島賢二訳『虚栄の市（一）』（岩波文庫）六三、九〇頁。

ジョーゼフ・セドリほど、臆病で、弱々しい人物も、なかなか居ないであろう。ところが、実際のところは、ネイボッブたちの利益は、しだいに、インドにおける巨大な軍事機構によって保障されるようになっていったのであった。

ウォレン・ヘースティングスの時代までには、東インド会社の軍事部門は、一〇万人以上の兵員を抱えるまでになっており、ほぼ永遠につづくような戦いに従事するようになっていた。一七六七年、最初の一発が放たれて、その戦いは、〔「マイソール戦争」という東インド会社と〕マイソール王国との長くつづく戦いとなった。翌年、東岸の州であった北サルカールを、ニザーム王国（ハイダラバード王国）から勝ち取った。その七年後、ベナレス（ヴァラナシーの英語名）とガーズィープルを、アワドのナワーブから獲得したのであった。

会社の貿易を擁護するための治安維持部隊として設立されたものが、今では、会社そのものの存在理由となったのであった。過去の戦いの経費を賄うために、新たな戦いをおっ始め、新たな領地を獲得する、ということになったのだ。イギリスのインドにおけるプレゼンスは、海軍にも依存していた。一七七〇年代にそうであったように、やっつけたはずのフランスが再び出てきた場合に、それをやっつける役割を担っていたのである。だが、それを行なうには、さらにお金が必要であった。

帝国から富を得た者を見つけ出すことは、そう難しいことではない。では、帝国の経費は、いったいどうやって賄っていたのだろうか？

徴税官

〔スコットランドの国民的詩人で「蛍の光」の原詩「オールド・ラング・サーイン（Auld Lang Syne）」の作詞者〕ロバート・バーンズ（Robert Burns）は、帝国によって富を築こうとした人物であったようにも見える。実際、彼は、一七八六年、恋愛生活に失敗した時、ジャマイカへの移民を真剣に考えた。だが結局、乗船予定だった船に乗り損ない、熟考した上で、スコットランドにとどまることを決めたのだった。だが、彼の詩、歌、書簡は、現在、一八世紀の帝国の政治経済を考える上で、貴重な洞察を与えてくれるものとなっている。

バーンズは、七年戦争の真最中の一七五九年、アロウェイ（Alloway）で、貧しい小作農の子として生まれた。彼の初期の文学的成功は、精神的な充足をもたらすものであったが、金銭的には貧しいままであった。農作によって、何とかやりくりしていたのである。そんな折、三つ目の可能性が、彼の前に開けたのであった。一七八八年、彼は税務当局（The Commissioners of Excise）の職に応募したのだ。つまりは、徴税官の仕事である。彼は、酒飲みとして有名であり、また、恋多き男として有名であるが、〔詩人である〕彼のような人物にとっては、徴税官の職に応募するということは、酒や女とは比べようもないほどに、不名誉なことであった。

　バーンズは、一人の友人に向けて、こう打ち明けている。「言い訳をするつもりはない。……わたしは、椅子に座り、君に向けてこの粗末な紙に書き綴っているが、この紙には、『あの呪われた収税役人のくそ豚野郎どもめ』〔バーンズの詩「Scotch Drink（スコットランドの酒よ）」の一節〕#という下劣な言葉がしみ込んでいる。……わたしは、金を得るためなら何でもやるつもりだ。何でも、だ」。「年額三五ポンドという金額は、貧乏な詩人にとって、最後の手段として、決して悪くはない額なのだ」。バーンズは、「確かに、徴税官という役割には汚名がついている」と認めていた。「だが、わたしは、職業から栄誉を得ようなどということは、まったく考えていないのだ。給与の額はたいしたものではないと思うかもしれないが、わたしの人生の最初の二五年間の生活では、望み得なかったほどの金額なのだ」。「人々は、税務当局を貶《けな》すことによって満足を得るのであろうが、わたしにとっては、自分の家族を養い、この世界で誰にも頼らず生きてゆけるだけの金を得ることは、とても重要なことなのだ」。

原文は「Thae curst horse-leeches o' th' Excise」。訳文は、ロバート・バーンズ研究会編訳『ロバート・バーンズ詩集』（国文社、二〇〇二年）一七五頁。

　自らのプライドを犠牲にしてまで、徴税官として給与を得、バーンズは、帝国財政の巨大なリンクの輪の一つとなった。フランスに対しての止むことのない戦争は、借金に借金を重ねることによって賄われていた。その魔法の山の頂《いただき》にありイギリスの力の支えとなっていたのが国債であり、国債の発行高は、新しい領土の獲得と歩を合わせるように膨らんでいった。その金額は、バーンズが徴税官として仕事を始めた頃、二億四四〇〇万ポンドであった。そのため、物品税〔この頃の税金は物品税。イギリスが世界に先駆けて所得に税をかけ始めたのは一七九九年〕の枢要な役割とは、国債の利息を払うのに必要な歳入を得ることにあった。

それでは、誰が税金を払っていたのだろうか？　税金が課税された主要な商品は、蒸留酒、ワイン、絹、タバコであり、さらには、ビール、ろうそく、石鹸、でんぷん、皮、窓、家屋、馬、馬車であった。建前としては、税金は、課税対象品目の製造者に課せられることになっていた。だが、現実には、消費者が払ったのである。製造者が課税分を、商品価格に上乗せしていたからだ。一杯一杯のビールやウィスキーに課税され、パイプに入れられ煙となるすべてのタバコに課税されたのだ。

バーンズが述べていたように、彼の仕事は、「収税員たちと悪人たちの顔を、商品税という無慈悲な車輪に、押し付けること」であった。とはいうものの、善人も税金を払わねばならなかった。読書に用いるすべてのろうそく、体を洗うすべての石鹸に、課税されたのである。もちろん、ネイボッブたちにとっては、これらの税金は、取るに足らないものであった。だが、一般家庭の収入のなかでは、かなりの割合を占めていたのである。

つまり、実際のところ、海外拡大の経費――より正確には、国債の利息――は、大多数の貧しい人々によって賄われていたのである。では、誰がその利息を得ていたのだろうか？　その答えは、主に〔ブリテン諸島〕南部にいた国債保有者であった少数のエリートたちであり、その数は、二〇万軒――人数ではなく家族数――ほどであった。彼らは、豊富な資産の一部を、「国債」に投資していたのである。

一七八〇年代の大きな謎の一つは、どうしてイギリスではなく、フランスで政治革命が起きたのか、と

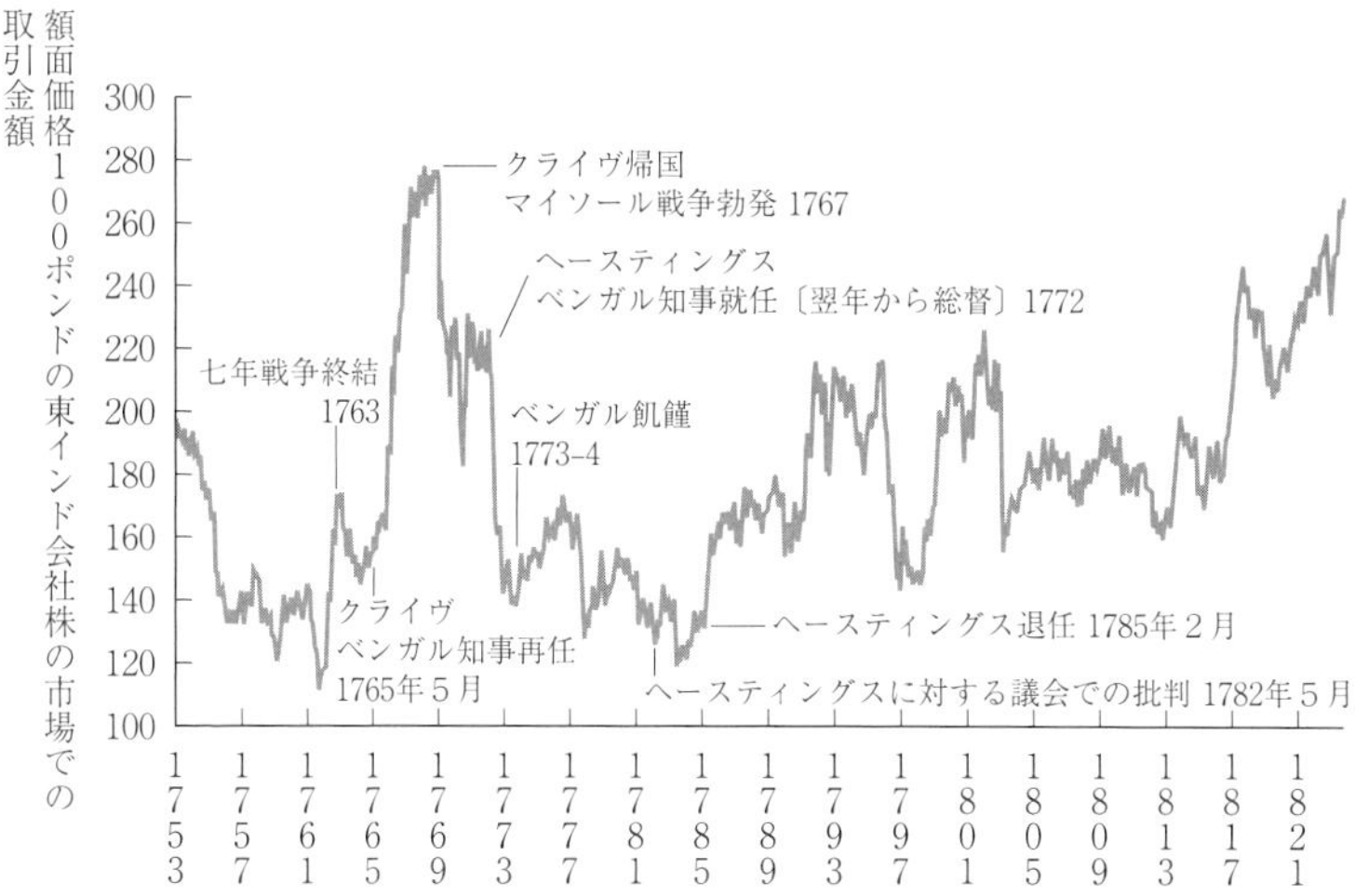

1753年から1823年までの東インド会社株の株価の推移

いうことなのである。フランスの課税負担は、イギリスよりも小さく、逆累進率も、より低かったのである。バーンズは、自らが、革命の理念にもっとも影響を受けたイギリス人の一人であった。革命時代の歌でもっとも歌い継がれている歌「A Man's a Man for a' that（結局、人は人）」は、他ならぬ、彼の作詞なのである。バーンズは、根っからの実力主義者として、「うぬぼれの強い大地主たちの堂々とした愚かさや、成り上がりのネイボッブたちの横柄さ」に対して、激しい憤りを感じていた。

また、バーンズは、自らが徴税官であったにもかかわらず、物品税に対するポピュリストの立場に立った攻撃も行なっていた——「The De'il's awa' wi' th' Exciseman（悪魔が税金取りを連れていっちゃった）」[#]。とはいいながらも、バーンズは、収入を得るために、自らの政治的信念を犠牲にしなければならなかったのだ。ダムフリーズ劇場で革命家を歌っているところを見つかってしまった時、スコットランド税務局（The Commissioner of the Scottish Board of Excise）に、媚びるような弁明書を書いて、革命について自らの「口を閉じる」と誓ったのだ。

＃　ロバート・バーンズ研究会編訳『ロバート・バーンズ詩集』（国文社、二〇〇二年）四〇〇頁。

しかしながら、エアシャー（Ayrshire）の貧しい酒飲みやタバコ呑みについて述べることは、イギリス帝国とはまったく関係ないことではないのだ。インドにおけるイギリスの課税の影響は、より強いものであった。インド軍〔東インド会社軍〕の経費は、加速度的に膨らみつつあった。というのは、この経費は、イギリス本国の納税者が負担する必要のなかった帝国経費の一つだったからである。悲惨なことに、ベンガルで税負担が増やされた時、大規模な飢饉が起こったのだ。この飢饉によって、ベンガルの人口の三分の一、およそ五〇〇万人が餓死したのである。グーラム・フセイン・カーンによれば、「イングランドへと毎年運ばれる莫大な量のコイン」と、この国の苦境の間には、明確な因果関係が存在するのであった。

飢饉による大量死に、各地区の収穫量の減少が加わることによって、死者はさらに増え、この国の人口の減少は拡大するであろう。……今では、イングランド人が、この国の統治者であり支配者である。そして、この国で唯一富める者なのだ。彼らに対してこの国の貧しい人々が行ない得ることとは、彼らを見上げて、自分たちの技術で造り出した物を差し出すことだけなのである。このような犠牲と引き換えに、どのような恩恵を受けられるのであろうか？……多くの職人には……何も残されず、物乞いをするか、盗みをするしかないのだ。それゆえ、すでにたくさんの人々が、家を捨て、国を捨てた。自分の住居を捨て去りたくないたくさんの人々は、空腹と窮乏を受け入れ、最後には、小さな家の片隅で、命を終えるのである。

イギリス人が、インドで稼いだたくさんのお金をイギリスに送金していた、というだけではないのだ。しだいに、そのお金を、インドの商品ではなく、イギリスの商品に使うようになっていったのである。悪い事態は、それだけでは終わらなかった。一七八三年から八四年にかけて、別の飢饉が起こり、インド平原で、五分の一以上の人々が命を落としたのであった。さらに、一七九一年、一八〇一年、一八〇五年と、深刻な食糧不足がつづいた。

ロンドンでは、株主たちが不安を感じていた。この時期の東インド会社の株価を見れば、どうして株主たちが不安であったのか、その理由が一目瞭然である。クライヴが知事であった時代に、株価は高騰していたが、ヘースティングスの時代になってから、暴落していたのである。ベンガルのお金を生む牛が餓死してしまったなら、会社の将来も、真っ暗になってしまうのだ。もはやヘースティングスは、会社の金庫を満たすための軍事作戦を行なうことは、できなくなっていたのである。

一七七三年、ヘースティングスは、四〇〇〇万ルピーを提供したいという申し出をアワドのナワーブから受け、ローヒラー族と戦うこととなった。ローヒラー族とは、ローヒルカンド〔現在のインドのウッタル・プラデーシュ州北西部〕に居住していたアフガン系の人々である。だが、この金銭目当ての作戦は、この金額では賄いきれなかったのであった。しかも、支払いは、結局行なわれなかったのである。

一七七九年には、マラーター族が、インド西部の支配への挑戦を退けるために派遣されたイギリス陸軍を打ち破ったのであった。その翌年には、マイソール王国のハイダル・アリー（Haider Ali）とその息子のティプー・スルターン（Tipu Sultan）が、マドラスに攻め込んだ。歳入が落ち込み、経費が爆発的に拡大するなかで、東インド会社は、収支を何とか保つために、債券を売り、短期の借用を得ることに頼らざるを得なかった。最終的には、理事会は、年間配当の額を減らしたのみならず、政府に援助を求めることを余儀なくされたのである。これには、自由市場論者のアダム・スミスが愛想を尽かした。アダム・スミスは『国富論』（一七七六年）のなかで、軽蔑的に、こう書いている。

彼らの借金は、減少するどころか、拡大しているのである。国庫への借金が……四〇万ポンドあり、関税当局へ支払うべき関税が未払いであり、銀行からは莫大な借金をしており、さらに、四つ目として、インドからの請求書があり、気軽に受け取ってきた結果、その額は一二〇万ポンドを超えている。

一七八四年までに、東インド会社の債務は、八四〇万ポンドとなり、ヘースティングスへの批判には、有力な政治家たちが大勢加わった。なかでもヘンリー・ダンダス（Henry Dundas）とエドマンド・バークである。ダンダスは、スコットランド人の実務派の有力者であり、バークは、アイルランド人の並はずれた雄弁家であった。一七八五年、ヘースティングスが総督を退き帰国した時、彼らは、ヘースティングスを弾劾にかけることにした。

ヘースティングスの弾劾裁判は、結局七年もの長きにわたってつづくこととなったのだが、怒った株主たちによるものというよりは、責任者の公開での吊るし上げであった。実際のところ、裁判で争われたのは、会社によるインド統治そのものであった。ヘースティングスを弾劾に導いたそもそもの罪過を議論した議会の庶民院は、ヘースティングスを非難している。

何の罪もない、かわいそうな人々である。……ローヒラー族を掃討するという目的のために、イギリスの兵隊を用いたことは、とてつもない不正であり、残忍な行為であり、国家の名誉に対する裏切りである。……

ベナレスのラージャに対して行なわれた数々のゆすりや、その他の不正行為……

アワドの王族に与えた、数々の認めることのできない苦痛……

アワドの全土を荒廃させ、人口を激減させ、かつては花園であったその地を、人の住めない不毛の地にし……

自らの権限を、気ままで、不正で、悪辣に行使することと、自らがインドで得ていた大きな信頼を利用して、インドの古くからの支配階級を没落させ、法外な金額の契約を結び、法外な給与を与えることによって、自らの権限を過度に拡大させ……

会社からの指示、議会での決議、自らが交わした神聖な契約に背いて、金銭を受け取り、その金銭をまったく不適切で認められていない目的に湯水のように用い、また、様々な契約という形で賄賂にし、配下の者やお気に入りを富ませ……

これらの嫌疑がすべて認められたわけではなかったのだが、このリストは、ヘースティングスを逮捕し、「数々の大罪と不正行為」で起訴するには十分な証拠であった。

一七八八年二月一三日、イギリス帝国の歴史でもっとも有名で——そしてもっとも長引いた——裁判が始まった。その雰囲気は、まるで、ウェストエンドの新作劇の開幕の夜であった。期待でいっぱいの聴衆を前にして、バークと劇作家〔で政治家〕のリチャード・シェリダン（Richard Sheridan）が、弾劾の開始を告げたのだが、まさに名人芸とも呼べる誇張された演説であった。

バーク：わたしは、イギリス国家の名において彼を弾劾する。古《いにしえ》からのイギリス国家の名誉が、彼に汚《けが》されたのだ。わたしは、インドの人々の名において彼を弾劾する。彼は、彼らの権利を踏みにじり、彼らの国を、不毛の地にしたのだ。最後に、人間性そのものの名において、男女両方の性の名において、すべての年齢の名において、すべての階級の名において、わたしは、われわれすべての共通の敵、すべての者の抑圧者である彼を弾劾する。

シェリダン：彼の心の内にあるもの、それはすべて、ごまかしであり、野望であり、陰険なたくらみであり、卑劣さである。また、見せかけの素朴さであり、真実のまやかしである。互いに矛盾する性質が、ごちゃまぜのかたまりとなっている。数々の罪はあるが、偉大なものは、何もない。これらの罪も、彼の動機の卑劣さに彩られている。これらの罪が同様に示しているのは、彼のさもしさであり、彼の卑しさである。それらが、彼を、反逆者として、詐欺師として、際立たせているのだ。

ヘースティングスは、これに抗弁することができなかった。彼は、言葉を失ってしまったのであった。一方で、ロングランは、劇の成功を示すものではあるが、裁判の成功を示すものとはならなかった。最終的に、ヘースティングスは、貴族院から無罪を宣告されたのである。貴族院は、〔裁判の長さに〕疲れており、実質的に立場を変えたのだった。

それでも、イギリス領インドは、二度と同じにはならなかった。裁判が始まるすでに前に、新しいインド法が議会を通過したのだ。これを導いたのは、別のウィリアム・ピット〔小ピット〕である。彼は、七年戦争の英雄の息子であり、「ダイヤモンド」ピットの曽孫である。この法案の目的は、東インド会社を浄化し、ネイボッブたちが気儘に略奪を行なっていた時代に終止符を打つことであった。これ以降、インド総督は、会社の社員が務めるものではなくなり、国王から直接任命される有力者が務めることとなった。

彼らの最初の人物であるコーンウォリス伯爵は、インドに到着すると（アメリカで敗北をしてから日が浅かった）、会社の運営倫理に、すぐに切り込んだのであった。社員の給与を上げ、給与外の役得を減らし、「レデンホールストリート経済の古き伝統（安い給与と巨額の役得）」を静かに転換させたのであった。このことが契機となって、インド高等文官（The Indian Civil Service）という、汚職の少なさで賞賛される清廉な組織が生まれることとなる。

ヘースティングスの時代に行なわれていた恣意的な課税に代わって、一七九三年にコーンウォリスが導入した永代定額制度（ザミーンダーリー制）は、イングランド式に、個人の土地所有権を設定し、土地所有者は、永続的に定額の地税を払うこととなった。この制度を導入した狙いは、小作人は単なる借地人とし、また、ベンガルのジェントリ（郷紳）の地位を向上させることにあった。

新しいインド総督官邸が、カルカッタに、コーンウォリスの後継者であったモーニントン伯爵リチャード（後にウェルズリー侯爵）――（トーリー党の政治家として活躍し、二度首相を務めた）初代ウェリントン公爵の兄――によって建てられた。この建物は、ウォレン・ヘースティングスの時代以降のイギリス領インドが、何を求めていたのかを物語るものとなっている。東洋式の汚職は排除され、（ローマ風の）古典的美徳が取り入れられたのだ。もっとも、専制は、好ましい政治秩序を維持するために温存されていた。（政治家で貴族で小説家であった）ホレス・ウォルポール（Horace Walpole）は、いささかトゲのある言葉で、「平和でおとなしい商人たちの一団」が「ローマ人の後継者」となった、と記している。

だが、一つだけ変わらないものもあった。コーンウォリスの時代でも、ウェルズリーの時代でも、インドにおけるイギリスの力は、武力によって支えられつづけていたのである。戦争に次ぐ戦争によって、イギリスの支配地域は、ベンガルを超えて拡大していった――マラーター族との戦いであり、マイソール（王国）との戦いであり、パンジャーブにおけるスィク教徒との戦いである。

一七九九年、〔マイソール王国の〕首都シュリンガパタームが陥落し、ティプー・スルターンは敗死した。一八〇三年、マラーター同盟がデリーで敗北したのを受けて、ムーガル皇帝自身が、最終的に、イギリスの「保護」を受け入れた。一八一五年までに、およそ四〇〇〇万人のインド人が、イギリスの支配下に入った。名目としては、その任にあったのは、当時もまだ、東インド会社である。だが、東インド会社は、今となっては、その名の示す以上の存在になっていた。東インド会社が、ムーガル帝国を後継し、インド総督は、インド亜大陸の実質上の皇帝となったのである。

一六一五年当時、ブリテン諸島は、経済的には取るに足らないものであり、政治的にはバラバラで、軍事的には二流の存在であった。それが二〇〇年後には、イギリス帝国は、五つの大陸の四三の入植地を包含するものとなり、世界史史上最大の帝国となっていたのだ。パトリック・カフーンの『地球各地におけるイギリス帝国の富、力、資源についての論考（Treatise on the Wealth, Power and Resources of the British Empire in Every Quarter of the Globe）』（一八一四年）というタイトルが、すべてを物語っている。イギリス人は、スペイン人から強奪し、オランダ人を模倣し、フランス人をやっつけて、インド人から略奪し、そして、今や、天下を治めるまでになったのだ。

これらすべては、「意図することなしに」行なわれたのであろうか？　そうではないのは明らかだ。エリザベス一世の治世以降、他の帝国から奪い取るということが、継続した作戦として行なわれてきた。

だが、イギリスの財政力と海軍力がどれほど強かったとしても、通商と征服だけでは、ここまでは、来れなかったはずである。ここまで来る過程では、入植も、行なわれたのである。

第二章　白禍#

#　原文は「White Plague」で、「肺結核」という意味もある。

彼の賛歌を歌う、それ以外何ができようか
長いこと知られることのなかった島へ
水の迷宮を経てわたしたちを導いてくれる彼のことを
そうでありながら彼は何と優しいのだろうか？
巨大な海の怪獣が怒ったならば
海をその背中に背負い
わたしたちを草の大地へと上陸させてくれる
嵐から守り高位聖職者の怒りからも守ってくれる
彼はわたしたちにこの永遠の春をくれた
ここではすべてが輝いている……

アンドルー・マーヴェル（Andrew Marvell）
「バミューダ移民の歌」（一六五三年）

わたしたちは、一群の人々を［見た］。……彼らは、イギリス政府の保護の下にあり、イギリス政府によって守られていた。……長年にわたって……緩やかに上昇してゆき、かつてであれば考えられなかったほどの繁栄と幸福の高みへと達した。だが、彼らは、幸せのあまり狂ってしまい、自らの親に向かって反旗を翻したのである。その親は、彼らの敵による破壊から、彼らを保護してきたにもかかわらず、だ。

ピーター・オリヴァー（Peter Oliver）『アメリカ革命の起源と経過』（一七八一年）

一六〇〇年代の初頭から一九五〇年代までの間、二〇〇〇万人以上の人々がブリテン諸島を旅立ち、海を越えて、新しい地で生活を始めた。その内、戻って来た者は、ほんのわずかだ。世界の国々のなかで、これほど大規模に、その住民を送り出した国は、他に存在しない。ブリテン諸島を出発するに当たって、初期の移民たちは、生涯の蓄えを賭けたのみならず、自らの命さえも賭けた。彼らの船旅は、危険に満ちていた。そして、彼らが着いた場所は、多くの場合、環境が厳しく、居住に適した場所ではなかった。

今日のわれわれから見れば、片道切符にすべてを賭けた彼らの決断は、不可解である。そうはいうものの、この無数の片道切符——自らの意志で手に入れた者もいれば、そうでない者もいた——がなかったならば、イギリス帝国は存在しなかったであろう。この大規模な移住があったからこそ、イギリス帝国が生まれたのである。この移住は、人類の歴史のなかで、最大規模のものである。ブリテン人の大移動が世界を変えたのだ。この大移動が、諸大陸を、白く染めたのである。

移民の多くにとって、新大陸とは、自由を意味するものであった。ある者にとって、それは宗教上の自由であり、多くの者にとっては、何といっても、経済的自由であった。イギリス人にとっては、この自由こそが、彼らの帝国と他の帝国——スペイン帝国、ポルトガル帝国、オランダ帝国——を分かつ分水嶺なのであり、他の帝国よりも優れている理由なのである。一七六六年にエドマンド・バークは、「自由なかりせば、イギリス帝国は存在せず」と高らかに謳《うた》っている。

だが、このことが意味することとは、イギリスが自由という理念に基づいて外国の土地を支配したということなのだろうか？　矛盾ではないのだろうか？　確かに、海を渡った者すべてが自らの意志で海を渡ったわけではない。さらには、彼ら全員が、海を越えた後も、イギリス王室の臣下であったのだ。彼らに、どの程度の政治的自由があったというのだろうか？　この疑問は、まさに、帝国に対して最初の大きな独立戦争が起きた理由となるのである。

一九五〇年代以降、移住の流れは逆向きとなった。世界各地の旧イギリス帝国領から一〇〇万人以上の人々が、移民として、イギリスへと移住してきたのである。この「逆入植」は、〔イギリス国内で〕大きな問題となり、歴代政権は、これを厳しく制限してきた。だが、一七世紀と一八世紀には、イギリス人自体が望まれない移民だったのである。少なくとも、新大陸に以前から住んでいた人々にとってはそうであった。イギリス自由帝国を受け入れる側の人々にとっては、この数百万の移民たちは、伝染病も同然だった。

入植地

一六〇〇年代の初頭、勇猛な開拓者たちの一団が入植するために海を渡った。彼らにとってその地は、彼らが「野蛮人」だと見なしていた人々が暮らす未開の土地であり、彼らは、自分たちが入植することによって、そこを開化させようと思ったのだった。「野蛮人」が暮らす未開の地とはどこか？　アイルランドである。

アイルランドへの組織的な入植に勅許《ちょっきょ》を与えたのは、メアリー〔在位一五五三―一五五八年〕とエリザベス〔在位一五五八―一六〇三年〕というチューダー朝の二人の女王である。まずは、南のマンスター〔地方〕であり、その次に、より大がかりとなって、北のアルスター〔地方〕であった。現代のわれわれの視点から見れば、これが、アイルランド問題のそもそもの始まりである。だが、当時の人々にとっては、これから見てゆくように、〔アイルランドへの〕入植は、アイルランドの慢性的な不安定さを解消するための解決策なのであった。

〔イングランド王〕ヘンリー八世は、一五四一年、自らをアイルランド王であると宣言した。だが、それ以降も、イングランドの力の及ぶ範囲は、「ペイル（Pale）」と呼ばれたダブリン周辺に広がっていた初期のイングランド人入植地と、スコットランドのキャリックファーガス要塞によって包囲された区域に限られていた。言語においても、宗教においても、土地保有においても、社会構造においても、その外は、別世界であった。

だが、そこに危機があったのだ。アイルランドの宗教はカトリックなので、〔イングランドと対立していた〕スペインが、プロテスタントのイングランドへ侵入するための裏口としてアイルランドを利用する危険性があったのだ。これに対する対応策として考え出されたのが、組織的な入植だった。一五五六年、メアリーは、レンスター地方のリーシュとオファアリーの徴発した土地を入植者たちに与え、そこに、入植者たちは、フィリップスタウンとメアリーバラを築いた。だが、それらは、軍事的以上のものにはならなかった。

イングランド人の入植が形となったのは、メアリーの異母妹《いぼまい》、エリザベスの治世下において、であった。一五六九年、サー・ワーハム・セント・レガー（Sir Warham St Leger）が、マンスターの南西部に入植地を築くことを提案した。二年後、シェーン・オニール（Shane O'Neill）の領地が没収されたのを受けて、サー・ヘンリー・シドニー（Sir Henry Sydney）と〔その次男で〕レスター伯〔のロバート・シドニー〕は、アルスターに同様なものを建設するよう、女王に説いた。

彼らが提案したのは「避難所の町」であった。商人たちが「自分たちを囲い込む」ことによって町が生まれ、さらに、「良き資産管理人、鋤職人、荷車職人、鍛冶屋が……自らの稼ぎによってそこに居を構えるか、あるいは、ジェントルマンに仕え、その代理人としてそこに住む」ことで町ができあがってゆく、そう考えたのである。今は「荒廃し」「不毛の」「人の住めない」土地だが、じきに「ミルクとハチミツ」が流れるようになる、そう述べたのはエセックス伯爵ウォルター・デヴェロー（Walter Devereux, Earl of Essex）であった。彼は、イングランドとウェールズの自らの領地を抵当に入れ、「アルスターの事業」の資金とした〔そして、自身も出兵した〕。

だが、入植を志した人々の生活は困難なものであり、そのため、多くの人は、イングランドへ戻ることとなった。「イングランドでの心地よい生活が忘れられず、荒廃した土地で一年か二年辛苦をなめるには、強い決意が必要」だったのだ。一五七五年、イングランドの遠征隊が、キャリックファーガスをスコットランド人から手に入れた。だが、エセックス伯は、まもなく、オニール家〔ターロック・レナク・オニール（Turlough Luineach O'Neill）〕に率いられたケルト人諸侯たちと対決しなければならないこととなる。一年後、エセックス伯は、「イングランドの入植地の建設」に将来が懸かっているという信念を抱いたまま、赤痢によってダブリンで死去した。

一五九五年までに、タイローン伯爵ヒュー・オニール（Hugh O'Neill, Earl of Tyrone）がアルスターにおける権力を掌握した。彼は、スペインからの後盾を確保し、自らをアルスター公と宣言した。一五九八年八月、オニールは、イエロー・フォードの戦いでイングランド軍を打ち破った。マンスターでも、状況は同様だった。カトリック教徒の反乱を鎮圧した後、そこに入植地を築く計画が立てられ、土地が分割されて、イングランド人に一万二〇〇〇エーカーずつの土地があてがわれることになった。土地を得たイングランド人は、そこに、イングランド人の小作人たちを住まわせた。マンスターの土地を得た者のなかには、サー・ウォルター・ローリーやエドモンド・スペンサー（Edmund Spenser）が居た。スペンサーの〔代表作〕『妖精の女王（The Faerie Queene）』は、〔マンスターの〕コーク州キルコルマンの彼の城で書かれたものである。ところが、一五九八年一〇月、入植者たちは虐殺され、スペンサーの城は完全に破壊された。

スペインはキンセール（Kinsale）に十分な援軍を送ることに失敗し、オニールの軍は、キンセールで包囲されていた友軍を救援しようとして敗れた。このことによって、エリザベス期の植民戦略は、完全に崩壊することを免《まぬが》れた。オニールは服従し、一六〇七年に大陸へと逃亡した〔スペインへと逃れることを目的に、オランダに渡り、翌年ローマに到着し、最終的（一六一六年）にローマで死去した〕。その後、植民戦略は、再び、エリザベスの後継者であったスコットランドのジェームズ六世によって再開された。今や彼は、イングランド王ジェームズ一世となっていた。

ジョン・ドン（John Donne）の詩の読者なら誰もが知っているように、ジェームズ一世期〔一六〇三―一六二五年〕の文人たちは、比喩を非常に好む。彼らは植民地化（colonization）を「入植（plantation）」と呼んだ。サー・ジョン・デイヴィーズ（Sir John Davies）は、入植者を「良い穀物（good corn）」と呼び、現地人を「雑草（weeds）」と呼んだ。だが、これには、社会を農作に譬《たと》えた以上の意味があった。建前としては、入植地という語は、植民地の単なる言い換えであり、植民というのは、〔母都市に〕忠実な人々の定住地を、〔母都市から〕離れた政治的辺境に築くという、古代のギリシャ〔やローマ〕で行なわれていたことを意味するのであった。だが、実際のところは、プランテーションとは、今日「民族浄化」として知られていることを意味したのである。

反乱を起こした〔オニール〕伯爵と、その仲間の領地は、没収された。没収された領地は、アーマー州、コールレーン州〔現在のロンドンデリー州にほぼ相当〕、ファーマナ州、タイローン州、キャバン州、ドニゴール州という六つの州のほぼ全域に相当した。戦略上の価値がもっとも高く、農耕にもっとも適した土地は、ロード・デピュティ〔アイルランド総督〕の〔アーサー・〕チチェスター（The Lord Deputy Chichester）が述べるところの「イングランドとスコットランドの文明的な人々の入植地」としてあてがわれることとなった。ジェームズ王の取り巻きたちの主張するところによれば、イングランドとスコットランドの良い穀物を十分に植えたならば、「その国〔アイルランド〕は、その後もずっと、平和裏に落ち着くはず」なのであった。国王自身が態度を明確にしていたように、それが必要な場合には、現地人は、「除去」する必要があった。

一六一〇年四月、「印刷本（Printed Book）」と呼ばれるものが出版された。これには、入植地をどのように運営するのかが詳述されていた。土地は、一〇〇〇エーカーから三〇〇〇エーカーまでの、より細かい区分で、きっちりと再分配されることとなる。もっとも広い区画は、不吉な名前の「引受人（undertakers）〔葬儀人とも訳す〕」の下に行った。彼の仕事は、そこにプロテスタントの教会と要塞を建てることであった。

まるでそれを象徴するかのように、デリー（Derry）（一六一〇年に「ロンドンデリー」に改称される）の城壁は、盾《たて》の形状をしている。ロンドンから移り住んできたプロテスタントの人々の共同体を保護するためである。〔元々の住民である〕カトリック教徒は、城壁の外側で低地のボグサイト（Bogside）に居住しなければならなかった。植民政策に内在していた人種と宗教による分離を象徴するものとして、これ以上のものはないであろう。

このような政策によってアイルランドを「落ち着かせる」ことができたであろう、と考えることは非常に困難である。まったく落ち着くことはなかったのだ。一六四一年一〇月二三日、アルスターのカトリック教徒たちが、新参者に対して蜂起《ほうき》した。当時、ある人は、これを「恐怖の血の嵐」と呼び、およそ二〇〇〇人のプロテスタントが殺された。入植が、共存ではなく、御《ぎょ》しがたい争いとなったのは、これが最後ではない。だが、この時までに、入植地は、しっかり根を下ろしていたのである。

一六四一年の蜂起の前、すでに、一万三〇〇〇人以上のイングランド人の男女が、ジェームズ一世期に築かれた六つの入植地に暮らしており、四万人以上のスコットランド人が、北アイルランドの各地に暮らしていた。一方、〔南の〕マンスターでも、〔イングランド入植地が〕蘇った。一六四一年までに、「新しいイングランド人（New English）」の人口は、二万二〇〇〇人になっていた。とはいうものの、これらは、ほんの始まりであった。一六七三年までには、ある匿名のパンフレットが断定的に述べていたように、アイルランドは、「イギリス帝国の主要な一員」となったのであった。

つまり、アイルランドは、イギリスの植民地の実験場であり、アルスターは、植民地の雛型《ひながた》だったのだ。アイルランドでの経験が示しているのは、帝国というものは、通商と征服のみによって築くことはできず、移住と入植を伴わなければ成立しない、ということであった。ここから先の挑戦とは、この雛型を、より遠くへと輸出することであった。アイリッシュ海を越えることを超えて、大西洋を越えることであった。

アイルランドへの入植という考えと同様に、アメリカへの入植という考えも、エリザベス期のものである。王室がこれを支援したのは、いつものように、スペインを模倣しようと思ったのと、フランスに出し抜かれることを恐れていたからである。[*] 一五七八年、デヴォン州出身でウォルター・ローリーの異母兄弟でもあったハンフリー・ギルバート（Humphrey Gilbert）という名のジェントルマンが、スペイン領フロリダの北方の無主の土地に入植するための勅許を女王から得た。九年後、遠征隊は、北アメリカで最初のイギリス植民地をロアノーク島に建設した。チェサピーク湾の南方で、現在のキティ・ホーク〔ライト兄弟が一九〇三年に人類最初の有人飛行を行なったキルデビルヒルズの近くの町として有名〕の近くである。その当時、中央アメリカや南アメリカのスペインやポルトガルの植民地は、一世紀近くも存在しつづけていた。

＊　フランスのユグノーたちは、すでに一五六〇年代に、後にサウスカロライナや北フロリダとなる場所に、植民地を

築いていた。

北アメリカの北方ヨーロッパの入植地は、南アメリカの南方ヨーロッパの入植地とはかなり異なる結果を生んだ。どうしてだろうか？　これは、近代史でもっとも重要な論題の一つである。まずは、この二つの入植地に、どれだけの共通点があったのか、そこを見てみよう。最初は、金や銀を探すために始めたものであったが、まもなく、農耕を伴うようになった。新世界の作物は、輸出が可能だったのだ。これらの作物には、トウモロコシ、ジャガイモ、サツマイモ、トマト、パイナップル、ココア、タバコが含まれる。また、他の場所で栽培されていた作物も、アメリカ大陸へと導入された。小麦、米、サトウキビ、バナナ、コーヒーである。さらに重要なことは、この地でそれまで知られていなかった家畜（牛、豚、鶏、羊、山羊、馬）が導入されたことである。これらの家畜によって、農業の生産性は大きく向上した。

しかしながら、たとえばラテンアメリカの場合、ヨーロッパから病気（天然痘、はしか、インフルエンザ、チフス）が持ち込まれ、そして次に、アフリカから病気（特に、黄熱病）が持ち込まれ、これによって現地住民の人口の四分の三が失われ、ヨーロッパ人にとっては好都合となった権力の空白が生まれただけではなく、慢性的な労働力不足が生じた。このことによって、大規模な移住が、可能となったばかりでなく、望まれるものとなったのである。

このことは、イベリア半島（スペイン、ポルトガル）の帝国主義が一〇〇年以上もつづいていたにもかかわらず、アメリカ大陸の大部分は、ヨーロッパ人が住み着く場所とはなっていなかった、ということを意味する。〔ウォルター・〕ローリーが、チェサピーク湾の周辺を「ヴァジニア」と名づけたのは、独身の女王を称《たた》えるためだけではなかったのだ。

ヴァジニアに対する期待は高く、「ヨーロッパ、アフリカ、アジアのすべての産品」を産出することが期待されていた。情熱を持っていたある者によれば、「〔そこの〕大地は、骨折りや厳しい労働をしなくとも、神が最初にお創りになられた土地であるかのごとく、あらゆるものが豊富に実る」のだった。詩人のマイケル・ドレイトン（Michael Drayton）は、ヴァジニアを、「地上で唯一の楽園」と呼んだ。ここでも、大地にミルクとハチミツが流れるようになるという確信が存在したのである。別の後押ししていた者によれば、ヴァジニアは、次のような場所であるはずであった。

ティルスに色彩があるように、バシャン〔旧約聖書に登場する地名〕に木材があるように、ペルシャに石油があるように、アラビアに香辛料があるように、スペインにシルクがあるように、ナルシス〔ギリシャ神話に登場する美少年ナルキッソス〕と水のように、オランダに魚が泳ぐように、ポーモーナ〔ローマ神話に登場する果物とその栽培を司る女神〕と果物のように、そして耕地では、バビロンに穀物が実るように、桑の実、鉱物、ルビー、真珠、宝石、葡萄、鹿、鳥、医療のための薬、料理のためのハーブ、色彩のための植物根、石鹼のための灰、建物のための木材、放牧のための牧草地、漁業のための川が豊富にあるのみならず、イングランドが望むありとあらゆるものがあるのだ。

問題は、アメリカが、アイルランドからさらに何千マイルも遠く、そこでの農業は、まったくの無から始めなければならないということであった。現地に到着してから、最初の収穫を得るまでの間、深刻な〔食糧の〕供給不足が起こるのであった。しばらくして分かったことは、そこには、希望を持った入植者たちにとって、アルスターの恐ろしいカトリック教徒の「荒々しい殺人者たち」よりも、さらに大きな脅威があったということである。

イギリスがインドとの貿易を発展させる過程でそうであったように、入植も「官民のパートナーシップ」という形態で行なわれた。王室が、勅許を与えることによってルールを定めたのであったが、リスクを引き受け、経済的な負担を負うのは、それぞれの個人であった。このリスクは、相当に高いものであることが分かってきた。ロアノークの最初の植民地は、わずか一年ほどしか存続できなかった。現地の「インディアン」とのトラブルによって、一五八六年六月には、放棄されたのである。* ロアノークへの二回目の遠征は、一五八七年、ジョン・ホワイト（John White）が率いて行なわれた。彼は、補給のためにイングランドへと戻る際、そこに妻と子供たちを残した。ホワイトが一五九〇年にロアノークに戻った時、妻や子供たち、他の入植者たちは、誰も居なくなっていた。それゆえ、一六〇六年にヴァジニア会社が設立されたのは、リスク回避のためではなかったのである。

＊　ここで明記しておかなければならない重要なこととは、当時、北アメリカの沿岸部は、イギリスにとって、「西インド」とも呼ばれたカリブ海に対する自らの野望を果たすための戦略上の拠点として主に認識されていたということである。それゆえ、北アメリカの現地住民に、「インディアン」という、不適切であると見なされることもあるお馴染みの語を用いたのである。

会社の最初の拠点、ヴァジニアのジェームズタウンに現在残っているものは、ほとんど何もない。ジェームズタウンは、アメリカで最初に成功したイギリス植民地であると呼ぶことができるものだが、すんでのところで、不運なロアノーク植民地と同じ運命をたどることを逃れたのであった。マラリア、黄熱病、ペストによって、最初の一年が終わりを迎えるまでには、最初に渡った一〇〇人以上の内、生き残っていたのはわずか三八人だった。それからほぼ一〇年間、ジェームズタウンは、消滅するかどうかの瀬戸際にあった。植民地を救ったのは、屈強な指導者たちであった。これらの開拓者たちの指導者たちについては、現在、あまり顧みられることはない。

〔ジェームズタウンの建設者〕ジョン・スミスの最大の不幸は、その名前である。もう少し変わった名前であれば、誰もが彼について知ることになっていたはずである。スミスは、短気な兵士であり、恐れを知らない船乗りであり、〔オスマン〕トルコに捕まって奴隷にされたこともあった。スミスは、イギリス帝国の将来は、アメリカ植民地に懸かっているという信念を抱いていた。ヴァジニアに着いた時には〔問題児〕として収監されていた——大西洋のど真ん中で反乱を起こした廉《かど》で収監——のだが、植民地に秩序をもたらし、地元のインディアンたちと調和し、〔ジェームズタウンが〕第二のロアノークとなることを免れさせたのは彼なのである。

そうはいうものの、ジェームズタウンが生き残れるかどうかは、五分五分であっただろう。スミスが補給のためにイングランドへと戻らなければならなかった一六〇九年〔から一六一〇年にかけて〕の冬は、「飢えの時」として記憶されている。このような状況のなかで自らの生命を賭け得たのは、かなり屈強な人々だけであっただろう。ジェームズタウンが必要としていたのは、技術を持った職人、農民、熟練工であった。ところが、スミスがこぼしたところによれば、ジェームズタウンに居たのは、社会からはじき出されたような者ばかりであった。アメリカにおけるイギリス植民地が根を下ろすには、彼らとは異なる人々が必要だったのだ。

ヴァジニア会社は、ほとんどタダみたいな賃料で五〇エーカーの土地を入植者に永久に貸し出す、という方策を打ち出した。これが誘い水の一つとなった。土地を分割するに当たっては「人頭割り」という制度があり、入植者には、一緒に入植する扶養人一人当たり五〇エーカーの土地が与えられた。だが、タダ同然で土地が手に入るというだけでは、ジョン・スミスが求めていたような人々を集めるには不十分であった。同じくらいに重要だったのは、一六一二年に、タバコが簡単に栽培できることが分かったことであった。一六二一年までには、この雑草のヴァジニアからの輸出は、年間三五万ポンドにまで達した。六年後には、国王〔チャールズ一世〕自身が、ヴァジニアの総督と議会に向けて、「この地方は、すべてが、煙によって築かれたものだ」と嘆くほどになっていたのであった。

一見すると、タバコが解決策であったように見える。タバコは、二、三の道具、圧搾機、乾燥小屋が必要なだけで、たいした投資は必要としない。タバコ栽培は、時間はかかるものの、必要とされる技術は単純なものばかりだ――「トッピング」などのコツをつかむだけでよい。親指と人差し指だけで植えることができ、重い肉体的負担は伴わないからである。だが、実際のところは、タバコの栽培によって、土地は七年で痩せてしまい、これによって、植民地が、西に向かって拡大してゆくこととなった。そして、まさに、その栽培の容易さによって、ヴァジニアは破滅寸前までいったのである。一六一九年から一六三九年までの間、タバコの栽培が加速度的に増え、生産量が年間一五〇万ポンドに達し、タバコの価格は、一ポンド当たり三シリング〔＝三六ペンス〕から三ペンスへと暴落した。アジアとの貿易を独占していた会社は、これほどの暴落を経験することはなかったが、アメリカでは、入植者を募ることが目標とされていたので、このような独占は、成り立たないものであったのだ。

つまり、イギリス領アメリカの経済は、不安定なものであり、経済だけでは、イギリス領アメリカは、建設することができなかったのである。別のものが必要とされていたのだ――利潤を上げるという目的以外に、大西洋を越えるための動機付けが必要とされていたのである。宗教的原理主義が、その、「別のもの」となる。

イングランドは、〔エリザベス一世の〕父〔ヘンリー八世〕の治世下でローマ〔教皇〕と袂《たもと》を分かち、異母《いぼ》弟《てい》〔エドワード六世〕の治世下で宗教改革に熱心に取り組み、それから、異母姉《いぼし》〔メアリー一世〕の治世下で揺り戻しを行なっていた。そのイングランドは、最終的に、エリザベス一世の即位と共に〔一五五八年〕、

「折衷案」としての穏健なプロテスタントに落ち着いたのであった。しかしながら、ピューリタンとして知られる人々にとって、イギリス国教会の設立は、〔受け入れがたい〕妥協であったのだ。

ジェームズ一世〔在位一六〇三―一六二五年〕が、スコットランドのカルヴァン派として育っていたにもかかわらず、エリザベス期の秩序を引き継ぐという意志をはっきりさせると、「ピルグリム」と自称する〔イングランドの〕ノッティンガムシャーのスクロービーの一団は、今が出発の時だ、と思ったのであった。まず、彼らはオランダに行った。だが、一〇年を経た後、あまりにも世俗的であるとして、オランダも見限るようになっていた。その時、彼らはアメリカについて聞いたのだった。他の人々は、アメリカが荒廃した場所であるとして、避けていたのだが、彼らには、その荒廃したアメリカが、理想的な場所に思えたのだ。「広大で空虚な混沌の地」に、真に神聖な社会を築く、これ以上の理想はあるだろうか？　そう思ったのであった。

一六二〇年一一月九日、サウサンプトンを出発してから八週間近くを経た後、ピルグリムたちは、ケープコッドに上陸した。一点のシミもない純白な場所を選ぶかのように、彼らは、ヴァジニアを避けて、そこから二〇〇マイルほど北方の、より寒い海岸へと上陸した。そこは、かつてジョン・スミスが「ニューイングランド」と名づけていた地域であった。メイフラワー号の乗客がピルグリムたちだけであったならば、ニューイングランドがどのようになっていたのかを想像してみることは、興味のあるところである。もっとも、ピルグリムたちは、原理主義者であるだけにとどまらなかった。彼らは、また、真の意味において共産主義者でもあった。彼らは、自分たちの財産を共有し、その生産物を、彼らの間で均等に分配しようとしていたのである。

実際のところ、メイフラワー号の一四九名の乗客たちの内、ピルグリムは、およそ三分の一ほどであった。多くの者は、ヴァジニア会社の広告を見てメイフラワー号に乗ったのであり、大西洋を越えた動機は、宗教的であったというよりは、実利的なものであった。彼らのなかには、実際、故郷であるイースト・アングリア〔イングランド東部の地方名〕の繊維産業の不況から逃れる目的の者もいた。これらの者たちは、敬虔な生活がしたかったのではなく、より良い生活がしたかったのである。彼らをニューイングランドに惹きつけたものは、そこが、主教やその他のカトリック教会の遺風がない場所であったということではなく、そこに居たたくさんの魚なのであった〔イギリス国教会は、ローマ教皇と袂を分かったのであったが、ピルグリムたちから見れば、カトリックの名残《なごり》が多く残る中途半端なものであった〕。

ニューファンドランドの漁場は、長年にわたって、イギリスの漁師たちを、大西洋へと引き込んできた。だが、当たり前のことだが、そこに行くには、アメリカからの方がはるかに近かったのである。ニューイングランドの近海には、同様に、たくさんの魚が居た。マーブルヘッド沖は、特に豊富であり、「背中を濡らさずに〔歩いて〕渡れるのではないか、とも思えるほど」だった。疲れることを知らないジョン・スミスは、最初に海岸線を探検した時、このことの重要性をすでに認識していた。後に、彼は、次のように述べている。「魚などというしみったれた言葉は、おまえさんの好みじゃないかもしれんが、魚は、ギアナや〔タンザニアの〕トゥンバトゥ〔島〕の鉱山の金に匹敵するものなのだ。それに、危険も少なくて、金もかからなく、より確実で、より簡単に手に入れられるものなのだ」。

これが、大西洋を越えたもう一つの理由だったのである。ゴッド〔神〕ではなく、コッド〔タラ〕だったのだ。マサチューセッツ州沿岸のマーブルヘッドに立つ風雨に晒された墓石によれば、そこのイギリス人入植地は、すでに一六二八年には存在したのであった。だが、一六八四年まで――ピルグリムたちが、プリマスを建設してから、六〇年以上もの間――その町には、教会もなく、牧師も居なかったのである。この頃までに、水産業が確立され、毎年、何一〇万樽《たる》ものタラを、輸出するようになっていた。ピルグリムたちは、カトリック的なものから逃れるために新世界へとやって来たのかもしれない。だが、マーブルヘッドにやって来た人々の「主目的」は、「魚を獲ること」だったのである。

この二つの組み合わせが、ニューイングランドを栄えさせたのである。清教主義と、金もうけ、である。この組み合わせは、一六二九年に設立されたマサチューセッツ湾会社によって制度化された。マサチューセッツ湾会社の総督であったのは、ジョン・ウィンスロップ（John Winthrop）であり、彼のなかでは、会衆派教会と資本主義は、同居していた。一六四〇年までに、マサチューセッツは、繁栄するようになっていた。水産業だけではなく、毛皮と農業も、これに貢献したのである。すでに二万人の人々が、この地で暮らしており、当時、チェサピーク湾地域よりも人口が多かった。ボストンの人口は、わずか三〇年あまりで三倍になっていたのだ。

しかしながら、もう一つ重要な要素があったのだ。何だろうか？　出産である。はるか南のヨーロッパの植民地とは異なり、ニューイングランドの人口は、あっという間に、自ら再生産するようになっていたのだ。その人口は、一六五〇年から一七〇〇年までの間、四倍になっている。おそらく、その出生率は、当時、世界最高であっただろう。イギリス本国では、およそ四分の三ほどの人々のみが結婚していた。アメリカの植民地では、一〇人の内の九人が結婚しており、また、女性の結婚年齢はかなり若かった――つまり、出生率が高かったのだ。これが、イギリス領アメリカとラテンアメリカの決定的な違いの一つだったのである。

スペインの入植者は、独身の男性エンコメンデーロ#であるという傾向があった。スペインとポルトガルから独立前のラテンアメリカに渡った一五〇万人の移民のうち女性はわずか四分の一ほどであった。それゆえ、大多数のイベリアからの移民男性たちは、セックス・パートナーを、（減りつづける）現地住民、もしくは（急速に増えていた）奴隷人口に求めたのであった。その結果、二、三世代後には、混血であるメスティーソ〔白人（スペイン人、ポルトガル人）とラテンアメリカ先住民の混血〕やムラート（スペイン人とアフリカ人の混血）の人口が、かなりのものとなった。*

直訳では「受託者」となり、スペイン領アメリカにおいて、国王から土地を与えられ、先住民の管理を任された者という意味。

＊ 一八〇〇年には、ラテンアメリカの人口一三五〇万人のうち白人はわずか三五〇万人であった。そのうち、スペイン生まれは三万人であった。他の白人は、アメリカ大陸で生まれたクレオール〔植民地で生まれた白人、もしくは白人と現地住民の混血〕であった。一八二〇年までに、ラテンアメリカの人口のおよそ四分の一は、複数の民族的起源を持つようになっていた。

北アメリカのイギリス人入植者たちは人口において勝っていただけではない。彼らは、妻や子供たちを連れて移住するよう促されていたのであった。それゆえ、彼らの文化は、ほとんど損なわれることなく保持されることとなった。つまり、北アメリカにおけるイギリス人の入植は、北アイルランドにおけるのと同様に、家族単位で行なわれたのである。その結果、ニュースペインが、必ずしも新しいスペインとはならなかったのに対して、ニューイングランドは、文字通り、新しいイングランドとなったのである。

〔アイルランドの〕アルスターにおけるのと同様に、新世界への入植とは、植える、ということであった──人だけではなく、作物も、である。そして、作物を植えるということは、土地を耕す、ということである。では、その土地は、誰のものであったのだろうか？

入植者たちは、自分たちが到着する以前はそこに誰も住んでいなかったかのように振る舞うことはできなかった。ヴァジニアだけでも、一万人から二万人のアンゴンキン族のインディアンたちが住んでいた。ジェームズタウンは、ポウアタン族〔連合〕の領土のど真ん中にあった。最初の頃、交易と婚姻を通して平和的な共存を行ない得る可能性があったというのは事実である。

ポウアタン族の酋長ワフンスナコックは、ジョン・スミスの前にひざまずくよう強要され、「主君である」ジェームズ王の「臣下」としてジョン・スミスから戴冠された。酋長の娘のポカホンタスは、イギリス人と最初に結婚したネイティヴ・アメリカンである。そのイギリス人とは、ジョン・ラルフ（John Rolfe）であり、タバコの栽培を最初に行なった者である。だが、彼につづいてネイティヴ・アメリカンと結婚する者は、ほとんど居なかった。

〔ジョン・ラルフの上司であった〕サー・トマス・デール（Sir Thomas Dale）は、ワフンスナコックの末娘に結婚を申し込んだ。「彼は、当時、独身であり、彼〔ワフンスナコック〕の国にずっと住みたいと希望していた。彼は、このような両民族の自然の結合こそが、平和と友好にとって最高の助けとなる、と考えていた」のであった。だが、彼の求婚は、退けられた。ワフンスナコックが、イギリス人に疑いを持つようになっていたからである。彼は、イギリス人たちが「自分たちを侵略し、その国を奪おうとしている」と思ったのであった。その疑いは正しかった。

ヴァジニア会社の会社付き牧師であったロバート・グレイ（Robert Gray）は、自ら著した冊子『ヴァジニアへの幸運な旅（A Good Speed to Virginia）』で、次のように述べていた。「どんな権利、あるいは命令によって、われわれはこの未開の地に入り込み、彼らが悪いことをしたわけでもなく、あるいは、彼らから挑発されたわけでもないのに、彼らが受け継いできたものを奪い、そこに住み着いたのだろうか？」

これに対して、リチャード・ハクルート（Richard Hakluyt）は、ネイティヴ・アメリカンの方が、「こちらにやって来て」、自分たちを「助けてほしい」と「われわれに泣きついてきたのだ」と答えている。さらに、マサチューセッツ湾会社の印証（一六二九年）には、「こちらに来て助けて下さい」と書かれた旗を掲げたインディアンが記されていた。

だが事実は、イギリス人の方こそが、自分たちの利益となるよう、図ったのである。ヴァジニアの総督であったサー・フランシス・ワイヤット（Sir Francis Wyatt）は、次のように記している。「われわれがまずしなければならないことは、野蛮を駆逐し、牛や豚を育てるための放牧地を得ることである。その方が、彼らに返還するよりも良いのである。われわれのなかに、異教徒は、居ない方がはるかに良いからなのである」。

現地住民の土地の収容を正当化することについて、イギリス人の入植者たちは、特徴的な理由付けを生み出していた。「テラ・ヌリウス（terra nullius）」、つまり無主地という、〔自分たちに〕都合のよい概念であった。偉大な政治哲学者であるジョン・ロック（彼は、カロライナ植民地領主〔シャフツベリ伯爵アントニー・アシュリー・クーパー〕の秘書官でもあった）は、次のように述べている。人が、その土地を所有できるのは、「その人がその土地で働き、自分の所有物を何かそこに置いた場合だけ」である。つまり、フェンスが建っておらず、耕されていない土地は、頂戴してもよい、ということなのだ。〔マサチューセッツ湾植民地総督の〕ジョン・ウィンスロップは、次のように記している。

……ニューイングランドの先住民たちは、土地を向上させるために、その土地を囲むことも、そこに固定された住居を建てることも、そこで家畜を飼うこともしない。つまり、それらの土地についての自然権以外は持たないのである。つまり、われわれは、彼らが利用するのに十分な土地を残したならば、残りの土地を獲得することは、合法的なのである。彼らとわれわれが利用できる以上の土地が、そこにあるからである。

ネイティヴ・アメリカンたちは、誕生しつつあったイギリスによる経済秩序のなかで、そこに自分たちの居場所が得られる限りは、それを甘受するのであった。カナダのハドソン湾会社は、クリー・インディアンの猟師やわな猟師から、毛皮貿易に必要なビーバーの毛皮やトナカイの毛皮の供給を受けており、彼らに依存する状況に満足していた。ナラガンセット族も、同様に、敬意を持って扱われていた。彼らは、貝殻ビーズ――ロングアイランド湾の海岸で紫色や白色の貝殻で作られていた――の生産者であったからである。貝殻ビーズは、初期の北アメリカにおいて通貨の役割を果していたのだ。

だが、インディアンたちが、農耕に適した土地の所有権を主張した場合には、共存は、まるで不可能であった。インディアンたちが土地の収用を拒んだ際には、彼らは（ロックの言葉では）「ライオンやトラなどと同様の、獰猛《どうもう》な猛獣の一つとして駆除する」ことが可能なものとなり、駆除しなければならないものとなった。「猛獣」と一緒では、「社会」を築くことも、「安全」を築くこともできない、とされていたのである。

早くも一六四二年には、ロードアイランドのナラガンセット族の酋長ミアントモノーは、不吉な予兆を感じていたのであった。

知っての通り、われわれの父親は、たくさんの鹿と毛皮を持っており、われわれの大地は、鹿であふれていた。同様に、われわれの森は、七面鳥であふれており、われわれの湾は、魚と鳥であふれていた。ところが、イギリスの人たちがやって来て、われわれの土地を獲得し、草取りガマで草を刈り取り、ノコギリで木を切り倒してしまった。彼らの牛と馬が草を食べてしまい、彼らの豚が、われわれの岸の貝をだめにしてしまった。このままでは、われわれは皆、飢え死にしてしまうだろう。

中央アメリカで起こっていたことが、今や、北大西洋岸で繰りかえされることとなった。一五〇〇年には、後にイギリス領北アメリカとなる地域には、およそ五六万人のアメリカン・インディアンたちが暮らしていた。一七〇〇年までに、この人数は、半分以下にまで減少した。これは、急激な人口減少のほんの始まりであった。この急激な人口減少は、白人の入植が西へと進むにつれて、北アメリカ大陸全体を覆うこととなるのだ。

一五〇〇年当時、現在アメリカ合衆国となっている場所には、およそ二〇〇万人の現地住民が暮らしていたと推定されている。一七〇〇年には、その人数は、七五万人となった。一八二〇年には、わずか三二万五〇〇〇人であった。

武力に勝る入植者たちとの、短くとも凄惨な戦争が、多くの人命を奪ったのだ。ポウアタン族がジェームズタウンを襲撃した一六二二年以降、入植者たちの見方が、硬化した。サー・エドワード・コーク（Sir Edward Coke）によれば、インディアンは、「永遠の敵（perpetui enimici）」以外の何者でもないのであった。「彼ら〔インディアンたち〕との関係は、悪魔との関係と同様であり、悪魔の家来である彼ら〔インディアンたち〕と、そこのクリスチャン〔入植者たち〕は、永遠の敵であり、……平和など、あり得ないのだ」と述べていた。

〔入植者による〕虐殺は、日常茶飯事だった——一六二三年と一六四四年にはポウアタン族、一六三七年にはピクォート族、一六七五年にはドエグ族とサスケハノック族、一六七六年から七七年には、ワンパノアグ族が虐殺されたのであった。しかし、ネイティヴ・アメリカンたちの人口を大きく減らしたのは、白人の入植者たちが海を越えて持ち込んだ伝染病——天然痘、インフルエンザ、ジフテリア——だった。中世の黒死病におけるネズミと同様に、白人たちが、命取りとなる病原菌の媒介者となったのである。

一方、入植者たちは、天然痘の圧倒的な力を、神が入植者の側にあることの証明として理解した。好都合なことに、新世界にそれまで住んでいた人々を殺し尽くしたのであった。一六二一年の年末にプリマスにおいてピルグリムたちが神に感謝したことの一つは、彼らが到着するまでの一〇年間で、ニューイングランドの先住民の九〇パーセントが病気で死んだという事実であった。神の思し召しにより、まず、畑を耕し、冬に向けて穀物を貯蔵することができたのである。ジョン・アーチデール（John Archdale）によれば、カロライナの総督であった一六九〇年代、「イングランド人に場所を与えるため、インディアンたちを減少させた、と神がお示しになられている」のであった。

そうはいうものの、元々の持ち主たちがほとんど死滅してしまったからといって、アメリカ植民地の土地が、無主の土地であったというわけではない。それらは、〔イギリス〕国王のものであったのだ。そして、国王は、これらの新たに手に入れた国王領を、勲功のあった臣下たちに下賜したのである。アメリカ植民地の将来性が明らかとなるにつれて、このことが、スチュアート朝の君主たちにとって、王権の新たな源となっていった。植民地と官職任命は、切っても切れない関係にあったのだ。

このことは、初期の頃のイギリス領アメリカの社会構造に、大きな影響を及ぼした。たとえば、一六三二年、チャールズ一世は、メアリランドを、ボルティモア卿《きょう》の息子〔ジョージ・カルバート〕に下賜した。これは、一四世紀にダラム大主教に領主としての諸特権を認める詔勅《しょうちょく》を与えたことをモデルとしており、「植民地領主（Lords Proprietors）」という称号を創設して与え、実質上、封建制に基づいて、土地を授与したのであった〔王室を支える見返りとして土地を与えた、ということ〕。

チャールズ二世は、カロライナを、近臣の八人の者に与えることで、階層的な社会秩序をより鮮明に打ち出した。「ランドグレーヴ（landgraves）〔方伯〕」と「カシーク（cassiques）〔族長〕」は、それぞれ、四万八〇〇〇エーカーと二万四〇〇〇エーカーずつの土地を所有することになり、植民地の行政は、真に貴族的な行政委員会（Grand Council）を通して行なわれた。ニューヨークがニューヨークという名前になったのは、一六六四年にオランダ人からこの地〔ニューアムステルダム〕を獲得した際、チャールズ〔二世〕が、これを、弟のヨーク公ジェームズに与えたからである。

同様に、ペンシルヴェニアがペンシルヴェニアになったのは、チャールズ二世が、支持者の一人に対して負っていた一万六〇〇〇ポンドの借金を解決するためであった。その支持者とは、ジャマイカを獲得した海軍提督であったウィリアム・ペン（William Pen）であり、借金の肩代わりとして、ペンの息子〔父と同姓同名でウィリアム・ペン〕に、ペンシルヴェニアとなる土地を授与したのである。このことによって、ウィリアム・ペン・ジュニアは、一夜にして、イギリス史で最大の、個人の土地所有者となり、その領地の広さは、アイルランドの面積を超えるものであった。このことは、また、ペンに、宗教的熱情と、利潤の追求を結びつけて示せる機会を与えた。

ピルグリム・ファーザーズたちと同様に、ペンは、急進的な宗教団体のメンバーであった。一六六七年から、彼はクウェーカー教徒であり、その信仰によって、ロンドン塔に幽閉されたこともあった。だが、プリマスへの入植者たちとは異なり、ペンの「神聖なる実験」は、クウェーカー教徒だけのためではない、いかなる宗派をも受け入れる「寛容な入植地」を建設することであった（ただし、一神教〔キリスト教〕に限る）。一六八二年一〇月、ペンの船「ウェルカム号」がデラウェア川を遡った。ペンは、国王の勅許状を握りしめ、フィラデルフィアを建設するために上陸した。その名は、古代ギリシャ語で「兄弟愛の市」を意味する。

ペンは、この植民地を成功させるためには利益を上げる必要がある、ということを理解していた。このことを、彼は、「宗教的自由を拡大させたいのは山々なのだが、わたしは、自らの骨折りに対する報酬を必要としている」と率直に表現している。この目的のために、彼は、自らが不動産のセールスマンとなって、土地を大々的に売り出したのであった。五〇〇〇エーカーの土地を一〇〇ポンドという破格の値で、広大な土地を売ったのである。

ペンは、また、創造性に富んだ都市設計者でもあった。彼は、この都市を、混雑して細部が入り込んだロンドンと、まったく正反対の都市にしようと思ったのだった。そこで採用したのが、現代のアメリカではお馴染みの、碁盤目状の道路網である。そして、何にもまして、彼は、売り込み上手であり、アメリカン・ドリームさえも売りさばくことができる、と考えていた。イングランド、ウェールズ、アイルランドからの入植者を募るだけに飽き足らず、彼は、ドイツ語や他の言語に翻訳されたパンフレットを用いて、大陸ヨーロッパからの入植者も積極的に募ったのであった。

これがうまく行ったのだ。一六八九年から一八一五年までの間、一〇〇万人以上の人々が、大陸ヨーロッパから、北アメリカ本土やイギリス領西インド諸島へと渡った。その多くは、ドイツ人とスイス人であった。宗教的寛容さと、安い土地という組み合わせは、入植してくる家族にとって、非常に魅力あるものであった。これこそが、真のフリーダムだったのだ。信仰のフリーダム〔自由〕と、フリー〔タダ〕同然の不動産である。*

＊　進取の気象に富む移民をアメリカへと惹きつけたもう一つのものは、一七三二年に債務者の避難所として設立されたジョージア植民地である。

だが、ここには、落とし穴もあった。新しい白人帝国のすべての人々が、土地所有者であったわけではないのだ。当然ながら、労働力も必要だった。殊に、砂糖、タバコ、米といった労働集約型の作物を育てるには、労働力が必要であった。そこで問題は、どのようにして大西洋を越えて労働力を確保するか？ということであった。そして、ここに、イギリス帝国における自由の制限を見ることができるのだ。

黒と白

一七世紀と一八世紀におけるブリテン諸島からの移民の規模は、他のいかなるヨーロッパ諸国にも勝るものであった。イングランドだけでも、一六〇一年から一七〇一年の間、総数で七〇万人を超える移民が出国した。移民がもっとも多かった一六四〇年代と一六五〇年代には——イングランド内戦〔一六四二—一六五一年〕と時期が重なるのは偶然ではない——年間の移民率は、人口一〇〇〇人につき〇・二人であった（この数字は、現在のベネズエラにおける数字とほぼ同じである）。

これまで見てきたように、初期のイギリスからアメリカへの移民は、信仰の自由と、安価な土地という二つの希望によって惹きつけられたのであった。だが、自らの労働力しか提供するもののない人々にとって、移民の吸引力となったものは、少々異なるものであった。彼らにとって、自由は、ほとんど関係なかった。それどころか、このことは、意識的に自由を放棄するということを意味した。このような移民で、自らの資金で海を渡った者はほとんど居なかった。

彼らのほとんどは、「年季奉公人」として知られる、期間限定の強制労働という制度によって海を越えたのである。この制度は、慢性的な労働力不足を軽減するために編み出されたものであった。彼らは、旅費を負担してもらう引き換えとして、数年間にわたって労働力を提供するという契約を結んだのである。通常、その期間は、四年ないし五年であった。実質的には、彼らは、奴隷となったのであった。そうはいっても、期間限定で、契約に基づく奴隷である。もっとも、イングランドを出発する際には、このことは、あまり認識されなかったであろう。

ダニエル・デフォーのモール・フランダーズは、入植者の嫁としてヴァジニアに到着した際、彼女の母

〔義理の母〕に、このことを説明してもらう必要があった。

植民地の住民の多くの人たちは、イングランドから、そこに、それぞれに異なる理由でやって来たのだった。だが、大まかに分けると、その理由は二種類あった。まず第一は、「使用人」として売られるために船の船長によって運ばれて来た人たちである。母が彼女〔モール・フランダーズ〕に説明したところによれば、この人たちは、「使用人」と呼ばれているものの、「奴隷」と呼ぶ方が、よりふさわしかった。もう一種類の人たちは、ニューゲートや他の刑務所から運ばれて来た人たちであった。重罪を宣告された人たちや、死刑になるような人たちであった。母の説明によれば、この二種類の人たちは、そこに来てしまえば、違いはなくなるのであった。入植者たちが彼らを購入し、彼らは農場で一緒に働いたからである。時間がなくなるまで……

一六五〇年から一七八〇年までの間、北アメリカへと渡った全ヨーロッパ人の半分から三分の二ほどが、年季奉公の契約をして渡った者であった。チェサピーク湾〔地域〕へと渡ったイングランド移民についていえば、その割合は、一〇人中七人に近いものだった。ヴァジニア〔植民地〕のエレガントな首都〔首都であったのは一六九九年から一七七九年まで〕であったウィリアムズバーグのような入植地は、この、継続的に供給されていた安価な労働力に大きく依存していた。〔年季奉公人は、〕タバコ畑で働くだけでなく、勃興しつつあった植民地貴族が必要とする、ありとあらゆる商品やサービスの供給源となっていた。奴隷と同様に、年季奉公人も、地元の新聞『ヴァジニア・ガゼット（The Virginia Gazette）』に広告が載せられ、売りに出されていた。「新到着……一三九人の男、女、少年。金属細工人、レンガ工、左官、靴職人……ガラス工、仕立屋、印刷工、製本士……数人の女裁縫師……」

年季奉公人の大部分は、一五歳から二一歳の若い男性であった。だが、ジョン・ハロワー（John

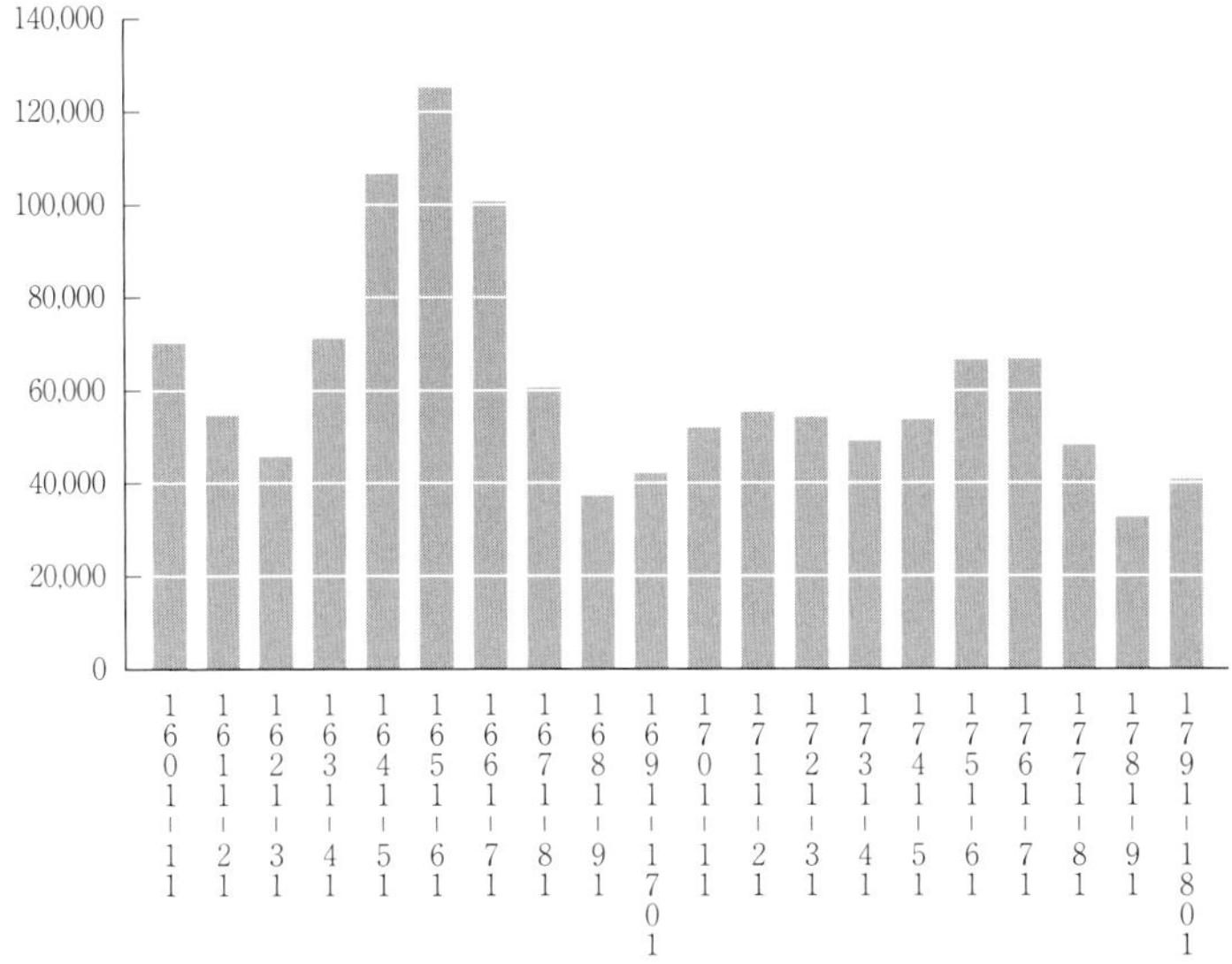

1601年から1801年までのブリテン諸島からの移民の数（出国した人数から帰国した人数を差し引いた数字）。

Harrower）という名の、四〇歳でかなり年のいった年季奉公人が、自分の妻に宛て、自らの体験を簡単な日記にしたためていた。妻を迎えることができるようになった際に妻に見せるために、日記をつけていたのである。

何カ月もの間、ハロワーは、故郷の町を、さまよい歩いていた。妻と子供たちを養っていけるだけの仕事を探していたのである。だが、何も見つけられなかった。彼の日記の一七七四年一月二六日水曜日の書き込みは、一八世紀の後半、何がイギリス人を移民へと駆り立てたのかを、簡潔に説明するものとなっている。「今日、所持金はとうとう最後の一シリング硬貨だけになってしまった。僕は、ヴァジニアに行って、四年間、そこで、ベッドと食事の支度、洗濯の達人をする〔として働く〕しかなくなってしまった。そうすれば、その間、五ポンド、もらえるのだ」。これは、自由を得るための賭けなどというものでは決してなかった。最後に残された手段だったのである。その後、ハロワーは、彼の乗った船、プランター号が、大西洋でひどい嵐にあった際の、船底で経験したひどい体験について記述している。

　午後八時になると、前のハッチとメインハッチの両方を閉じなければならなかった。それからしばらく僕が経験したことは、船内で見聞きしたことでもほんとうに最悪のものだった。寝ている奴がいた。吐いている奴がいた。小便を垂らしている奴がいた。うんこを垂らしている奴がいた。屁をしている奴がいた。罵っている奴がいた。悪態を吐いている奴がいた。足や腿をやられている奴がいた。肝臓や肺、目、目玉をやられている奴がいた。さらに最悪なことに、父ちゃん、母ちゃん、姉ちゃん、兄ちゃんを罵っている奴がいた。

　自由を喪失したということを、最大限に強調するかのように、船内で悪さをした者は、鞭《むち》で打たれるか、足枷をはめられた。ハロワーは、二カ月以上もの間、海上でひどい経験をした後、ようやくヴァジニアに到着した。その際、彼の基本的な読み書き能力は、彼にとって資産となった。彼は、その地のプランテーション・オーナーの子供の家庭教師として採用されたのだ。そうはいうものの、彼の幸運は、ここまでであった。一七七七年、家を出発してちょうど三年が経った時、彼は、病に倒れ、死んでしまったのである。結局、妻と子供たちを呼び寄せるだけのお金を貯める前に死んでしまったのだ。

　ハロワーの経験は、二つの点において典型的なものであった。スコットランド人であった彼は、一七〇〇年以降アメリカ植民地に渡った移民、つまり移民の第二波の典型であった――一八世紀、すべてのイギリス人入植者のなかで、スコットランド人とアイルランド人が四分の三近くを占めていたのである。彼は、また、ブリテン諸島の〔社会の〕周縁の貧困層の男性であり、失い得ることなど、ほとんど何もなく、自分を年季奉公人として売り込むことで、何かしらを得られるのであった。

一七七三年、〔イングランドの詩人、文学者、英語辞書編纂者で当時のイギリス文壇の大御所サミュエル・〕ジョンソンと〔サミュエル・ジョンソンの伝記を書いたスコットランド人ジェイムズ・〕ボズウェルが、〔スコットランドの〕高原地帯や島々を巡った際、彼らは、ボズウェルが後に、「この流行の移民熱」と苦々しく呼ぶことになるものを頻繁に目にした。ジョンソンは、もう少し現実的な見方をしていた。

アーサー・リー氏は、スコットランド人のなかには、アメリカの不毛の地を所有している者が居ると述べ、どうして彼らはそのような土地を購入したのだろうか、と訝《いぶか》った。ジョンソンは答えた。「なぜ？　ですと。不毛というのは、比較した場合の話じゃ。スコットランド人たちは、それらの土地を、不毛だとは思っていないのじゃ」。ボズウェルはいった。「また、また。彼は、イングランド人のあなたに、お世辞をいったのでしょう。今は、先生も、スコットランドに居られます。ここに十分な肉と飲み物がある、そうおっしゃりたいのでしょうか？」ジョンソンはいった。「もちろん、そうじゃ。ここの住民が、力をつけて、家を離れるには、十分な量の肉と飲み物じゃ」。

ジョンソンも、ボズウェルも、理解していなかったのだが、多くの男女が、自分の家を「明け渡した」理由は、家賃の「上昇」――つまりは、法外な値上げ――と、打ちつづく不作であった。アイルランド人は、スコットランド人以上に、「より快適な気候」と「より独裁的ではない政府」に惹きつけられたであろう。一七〇一年から一七八〇年にかけて、ブリテン諸島からの全移民の内、アイルランドからの移民は、五分の二を占めていた。それにつづく一〇〇年、この割合は、上昇する一方であった。アメリカからジャガイモが導入されて、それによって人口は急上昇したのであったが、これによって、一八四〇年代、アイルランドは危機を迎えることとなる。また、この、周縁からの人の流れによって、イギリス帝国は、長きにわたって、ケルト色を帯びることとなる。*

＊　一九世紀の末、イギリスの人口のおよそ四分の三がイングランドに住んでいた。これと比べて、スコットランドは、十分の一、アイルランドも、十分の一であった。だが、イギリス帝国全体で見ると、イングランド人は、入植者の半分を占めていたにしか過ぎない。イギリス生まれでニュージーランドに住んでいた人の内、スコットランド人は二三パーセントであった。この数字は、カナダでは二一パーセントであり、オーストラリアでも二一パーセントであった。カナダとニュージーランドにおいて、イギリス生まれの内、アイルランド人は、それぞれ二一パーセントであり、オーストラリアにおいては二七パーセントであった。

また、ハロワーのような早すぎる死は、珍しいものでも何でもなかった。ヴァジニアでは、新たに到着した者の内、五人に二人は最初の二年間を経ないうちに死亡していた。通常は、マラリアに冒されるか、腸を冒されての死であった。このような病気を乗り越えることは、婉曲的に、「慣れること」と呼ばれていた。これらの病気を乗り越えた者は、多くの場合、そのやつれた表情から、容易に識別できた。

年季奉公人という制度は、奉公人としてアメリカにやって来る者がいる限り、ヴァジニアにおいて機能するものであった。ヴァジニアの気候は、何とか耐えられるほどのものであり、そこでは、主要な作物は、比較的容易に生育したからである。だが、カリブ海の植民地では、そうはいかなかった。

このことは、忘れられがちであるが、一七世紀、イギリスからの移民の大多数――およそ六九パーセント――は、アメリカではなく、西インド諸島へと向かったのである。結局のところ、そこが稼げる場であったからだ。カリブ海との貿易と比べれば、アメリカとの貿易は、規模が小さかった――一七七三年、ジャマイカからイギリスへの輸入額は、全アメリカ植民地を合わせた額よりも、五倍以上大きかった。

一七一四年から一七七三年までの間、ネイビス島は、イギリスの輸入品を、ニューヨークの三倍以上生産し、アンティグア島からの輸入額は、ニューイングランドのからの輸入額の三倍以上であった。一八世紀の植民地帝国において、最大のビジネスは、タバコではなく、砂糖だったのである。一七七五年、砂糖の総輸入額は、イギリスの全輸入額の五分の一近くを占めており、タバコの輸入額の五倍以上だった。一八世紀の大部分、アメリカ植民地は、砂糖諸島に経済的に従属しているも同然の存在にしか過ぎなかった。砂糖諸島は、単一作物栽培であったので、アメリカ植民地が、日常的な食料品を供給していたのである。

七年戦争が終結した時、ウィリアム・ピット〔大ピット、当時は下野しており野党の立場〕は、アメリカのイギリス植民地を拡大させるか、それとも、〔戦時に獲得した〕フランスの砂糖島グアドループを維持するか、どちらかを支持するかを求められた。ウィリアム・ピットは、次のように述べ、カリブ海を選択することを支持した〔結局、一七六三年のパリ条約によって、イギリスはグアドループをフランスに返還することにしたが、西インド（カリブ海）諸島の大部分を獲得した〕。「北アメリカの征服地における貿易の現状は、今のところ、極めて低調だ。また、その将来の見込みも、期待できるものではない。〔発展の〕可能性は、最大限に見積もっても、わずかなものであろう」。

問題は、これらの熱帯の島々では、死亡率が非常に高かったことである。特に、夏季は「病気になりやすい季節」と呼ばれ、そうであった。ヴァジニアでは、九万人の入植者のコミュニティーを築くのに、合計で一一万六〇〇〇人の移民が必要であった。一方、バルバドスでは、二万人の人口を築くのに、一五万人の移民が必要であった。

人々は、このことを、すぐに学んだ。一七〇〇年以降、カリブ海への移民の数は、急落した。人々が、アメリカの、もっと過ごしやすい気候の場所を選択したからである（そして、そこには、より多くの土地があった）。早くも一六七五年には、バルバドスの議会は、このことに対して、次のように、不満を表明していた。「以前は、イングランドから、たくさんのクリスチャンの移民が来ていた。……ところが、以前は、イングランド人に提供できる土地が豊富にあったが、今となっては、こちら側で、彼らに提供できる土地がなくなってしまい、イングランド人を受け入れることが、ほとんどできなくなってしまった」。年季奉公人の代わりとなる者たちを見つける必要が出てきた。そして、見つかったのである。

一七六四年から一七七九年まで、ノーサンプトンシャーの〔バーミンガムシャーの北端でノーサンプトンシャーに隣接する〕オルリー（Olney）のセント・ピーター・アンド・セント・ポール教会の牧師は、ジョン・ニュートン（John Newton）であった。彼は、熱心な聖職者であり、世界でもっとも知られた讃美歌の一つである歌の作詞者である。わたしたちのほとんどは、一度や二度は、『アメージング・グレース』を聴くか、歌ったことがあるはずである。それほどは知られていないこととは、この作詞者が、六年にわたって、奴隷貿易で成功していたことである。シエラレオネから、大西洋を渡って、カリブ海へと、多くのアフリカ人を運んでいたのだ。

『アメージング・グレース』は、神への懺悔《ざんげ》〔告解〕として、最高の讃美歌である。「アメージング・グレース、何と甘美な響きよ。この響きが、わたしのようなクズ野郎をお救い下さった。かつて失っていたものを、今は取り戻すことが出来た。以前は見えなかったが、今では、見えている。（Amazing Grace how sweet the sound/ That saved a wreck like me!/ I once lost, but I now am found,/ Was blind but now I see.）」

この歌から想像するならば、次のようになるだろう。ニュートンは、ある日突然、奴隷について、神からの啓示を得た。そして、それまで行なっていた不道徳な商売を辞め、自身を神に捧げることを決意した。だが、実際は違うのだ。ニュートンが、回心したタイミングが違うのである。実際には、ニュートンは、宗教的に目覚めた後で、〔船乗りとして〕奴隷船を渡り歩いたのだ。まずは、船員になり、後に、船長となったのである。そして、かなり後になってから、人間の男女を売り買いすることに道徳的な疑問を感じるようになったのだ。

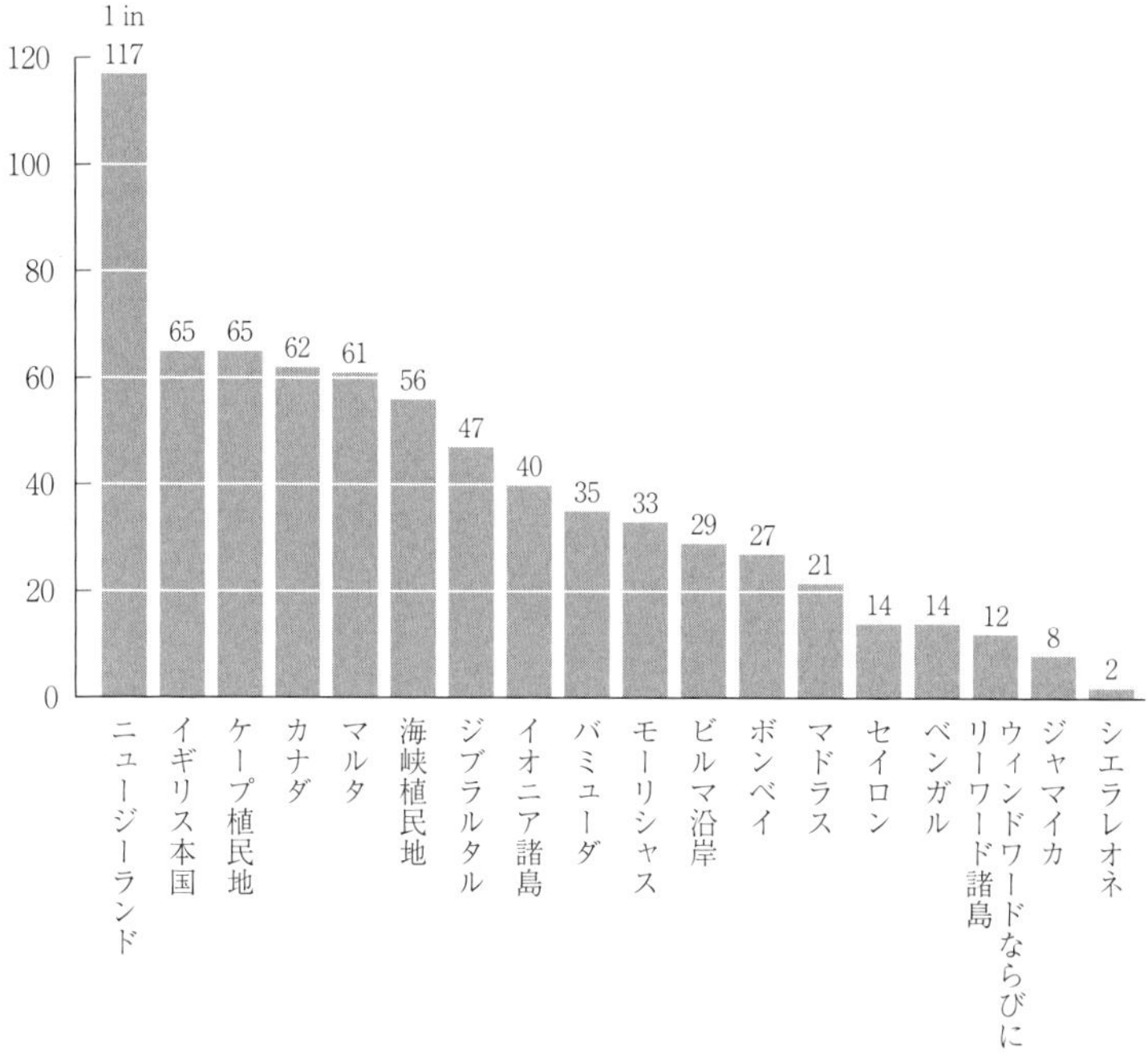

イギリス帝国各地の死亡率の違い：1817年から1838年頃のイギリス陸軍兵の死亡率

現在のわれわれは、当然のこととして、奴隷というものを受け入れることを拒絶する。われわれにとっては、どうしてニュートンのような人がそうではなかったのか、ということは理解しがたい。だが、奴隷は、経済的な観点で判断すると、まったく合理的なのであった。砂糖栽培から得られる利益は、莫大なものであった。ポルトガル人が、すでに、マデイラ諸島（Madeira）とサオ・トーメ（São Tomé）において、アフリカ人奴隷のみが、労働に耐えられるということを示していた。カリブ海のプランター〔農園主〕たちは、西アフリカの海岸で奴隷たちが売買される八倍か九倍の金額を、喜んで払うようになっていた。

奴隷貿易は、危険を伴うものではあったが、大きな利益を生むものであったのだ（ニュートンは、これは宝くじのようなもので、すべての冒険家たちが当選金を得ようとしている、と述べていた）。イギリスの奴隷貿易の最後の半世紀、奴隷の運搬からの利益率は、平均で、年率八から一〇パーセントであった。奴隷貿易は、ニュートンのような回心したクリスチャンにとっても「まっとうな生業《なりわい》」と見なされていたということは、さほど驚くべきことではないのである。

〔奴隷貿易で運ばれた〕人の数は、ものすごい数であった。われわれは、イギリス帝国を、白人移民によって築かれたものであると考えがちである。しかしながら、一六六二年から一八〇七年までの間、三五〇万人近いアフリカ人が、奴隷として、イギリス船によって新世界へとやって来たのであった。この数字は、同じ期間の、白人移民の数の三倍以上である。さらには、大西洋を越えたことのある全アフリカ人の内、奴隷として越えた者は、その三分の一以上であった。最初の頃、イギリスは、奴隷を否定するふりをしていた。この頃、一人の商人がガンビアで、奴隷の購入を持ち掛けられた際、彼は、こう答えている。「われわれは、このような商品の取り扱いを行なっていません。われわれは、互いに、売ることも買うこともしませんし、われわれ同様の形をしたものを、売ることも買うこともしないのです」。ところが、ナイジェリアやベニンから、奴隷が、バルバドスの砂糖プランテーションへと送られるようになるには長くはかからなかった。

一六六二年、王立アフリカ会社は、西インドに、年間三〇〇〇人の奴隷を供給することを引き受けた。この数字は、一六七二年には、五六〇〇人にまで増加された。アフリカ会社による独占が一六九八年に廃止された以降は、ニュートンのような、個人の奴隷貿易商が、多く誕生した。一七四〇年までには、リヴァプールは、イングランド・アフリカ・カリブ海間を巡る三角貿易へと、年間で三三隻の船を送り出すようになっていた。この年は、ジェームズ・トムソンの作詞した『ルール・ブリタニア』が歌われた年であった。この歌は、高らかに歌っていた。「ブリトンの民は、絶対に、絶対に、絶対に、奴隷にはならない」

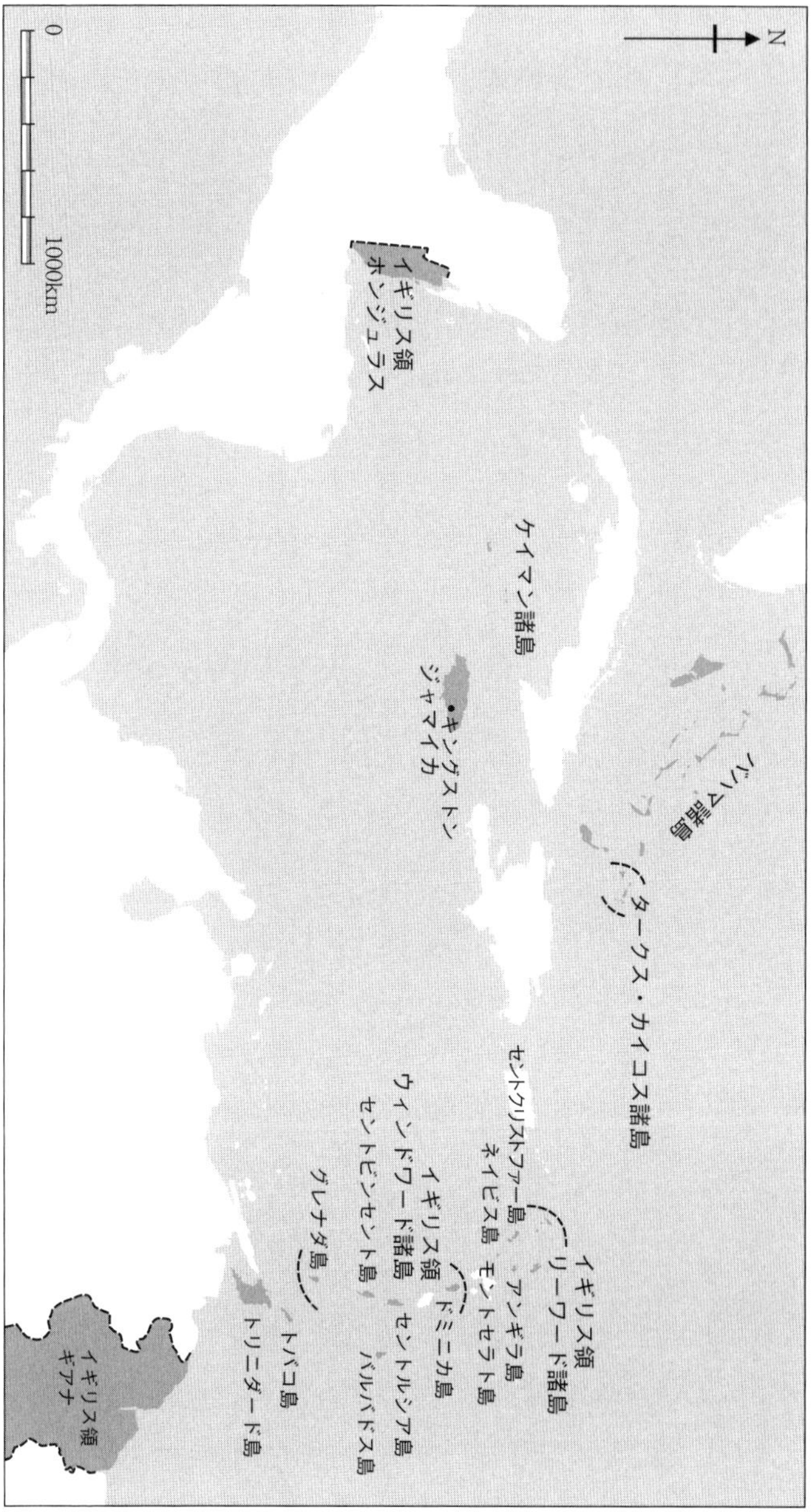

1815年におけるカリブ海のイギリス領

と。それ以来長い間忘れられていたのが、奴隷を買うことが、それ以前から、禁じられていた、ということである。

ニュートンが奴隷と関わり合うようになるのは、一七四五年の終わりである。この時、若い船員であったニュートンは、アモス・クロー（Amos Crow）という名の貿易商が営んでいた組織に入った。クローは、シエラレオネ沖のベナノエス諸島〔バナナ諸島〕を拠点としていた。どうしたものか、奇妙な立場の逆転があり、ニュートンは、しばらくすると、クローのアフリカ人の側女《そばめ》たちによって、彼自身が奴隷同様に扱われるようになっていた。病気になり、誰にも顧みられないまま一年ちょっとが経過した時、ニュートンは、グレイハウンド号という船に救い出された。当時若者だったニュートンが、宗教的な覚醒を得たのはこの船の船上で、なのである。それは一七四八年三月、嵐の最中《さなか》であった。この後、彼自身が奴隷商人の一人となった。ニュートンは、まだ二〇代である内に、船長として船の指揮を執ることとなった。

ジョン・ニュートンの一七五〇年から五一年にかけての日記――この頃ニュートンは、デューク・オブ・アーガイル（Duke of Argyle）号という奴隷船の船長であった――は、生きた人間を売り買いして、利益を得て、生活していた者たちの態度を暴露するものである。ニュートンは、シエラレオネの沿岸とその周辺を北へ南へと航海しながら、何週間にもわたって、商品（これには「ビールやサイダー〔リンゴ酒〕のような圧倒的な商品力を持つ品目」も含まれていた）と人間を交換し、地元の奴隷商と、値段や品質についてやりあっていた。ニュートンは、品質にうるさく、年老いて「乳首の垂れ下がった」女性を避けたのだった。

一七五一年一月七日、ニュートンは、大量の木材と象牙を、八人の奴隷と交換した。ところが、ニュートンは、この取引で損をしたと感じたのであった。奴隷の内の一人が、「非常に口が悪い」ことを発見したからである。ニュートンは、次のように不満を記している。「品質の良い男の奴隷は、今では多くの競合相手がいるので、以前のそれ〔it〕の倍近い値段となっている」。奴隷を、〔「he」ではなく〕「it」で表しているところが注目される。同じ日、彼は、「高品質の女の奴隷第一一番」が死んだことについて書いている。

ニュートンにとって、アフリカ人は番号にしか過ぎなかったが、アフリカ人の側から見れば、ニュートンは、悪魔のような人物であり、人食い人種にも見えていたのだ。オラウダ・イクイアーノ（Olaudah Equiano）は、アフリカからイギリス領西インドへと運ばれた奴隷で、自らの体験を残した数少ない内の一人である。このなかで、イクイアーノは、白人（もしくは「赤」人）は「死神（Muene Puto）」の手下であり、食べることを目的に奴隷を捕まえていた、という疑念を奴隷たちが広く共有していた、と述べている。

イクイアーノの仲間のなかには、次のように信じている者もいた。彼らを捕らえた者たちが、がぶ飲みしている赤ワインは、アフリカ人の血から造ったものであり、船長のテーブルの上のチーズは、アフリカ人の脳みそから造ったものである、と。

同じような恐怖が、ニュートンの手の内にあった奴隷たちを駆り立てたのであった。船の水の貯蔵樽の一つに「彼らの故国の呪物」を入れ、そうすれば、「それを飲んだ者をすべて殺すことができる、と信じていた」のであった。

一七五一年五月、ニュートンは、アンティグア島に向けて出港した。この時、船には、イギリス人よりも多くのアフリカ人が乗っていた。一七四人の奴隷に対して、船員の数は三〇人に満たなかった。しかも、その内の七人は病気にかかっていた。これは、ニュートンにとって非常に危険な状況であった。人でいっぱいの船でコレラや赤痢が発生する危険があったのみならず、奴隷たちが反乱を起こすかもしれない、という怖れがあったのだ。五月二六日、彼の警戒は、報われた。

夕刻、神の思し召しにより、男の奴隷たちがわれわれに対しての反乱を企てていることを発見した。幸いなことに、それは、彼らがそれを実行に移す二、三時間前だった。一人の若い男がいた。……その男は、航海の間中、足枷をはめられていなかった。最初は、大きなできものがあるという理由により、そして後には、見たところ、おとなしくしていたからである。この男が、格子越しに、大きなマリンスパイク〔船で使うロープなどをほぐしたり、穴をあけたりする道具〕を奴隷たちに渡したのである。だが、幸いなことに、船員の一人がそれを目撃していた。わたしが、それを見つけ出すまでに、彼らは、一時間ほどそのマリンスパイクを持っていた。その間、彼らは素早く作業したのであろう（マリンスパイクは音を立てずに作業ができる）。わたしは、今朝、彼らの内の二〇人近くが足枷を壊していることを発見した。

ニュートンは、翌年の航海においても同様の経験をした。八人の奴隷からなるグループが「ナイフ、石、弾丸など、そして冷のみ」を所持しているのを見つけたのである。違反者たちは、首輪やサムスクリュー〔ねじで親指を締める拷問具〕で罰せられた。

アーガイル号のような奴隷船の船上での環境を考えれば――すし詰めで、衛生環境が悪く、運動不足で、栄養不良――平均で、七人の内一人が大西洋を航海中に死亡したということは、驚くべきことではない。*驚くべきことは、ニュートンのような人物が、日曜日には、船員たちのために礼拝を行ない、業務について話すことを拒んだということである〔つまり、キリスト教の戒律に忠実であったということ〕。どうしても業務を行なわねばならなかった際には、良心の咎めを感じていたのである。ニュートンは、一七五三年一月二六日、妻に宛てた手紙のなかで、驚くべき弁明をしている。

＊　これは、イギリスの奴隷貿易の全期間、つまり一六六二年から一八〇七年までの、平均死亡率である。この比率は、

初期の頃、四人に一人に近いものであった。ニュートンの説明によって明らかなように、奴隷たちは、常に繋がれた状態に置かれており、わずか二・五フィート〔七五センチ〕ほどの高さの棚に（本棚の本のように）並べて載せられていた。しかしながら、奴隷船の船員の死亡率は、さらに高いものであった――一八世紀の後半で、およそ一七パーセントだった。ゆえに、船員たちは、このように口ずさんだのだ。「注意して用心するんだ。ベニン湾では、四〇人が乗って来た。降りてったのは一人だ」。

人間の性質においてもっとも祝福すべきは、疑いなく、宗教、自由、そして愛である。この三つの性質すべてにおいて、神は、わたしに、特別高いものを授けて下さった！　だが、わたしの周りにある国々は、それぞれに互いに通じない言語を話すのだが、次の点については、彼ら全員が合意できるはずであるとわたしは信じている。それは、彼らが、人を惹きつける理念を表す言葉を持たない、ということである。このことから、わたしは、彼らはそのような観念そのものを持たない、と推し量ることができるのである。そして、明と暗の中間に位置するものは存在しないので、これらの哀れな〔神の〕創造物たちは、わたしが享受している進歩を受け入れることができず、その正反対の悪に引き込まれているのである。彼らは、キリスト教の神の恵みや、未来の輝かしい可能性ではなく、魔術や魔法、一連の迷信に、欺かれ、悩まされているのである。恐怖が無知と交わり、人々の心の内に、これらの魔術、魔法、一連の迷信を生み出しているのである。彼らが理解できる唯一の自由とは、売られることを逃れることである〔著者による強調〕。そうはいうものの、売られることから完全に逃れられる者は、ほんのわずかである。時折、多くの者が、それを逃れられることがある。それが起こる場合、たいていは、船に乗っている者が、同じ船に乗っている者を売るのであり、その場合、自分自身も同様に売られることになるかもしれないのである。もしかしたら、その船の上で、その週が終わる前までに、売られることになるのである。愛について述べるならば、彼らにも、わたしがこれまで出会ってきたよりも、優しい心の持ち主がいるかもしれない。だが、ほとんどの場合は、わたしが、この素晴らしい世界について彼らに説いても、わたしは、ほとんど理解されないのである。

アフリカ人は、「売られることを逃れる」以外の自由を理解することができないなどと述べていたのである。そのような人物が、アフリカ人の自由を奪っているのは自分自身であるということを、理解できただろうか？

ニュートンの態度が、特別に変わったものであったわけではない。ジャマイカのプランターであったエドワード・ロング（Edward Long）は、こう述べている。アフリカ人は「知性に欠けており、文化や化学において、何らかの進歩を見せることは、ほとんどない。彼らの間で、道徳観念のようなものは存在せず……彼らは、道徳的な感情を持っていない」。ロングは、アフリカ人を、まったく劣った種であると結論している。ジェイムズ・ボズウェルは、他の事柄については、自由を逸速《いちはや》く主張していたのだが、「黒人が迫害されている」ことについては、「アフリカの民は、常に奴隷だった」と述べて、完全に否定していた。

ニュートンの日記が明らかにしている通り、奴隷は、船が出港をした瞬間から、力で強いられたものであった。奴隷たちが、船を降ろされて、売られる時も、力で強いられつづけた。ニュートンが奴隷を供給していた市場の一つであったジャマイカでは、白人と、白人が奴隷化していた人の割合は、一対一〇であった。イギリス領ギアナでは、この割合は、一対二〇であった。

暴力を用いなければ、この制度を長期間維持することはできない、と、固く信じられていたのである。カリブ海では、奴隷をおとなしくさせるために様々な拷問具が考案された——たとえば、走って逃げることを不可能にするスパイクのついた足枷、罰として重りを装着できる首輪など——が、これらの拷問具は、一八世紀のイギリス植民地において、ジャマイカが最前線であったことを強く認識させてくれる品々である。

確かに、一七六四年に刊行されたジェームズ・グレインジャー（James Grainger）の詩『ザ・シュガー・ケイン（The Sugar Cane）〔サトウキビ〕』は、クレオールのプランターの暮らしを、辛いものであったとしても、抒情的なものとして表現している。

サトウキビが、大地にいかなる影響を与えようとも、栽培がいかに大変だろうとも、
姿が見えるその下で、いかなる病気が待ち構えていようとも、
熱い蜜が、どんなにすばらしい結晶となろうとも、
それを世話しているのは、アフリカの漆黒の子孫なのだ。

だが、甘いものを求めたイギリス人の犠牲となったのが、「アフリカの子孫」なのであった。彼らは、サトウキビの種を蒔き、それを育て、収穫したのみならず、その茎から汁を搾り取り、その汁を、ただちに、巨大な桶で煮詰めなければならなかったのである。砂糖プランテーションは、スペイン語で、元々は、インジニオ（ingenio）と表された。つまりエンジンである。サトウキビから砂糖を造ることは、農作というよりも、産業に近かったのだ。そして、この産業では、サトウキビのみならず、人間も、原料だったのである。

一七五〇年までに、八〇万人あまりのアフリカ人が、イギリス領のカリブ海諸島へと運ばれた。しかしながら、その死亡率は非常に高く、また、出生率は非常に低かったので、奴隷人口が三〇万に達することはなかった。バルバドスのプランター、エドワード・リトルトン（Edward Littleton）によって導き出され

た経験則によれば、一〇〇人の奴隷を維持するのに、毎年常に、八人から一〇人を新たに購入する必要があった。そうすれば、「在庫を確保」できるのであった。

ネイビス島の聖職者によって書かれた奴隷売買を擁護するパンフレット、『ジョン・タルボット・カンポベルさんのスピーチ（The Speech of Mr John Talbot Campo-bell）』（一七三六年）は、「大雑把に計算すれば、新しく輸入された黒人は、順応期間に、その五人に二人が死亡する」ということを明確に認めていた。奴隷植民地において、別の側面においてもアフリカ人たちが搾取されていたということを、われわれは忘れるべきではない――その別の側面とは、性的な搾取である。エドワード・ロングは、一七五七年にジャマイカに到着した時、他のプランターたちが奴隷のなかからセックス・パートナーを選んでいたのを知って、戸惑いを覚えた。「ここでは、男性の多くが、その階級、身分、地位にかかわらず、夫婦関係において互いの愛情から得られる法に適う純粋な愛に喜びを見出すのではなく、ヤギのような〔動物のような〕性交をして乱痴気騒ぎだ」。この慣習は、「ナツメギング（nutmegging）」として知られていた。しかしながら、ロングがそれに対して強い嫌悪を示したように、この慣習は、後に、「異人種混交」と非難され、しだいに支持されなくなっていった。*

＊ ヴァジニアにおいて、一六六二年、奴隷女性から生まれた混血の子供は、奴隷となることが可決された。一七〇二年には、異人種間の婚姻が禁止された。

意義深いことに、この頃の話として、もっとも多く語られる話の一つが、インクルとヤリコの話である。一人の難破した船の船員と、一人の黒人の処女の交わりを描いたものである。

それゆえ、彼は、実を結ばない悲しみを抱いて一日を過ごした、

たまたま、そこに、一人の黒人の処女が通りかかった、
彼は、彼女の裸体の美しさに驚きを覚えた、
彼女の整った手足、輝く瞳のなんと美しいことよ！

しかしながら、インクルは、性交によって満足を得た後、時間を置くことなく、かわいそうなヤリコを奴隷として売り飛ばしてしまったのだ。

そうはいうものの、アフリカ人を、奴隷とされる以外に何もできない犠牲者の側面だけで描くことは間違いであろう。白人の抑圧者に対して立ち上がった奴隷たちも多く居たからである。ジャマイカでは、反乱は、ハリケーンなみに頻発していた。ある統計によれば、その数は、イギリスがジャマイカを獲得してから、奴隷制が廃止されるまでの間、二八回あった。さらにいうならば、黒人の人口のなかには、イギリスの支配が及ばない人々も常に一定程度存在したのである——マルーンたちである。

ウィリアム・ペンの父親が一六五五年にスペインからジャマイカを獲得した時、スペインの支配から逃れた逃亡奴隷によるしっかりとしたコミュニティーが、すでに存在しており、山間部の僻地に暮らしていた。彼らは、「マルーン（Maroons）」として知られていた。スペイン語で、（野生もしくは飼いならされていないことを表す）シマロン（cimarron）の変形である。今日においても、われわれは、マルーンの文化や、マルーンが世界に提供してくれた料理を味わうことができる。（ジャマイカのセント・エリザベス教区の丘陵に位置する）アコンポンで毎年（一月六日に）開かれるマルーンのお祭りでは、ジャークポークが食べられるのだ。（アカンポンという町の名前は、マルーンの偉大なる指導者であったキャプテン・クジョーの兄弟に由来する。）マルーンの歌を聴き、踊りを見れば、マルーンが、アフリカから強制的に切り離されたにもかかわらず、祖先のアフリカの文化を、かなりの部分、そのまま保持しているということが理解できる。

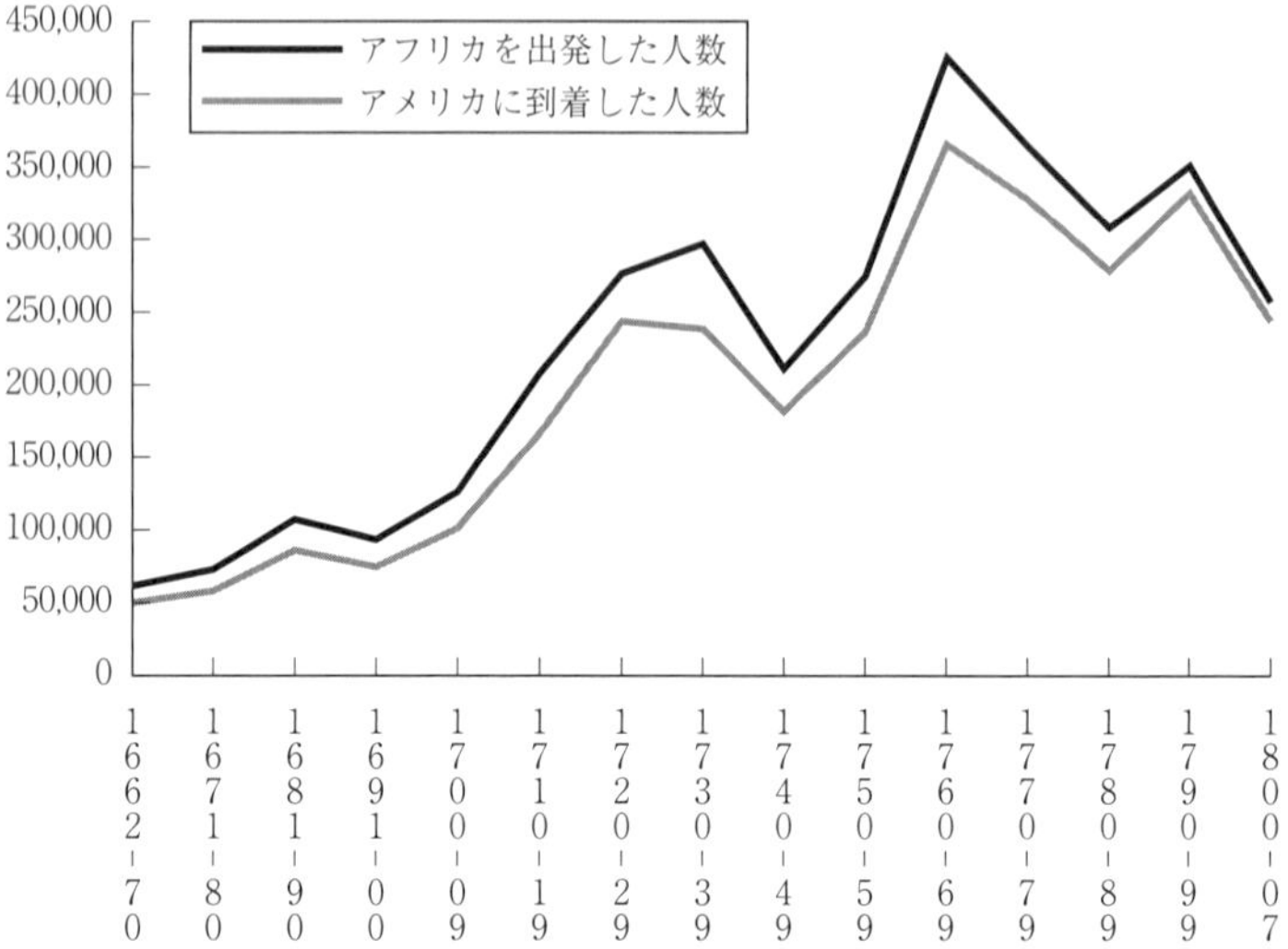

イギリスもしくはイギリス植民地の船舶によってアフリカ大陸からアメリカ大陸に運ばれた奴隷の数の推移、1662年から1807年まで。

彼らが囚《とら》われの身であったことを伝えるものは、一点だけ存在する。彼らの多くは、ガーナ出身であり、元々はアカン語を話していたのだが、クジョーは、彼の臣下たちに、英語で話すよう指導したのであった。その理由は、主に、実用上の要請であった。マルーンたちは、新しくジャマイカの支配者となったイギリス人によって、再び奴隷にされることを避けようとしていたのみならず、新しく到着した奴隷を解放することによって、自分たちの人口を増やそうとしていたのである。（マルーンは、一夫多妻制であり、そのため、女性奴隷の解放について、特に熱心であった。）奴隷商人たちは、様々な部族から無数の人々を船に詰め込んで大西洋を越えさせたのであった。そのため、奴隷たちをマルーンのコミュニティーに統合するには、共通言語として、英語を保持する必要があったのだ。

　クジョーに率いられると共に神秘的な女性指導者であったグラニー・ナニーに導かれて、マルーンたちは、プランテーション経済に対してゲリラ戦を戦った。入植者たちは、遠くからアベングの音を聴くと恐怖を覚えるようになった。アベングとは、牛の角笛であり、それはマルーンの襲撃者たちがやって来ることを告げる音であった。
たとえば、一七二八年、ジョージ・マニングは、自分の地所で働かせるために二六人の奴隷を購入した。その年の暮れまでに残っていたのは四人だけだった。ほとんどはマルーンの襲撃のためである。トマス・ブルック大佐は、マルーンによって、セント・ジョージの自らの地所を手放すことを余儀なくされた。ジャマイカには、「振り返ってはならぬ地区」というような地名が今も残るが、このことは、マルーンが引き起こした、〔白人の〕被害を物語るものとなっている。
苦しい状況に追い込まれたイギリス人は、ホンジュラスからミスキート・インディアンを呼び寄せて、彼らと戦わせたのであった。正規軍も、ジブラルタルから呼び寄せられた。最終的に、一七三二年、イギリスは、マルーンの本拠地ナニー・タウンを獲得することで、マルーンに打撃を与えることに成功した。ところが、マルーンたちは、山間部に逃げ込んで戦いをつづけた。一方、ジブラルタルからの軍隊は、予測できたように、病に倒れ、酒に溺れることとなった。一七三二年までに、あるジャマイカの議員は、こう嘆くこととなった。

わが国の危機は、われわれに対するわれわれの奴隷の反乱によって引き起こされている。彼らの傲慢さは、巨大なものとなっているので、われわれは、明日の朝を迎えられるかどうかも定かではない。首都の通りでは、強盗や殺人は、ありふれたものとなっているため、われわれは、そこを通る時、最大限の注意をせねばならなくなっている。

最終的には、彼らと取引する以外の手段は残っていない状況となった。一七三九年、条約が結ばれた。

この条約は、実質上、一五〇〇エーカーほどの地域において、マルーンたちに自治権を授けるものであった。それと引き換えに、マルーンたちは、奴隷を解放することを止めるだけではなく、逃亡した奴隷を元の持ち主に返すことにしたのである——もちろん、交換に報酬は受け取った。

これは、イギリス帝国のやり方が機能した初期の例の一つであった。イギリス帝国のやり方とは、イギリスが相手を打ち負かすことができない場合、仲間にする、ということである。確かに、取引をしたからといって、奴隷の反乱がなくなったわけではない。それどころか、不満を抱いた奴隷は反乱するしかない、ということを証明するものとなった。ナニー・タウンに退避するという手段が実質的に奪われたからだ。一七六〇年代、奴隷の反乱は頻発していた。最初の頃は、少なくとも、マルーンの反乱に触発されたものであった。だが、この取引以来、イギリスと反乱奴隷の戦いにおいて、多くの場合、マルーンを、イギリスの味方にすることが可能となったのである。何と、マルーンたちが、奴隷の所有者となったのである。マルーンたちを打ち負かすことはできなかったとしても、マルーンたちと取引して、味方に引き入れることはできたのである。

つまり、一七七〇年までに、イギリスの大西洋帝国は、自然の均衡を見出したように見える。イギリス、西アフリカ、カリブ海間の三角貿易は、プランテーションに労働力を供給しつづけた。アメリカ本土の植民地は、プランテーションの食料を供給しつづけた。砂糖とタバコがイギリスへと流れ、その内のかなりの割合は、ヨーロッパ大陸へと再輸出された。そして、これら新世界の産品は、帝国のアジア貿易の潤滑油となっていたのであった。

しかしながら、マルーンたち——彼らは、プランターに脅威を及ぼし、他の奴隷たちを鼓舞した——が〔イギリス人に〕知らしめたこととは、奴隷——彼らの傷ついた背中に、帝国全体が乗っかっているようなものであった——が、自らを解放する能力を持っているということであった。その後、一七九〇年代、フランス植民地のサン・ドマングで奴隷の反乱が成功したことに触発されて、当時ジャマイカの知事であったバルカース卿〔アレグザンダー・リンジー〕が、マルーンに弾圧を加え、最終的に、六〇〇人のマルーンが、トレローニーから追放された。*

＊　最初に〔現在はカナダの〕ノバスコシアへと強制送還され、後にシエラレオネに強制送還された。

とはいうものの、これが起こった頃には、マルーンは、帝国にとっての悩みの種では、ほとんどなくなっていた。サン・ドマングの奴隷たちは、不満を抱いていたムラートたちと手を組み、一八〇四年、独立した共和国としてハイチを打ち立てた。だが、新世界の植民地で独立を最初に宣言したのはハイチではない。それよりも三〇年近くも前に、まったく違う種類の共和国が、アメリカ本土で宣言されていたのである。そこでは、帝国の支配に挑戦したのは、必死になった奴隷たちではなかった。豊かな白人の植民地住民たちであったのだ。

内戦

一七七五年四月一九日。この日、イギリスの自由の理念は、躓《つまず》いた。この日、イギリス帝国がバラバラになり始めた。マサチューセッツ、レキシントン村の共有緑地で、イギリスのレッドコート〔陸軍正規兵〕が、武装したアメリカの入植者〔の民兵〕たちと最初に武力を交えたのは、この日だった。

兵士たちは、コンコードへと派遣されていた。兵士たちが派遣されたのは、その忠誠が疑われるようになっていた植民地の民兵たちが武器を隠していた場所から武器を押収するためだった。だが、民兵たちに対しては、ポール・リヴィーア（Paul Revere）から、あらかじめ警告が発せられていた。先頭に居たリヴィーアが叫んだが、その言葉は「イギリス人が来るぞ！」ではなく、「正規軍が来るぞ！」であった。この時点では、彼らもイギリス人だったのだ。レキシントンでは、七七人のミニットメン〔民兵〕が、イギリス軍の前進を食い止めようと、姿を現わし、共有緑地に整列していた。彼らがミニットメンと呼ばれたのは、「一分で駆けつけることができる」といわれていたからである。最初の銃弾を発したのが誰だったのかははっきりしていない。だが、それがどういう結果を生んだのかは明白である。よく訓練された正規軍によって、ミニットメンたちは、掃射されたのであった。

レキシントンの市民たちは、現在も、毎年、その戦闘を忠実に再現することで、ミニットメンたちを称《たた》えている。これは、アメリカのナショナル・アイデンティティーを示すための、早朝の、気分の良い催しとなっており、清々しい春の朝、野外で、〔スコーンと紅茶ではなく〕マフィンとコーヒーをいただく、絶好の機会となっている。だが、イギリスからの訪問者にとって、このレキシントンの「パトリオット・デイ〔愛国者の日〕」は、戸惑いを覚えるものなのだ。「ハーレフの男たち」の音を奏でる横笛と太鼓の音に合わせて、レッドコートの男たちが戦場を行進するのを見ても、イギリス人は感動などしないのだ。そして、どうしてこの一方的な勝利によって、ニューイングランドの反乱は終結しなかったのだろうか？ と思わずにはいられないのだ。

答えを述べれば、まず、正規軍がコンコードに向けて進軍したので、それにより、植民地住民の抵抗は、より強固なものとなった。そして第二に、正規軍を指揮していたのは、太っていて決断力に乏しいフランシス・スミス（Francis Smith）大佐だったのだが、彼は自分の足が撃たれたため、自らの軍を掌握できなくなってしまった。彼の軍は、ボストンへと退却する間、狙撃手によって、数を減少させられたのであった。アメリカ独立戦争は、このようにして始まったのである。

この戦争は、アメリカがアメリカたる所以《ゆえん》の核となっている。つまり、邪悪な帝国に対して自由を求めた戦いであったとする見方が、アメリカでは、建国神話となっているのだ。ところが、アメリカ革命には、大きな矛盾があるのだ。われわれは、現在のレキシントンの豊かな人々が、彼らの祖先の自己犠牲を再現しようと試みているのを見て、この矛盾にハッと気がつくのだ。イギリスの支配に対して反旗を翻した人々は、イギリス植民地のイギリス臣民すべてのなかで、もっとも恵まれた人々だったのである。

ニューイングランドの人々は、一七七〇年代までに、世界でもっとも裕福な人々になっていた。そう述べるのに、十分な根拠が存在するのだ。少なく見積もったとしても、人口一人当たりの収入は、イギリス本国と同等であり、さらに、富は、イギリス本国よりも均等に分配されていたのである。ニューイングランド人は、本国のオールドイングランド人に比べて、より広い農場を持ち、より多くの家族を持ち、より良い教育を受けていたのである。そして、ここが肝心な点なのだが、彼らの税負担は、本国よりも軽かったのだ。一七六三年の時点で、ブリテン諸島の人々は、平均で、毎年二六シリングの税金を納めていた。これに対して、当時、マサチューセッツの納税者たちは、たった一シリングしか払っていなかった。この人たちにとって、イギリス臣民であることは幸せなことなのであった、と述べるだけでは、とてもいいたりないほどなのだ。それにもかかわらず、帝国の軛《くびき》を最初に振り落としたのは、ヴァジニアの年季奉公人たちではなく、ジャマイカの奴隷たちでもなく、彼らだったのである。

イギリス人の目で見れば、レキシントンの緑地は、血なまぐさい戦争の場ではなく、クリケットの試合を行なうのにもってこいの場所のように見える。アメリカ人も、数あるスポーツのなかでももっともイングランド的なこのスポーツを、かつては行なっていたのだ。このことは、植民地史のトリビアとして片づけられるものではない。たとえば、一七五一年、『ニューヨーク・ガゼット・アンド・ウィークリー・ポスト・ボーイ（The New York Gazette and Weekly Post Boy）』紙は、次のような記事を載せている。

先の月曜日の午後（五月一日）、われわれの共有地の広場で、かなりの額の賭け金が賭けられて、クリケットの試合が行なわれ、一一人のロンドン人と一一人のニューヨーク人が対戦した。この試合は、ロンドンの方式に沿って行なわれた。……

この試合は、ニューヨークが八七ランで勝利した。この試合結果を見ても、なぜ、アメリカ人はクリケットを止めたのか、という疑問に答えることは、簡単ではないのだ。レキシントンの「戦い」のわずか二〇年前、七年戦争において、アメリカの開拓民たちは、フランスとインディアンの同盟に対して、数万もの人々がイギリスに協力して戦うことで、イギリス帝国への忠誠を示していたのである。実際、この戦争で最初の一撃を放ったのは、ジョージ・ワシントンという名の若い植民地住人であった。一七六〇年、ベンジャミン・フランクリンは、匿名のパンフレットを書き、そのなかで、アメリカの人口が急速に増加してゆくことについて、次のように予測していたのである。

今後一世紀あまりの時間で、海のそちら側〔アメリカ〕のイギリス臣民の数は、こちら側〔イギリス本国〕の現在の数を上回ることとなろう。* しかしながら、わたしは、彼らが役に立たないとか、あるいは、彼らが脅威となる、などとは少しも思わない。……わたしが見るに、これらの脅威は、単に想像上のものであり、まったく根拠がないものである。

＊ これは、非現実的な予測ではない。一七〇〇年当時、イギリス領北アメリカの人口は、およそ二六万五〇〇〇人であった。この人口は、一七五〇年には、一二〇万人になり、一七七〇年には、二三〇万人となった——この数字は、スコットランドの人口を上回るものであった。

いったい全体、どこで間違えたのだろうか？

子供たちや、観光客は、今日においても、アメリカ革命について、もっぱら経済的な負担という観点から、次のような説明を受けるのだ。ロンドンにおいて、〔イギリス〕政府は、七年戦争で北アメリカからフランスを追い出すために要した費用を回収し、アパラチア山脈の向こう側にいる不満を持ったインディアンたち――彼らはフランス側についたのである――への警戒として、一万人の常備軍を維持する費用を捻出することを求めていた。その結果、新たな税金が導入されることになった。ところが、よく調べてみると、この説明は間違っていることが分かる。税金は、課されたのではなく、廃止された、というのが真実なのである。

一七六五年、イギリス議会は、印紙税法を可決した。この法律は、新聞から、トランプのカードに至るまで、ありとあらゆる紙には、印紙を貼りつけさせ、それによって課税しようというものであった。そこから見込まれる税収は、一一万ポンドであり、決して莫大なものではなく、しかも、そのうちの半分近くは、西インド諸島からの税収として見込まれていたのであった。ところが、この印紙税は、不人気であり、そのため、これを導入したジョージ・グレンヴィル首相は、辞任を余儀なくされ、翌年の三月には、印紙税法は撤廃された。これ以降、帝国は、外部との貿易のみに課税し、帝国内の取引には課税しない、ということとなった。

二年後、新しい大蔵大臣のチャールズ・タウンゼンドが、再び挑戦を試みた。今度は、幅広い関税であった。この法律を受け入れやすくするために、植民地でもっとも多く消費されていた品目の一つであった茶への関税については、実際には、一ポンド当たり一シリング〔＝一二ペンス〕から、三ペンスへと減税されることになっていた。これが悪かったのだ。サミュエル・アダムズは、マサチューセッツ議会に提出するための草案を書き、これらの税金に対しての抗議を呼び掛けていた。一七七〇年一月、イギリスの新しい政府――容姿が醜いことで有名なノース卿〔フレデリック・ノース〕*の下にあった――は、茶に対するものを除いて、新しい関税をすべて撤廃した。それでも、ボストンでの抗議は、つづいたのであった。

＊「彼の容姿よりも、粗雑で、不細工で、見苦しいものなど、そうあるものではない。（ド近眼だから）意味もなくギョロギョロ動く、突き出した大きな目玉、大きな口、分厚い唇、そして膨らんだ顔は、まるで、目が見えないトランペット奏者のようである」。（ホレス・ウォルポール）

一七七三年一二月一六日の「ボストン茶会事件」については、誰もが一度は聞いたことがあるだろう。東インド会社の茶の輸送船ダートマス号などから、三四二個の箱に入れられた一万ポンド分の茶葉が、ボストン港の濁った海のなかへと投げ捨てられた事件である。多くの人は、これを、茶に対する関税の引き上げに抗議するためのものであったと思い込んでいる。ところが、違うのだ。実際のところ、問題の茶の値段は、かなり低いものになっていた。それまでは、イギリスに入る際に、茶に対して、相応の関税が掛けられていた。ところが、イギリス政府が、東インド会社に対して、割引を与えたところだったので、茶の値段は、それまでよりも安くなっていたのだ。*茶は、イギリスから、実質上、無税で積み出され、ボストンに入港する際に、かなり低い額のアメリカの関税を払うことになった。これにより、ニューイングランドにおいて、茶の値段は、それまで以上に安くなっていた。

＊これは、イギリス帝国のアジア部分と、アメリカ部分という、それぞれ独自の性格を持ったもの同士が、激しく衝突した瞬間であった。東インド会社は、アメリカの植民地住民による茶のボイコットに、大きな打撃を受けていた。このボイコットは、タウンゼンド諸法に対する抗議として行なわれていたものである。茶の余剰と、膨らみつづける借金を片づけるため、東インド会社は、有り余っていた茶の一部を、アメリカ市場で捌こうとしたのであった。

「茶会」は、怒った消費者が引き起こしたのではないのだ。〔正規輸入の安い茶が入ってくることで〕儲けを失うことを恐れた、ボストンのリッチな密輸業者たちが起こしたのである。当時の人々は、抗議の表向きの理由があまりにも馬鹿げたものであることを、ちゃんと知っていたのだ。ある人物は、次のような、疑問を呈していた。「議会が、一ポンドの茶に、一シリング課税していたのを止め、三ペンス課税することに決めた。そうしたら、意味不明の大騒ぎとなって、騒動となった。このことを知ったら後世の人々は驚くであろう。これは、アメリカの歴史において、あの魔女狩りよりも、さらに不名誉なことではないのだろうか？」

ところが、よく見てみると、あれだけの騒ぎを起こしたこれらの関税――これらの税金は、一七七三年までに、すべて撤廃された――は、ささいな問題とはいえなくなるのだ。どちらにせよ、アメリカ植民地の経済は、イギリス帝国の一員であったことによって、大きな――非常に大きな――恩恵を受けていたので、この現実を前にすれば、税額を巡る議論など、取るに足りない程度のことだった。税よりも悪評高い航海条例（The Navigation Acts）は、植民地との貿易の独占権をイギリス船に与えるものであったかもしれないが、航海条例があることによって、農産物、家畜、銑鉄、船といったアメリカからの輸出品は、市場を確保することができたのである。税を巡る議論の本当の中心的課題は、憲法上の原則だったのだ。つまり、アメリカ植民地の住民に、彼らの同意を得ずにイギリスの議会が税金を課す権限があるかどうか、ということだったのである。

一世紀以上にわたって、中央〔本国〕と周縁〔植民地〕の間で、静かな綱引きが行なわれていた。ロンドンの王権――ロンドンで任命された植民地総督が、その代表であった――と、選挙によって選ばれていた植民地住民の議会による、綱引きである。アメリカにおける初期のイギリス植民地の明白なる特徴とは

ニューファンドランド
サンピエール島・
ミクロン島
（フランス領）
ルイブール
シャーロットタウン
ケベック
ノバスコシア
ハリファックス
ケベック
モントリオール
ペノブスコット
ニューハンプシャー
ポーツマス
ボストン
マサチューセッツ
フォート・ナイアガラ
オールバニ
ニューヨーク州
プロビデンス
プリマス
ロードアイランド
ニューヘイブン
ペンシルヴェニア
ニューヨーク
コネチカット
フォート・ピット
フィラデルフィア
ニュージャージー
デラウエア
アナポリス
メリーランド
ジェームズタウン
ヴァジニア
ノースカロライナ
サウス
カロライナ
バミューダ
オーガスタ
チャールストン
ジョージア
セントオーガスティン
東フロリダ
バハマ諸島
0
200
400
600
800
1000 km

イギリス領北アメリカ、1774年

――特にニューイングランドにおいて、これは明白であった――植民地住民が、代議制を生み出したことである（これは、北アメリカと南アメリカとを分かつ、もう一つの重要な違いでもあった）。対照的に、ヨーロッパ式の世襲貴族制を植え付けようとした試みは、完全なる失敗に終わっていた。初期の頃のアメリカにおけるイギリス植民地は、どこからどう見ても、あらゆる点において自治的であった。ところが、一六七五年以降、イギリス本国は、植民地への影響力を強めようとしたのだった。それ以前は、ヴァジニア植民地だけが、「王領植民地」として指定を受けていた。しかしながら、一六七九年、ニューハンプシャーが、王領であると宣言され、五年後には、マサチューセッツが、「ニューイングランド自治領」となった。ニューヨークは、その持ち主が一六八五年に国王となったことにより、王権が直接及ぶこととなった。その後の急激な王位継承のなかで〔名誉革命のこと〕、ロードアイランドとコネチカットも、王権による接収を受け入れていた。

確かに、この中央集権化の動きは、一六八八年、スチュアート朝が権力から追放された時、止まった。この「名誉革命」は、植民地の住民たちを勇気づけるものであった。住民たちは、それぞれ自分たちの議会を、ウェストミンスターの議会と同等のものであると見なすようになったのである。多くの植民地議会が、マグナカルタ〔大憲章〕に倣った法案を可決し、議会が植民地住民を代表するものであることを確認した。一七三九年までに、植民地は、「それぞれの域内のなかで絶対的」に機能する法体系を持ち、これらの法体系は、王室に対して、法的もしくは行動上の責任を負うものでは、ほとんどなくなっていた。そのため、ある王室官僚の目には、植民地は、実質上の「独立した共同体」と映るようになっていた。

しかしながら、こうした動きは、結果的に、七年戦争の最中とその前後、ロンドンからの中央集権化の新しい波が起こるきっかけとなったのであった。一七六〇年代の課税を巡る議論は、このような憲法上の文脈のなかで理解すべきなのである。茶会事件の後の、ボストン港を閉鎖し、ボストンを軍政下に置くというノース卿の政府による高圧的なやり方は、いうことを聞かないマサチューセッツ議会の議員たちにいうことを聞かせるため、植民地の議員たちに対して加えた一連の侮辱の最後のものであったのだ。

一七六六年、印紙税法を撤廃する際、イギリス議会は、次のような宣言を断固として行なった。議会は「植民地とアメリカの人々を束縛するため、十分な権威と法的正当性を持つ法令と規則を定めるための完全なる力と権限を、これまでも持ち、現在も持ち、当然の権利として持つ必要があるのである」。これに対して、植民地の住民たちは、異議を唱えたのである。

おそらくは、植民地根性のような要素も働いていたのだろう。フランクリンは、かつて、このように嘆いていた。「イギリスに対し、イギリスの法律に対し、イギリスの習慣に対し、イギリス流の流儀に対し、尊敬はもちろんのこと、好意まで存在しており、さらには、イギリス流のファッションに対しては、憧れが存在していた。これらの情が、通商を大いに促進させたのである。イギリス生まれの人々は、常に、敬意を以て扱われ、オールドイングランド人は、そのこと自体が、尊敬を得られることであり、われわれのなかでは、特別の地位を占めていた」。

これに対して、植民地住民は、臣民ではなく、「臣民の臣民」つまりは、「スコットランドやアイルランドの下層民、外国の放浪者、犯罪者の子孫、恩知らずの謀反《むほん》者、その他が混じり合った共和国人」であるとされ、あたかも「イングランド人と呼ぶにはふさわしくない、酔っ払い、ゴロツキ、犯罪者、落伍者の類」として扱われていたのであった。ジョン・アダムズは、「われわれは、彼らの黒人とはなりたくない」と、同じような感情を、自分たちの劣等感をより強調する形で、表現していた。彼は、「ハンフリー・プラウジョガー（Humphry Ploughjogger）」というペンネームで『ボストン・ガゼット（Boston Gazette）』紙に、「どういうことかというと、われわれは、オールドイングランドの奴らと、外見だって同じくらいハンサムなので、自由であるべきだ、ということだ」と述べていたのだ。

このように、ますます刺々《とげとげ》しい雰囲気となるなかで、一七七四年の秋、第一次大陸会議が、フィラデルフィアのカーペンターズホールで開かれた。この会議は、各植民地議会でもっとも反抗的な人々を、一堂に集めるものであった。この会議において、イギリス政府によるすべての徴税を拒否し、場合によっては力に訴えることも辞さないとする決議が、初めて、可決されたのであった。とはいえ、サミュエル・アダムズの有名なスローガン「代表なくして課税なし」は、イギリス人であることの拒絶というよりは、イギリス人であることを強く主張するものだったのである。

植民地住民らの主張によれば、彼らが求めていたものとは、大西洋の向こう側のイギリス臣民が享受しているのと同じだけの自由を得ることなのであった。この時点では、彼らは、自分たちを、大西洋を隔てたイギリス人であると見なし、自分たちを、真の地域の代表と見なすよう求めていたのである。遠く離れた議会の庶民院で「形式上の」代表を得ることを提案されていたが、それではダメ、ということなのであった。いいかえるならば、彼らは、自分たちの会議を、ウェストミンスターの議会と対等のものと認められることを求めており、帝国を準連邦的なものに改め、そのなかに自分たちの会議を位置づけてほしい、ということなのであった。マンスフィールド卿が一七七五年に述べていたように、植民地住民は、「イギリスとの関係のなかにあり……それは、合同する以前の、スコットランドのイングランドに対する姿勢と同様なものである」。

幾人かの先見の明のあるイギリスの思想家たち――このなかには、偉大な経済学者のアダム・スミスやグロスター大聖堂の首席司祭のジョサイア・タッカー（Josiah Tucker）らが含まれる――は、このような帝国権限の委譲を、解決策として考えていた。アダム・スミスが考えていたのは、帝国的な連邦であり、ウェストミンスターは、その分離された帝国の単なる頂点に過ぎなくなるのであった。一方でタッカーは、〔イギリス〕王室を君主とすることのみによって結びつけられた帝国、つまり、コモンウェルス〔イギリス連邦」の原型のようなものを提案していた。ジョセフ・ギャロウェイ（Joseph Galloway）のような穏健派の植民地住民も、妥協策（いわゆるギャロウェイの妥結案）を模索していた。彼は、各植民地会議がその委員を選ぶものの、王室が議長を任命する、アメリカ立法委員会の創設を提案していた。ロンドンの政府は、これらの解決策をすべて退けた。この問題は、単に「イギリス議会の優越」の問題とされたのである。

ノース卿の政府は、今となっては、自らの立場を同じくらい強く主張し、それぞれが自らに正当性があると確信していた二つの議会によって、板挟みにされたのであった。彼がなし得た最大の提案とは、植民地の会議が、帝国防衛に必要なだけの額を徴収して提供し、また行政を行なうための費用を自ら賄うならば、イギリス議会は、植民地への徴税権を（保持しつづけるものの）行使しない、というものであった。これだけでは、不十分であった。さらに、大ピットは、ボストンから軍隊を撤退させることを求めたが、これは、貴族院によって退けられた。この頃までに、ベンジャミン・フランクリンは、政府が「アメリカの三〇〇万の有徳の人々に対して、その主権を主張することは、最大限に不合理なことである。彼らは、豚の群れを統治できるだけの見識すら持ち合わせていないようだ」と表明したのであった。これは、喧嘩を売る文句であった。

レキシントンで謀反の最初の一撃が放たれてから、全面的な革命に移行するまで、一年ちょっとかかった。一七七六年七月四日、第二次大陸会議の一三の独立派の植民地の代表は、通常はペンシルヴェニアの議会が開催されていた質素な広間において、独立宣言を採択した。独立宣言の中心的な起案者は、三三歳のトマス・ジェファーソンであったが、彼は、そのわずか二年前、ジョージ三世に宛てて、「イギリス領アメリカの臣下」と名乗っていたのだ。

今となっては、大西洋を隔てたイギリス人、もしくは「大陸の」イギリス人だった人々は、アメリカの「愛国者」となったのである。実際のところ、独立宣言のかなりの部分は、繰りかえしが多く、かなり長たらしい言葉の羅列である。そこには、国王が植民地住民に課したと起案者たちが推察する悪事が並べられていた。起案者たちは、国王が、「これらの州に専制」を施行しようとしていると非難していたのである。独立宣言は、外部の者によって書き換えられた跡が、かなりはっきりと認められる文書である。現代の人々が記憶しているのは、ジェファーソンによる前文である。そこにはこうある。「以下の事実は、われわれにとって自明のことである。人間は生まれながらにして平等であり、すべての人は、創造主である神より、侵すことのできない権利が与えられている。これらの権利には、生命、自由、そして幸福の追求が含まれている」。

現代人にとって、このジェファーソンの言葉は、母親やアップルパイなみに革命的なものだ〔つまり、まったく革命的ではない、ということ〕。だが、当時の人々にとって、この言葉は、王権に対してだけではなく、階層的な伝統的価値やキリスト教社会に対しても、一触即発の挑戦的なものであった。一七七六年までは、植民地の将来についての議論は、その大部分が、前世紀からつづく、お馴染みの、憲法的議論の枠組みのなかで行なわれていた。ところが、トマス・ペインが一七七六年〔一月一〇日〕に『コモン・センス』を出版したことにより、まったく新しい考え方が、政治的な議論に入ってきて、あっという間に、時の話題となったのだ。共和主義を強く匂わせた、反君主主義である。

もちろん、共和制そのものは、まったく新規なものではない。ヴェネツィア、ハンザ同盟、スイス、オランダなどは、皆、共和制であった。実のところ、イギリス人も、短い期間ではあったが、一六五〇年代に、共和制というものを、実験的に経験している。だが、ジェファーソンの前文によって、アメリカの共和制は、自然権〔人間が生まれながらに持つ権利〕という、啓蒙主義の言葉によって形作られるものとなった――なかでも、すべての個人、一人一人が「何が自らの自由を促進させ、何が自らの自由を侵犯するのかを判断する」権利である。

ひょっとしたら、独立宣言についてもっとも驚くべきことは、一三の植民地の代表が一堂に会し、それに署名したことかもしれない。わずか二〇年ちょっと前には、彼らの隔たりはかなり大きく、チャールズ・タウンゼンドが次のように述べるほどであった。「かくも多くの地域の、かくも多くのそれぞれの代表が、それぞれが異なる利害関係を持ち、互いに妬《ねた》みや根深い偏見を持っている。いつの日か、彼らが、互いの安全と、互恵的な予算のための案を持ち、一致を見出すなどということは、想像することすらできない」。

ベンジャミン・フランクリンも、植民地について、次のように認めていた。

それぞれに異なる政府を持ち、それぞれに異なる法律を持ち、それぞれの利害を持っている。植民地のいくつかは、それぞれ異なる宗派を持ち、それぞれ異なる習慣を持っている。植民地同士は、互いに互いを妬んでおり、その隔たりは相当に大きい。共通の敵に対して共通の安全を得、共通の防衛策を持つために、植民地相互の調和が必要とされている。また、それぞれの植民地は、その必要性を痛切に感じている。そうであるにもかかわらず、互いに協調するための方策を生み出すことが、できないのである。

独立宣言は、この隔たりに終止符を打つことを目的としたものであった。さらに、独立宣言によって、「合衆国（United States）」という名称が生み出されたのだ。だが、結果として、深い分裂が生まれることになった。ジェファーソンの革命的な言葉が、多くの、より保守的な植民地住民を遠ざけたのである。驚くほどに多くの人々が、国王と帝国のために戦う準備をすることとなったのだ。ジェームズ・サッチャー博士（Dr James Thatcher）が愛国者に加わることを決意した時、彼の友人たちは、次のようであった。

まったく励ましの言葉をくれず、その代わり、この戦いは内戦なので、もしわたしがイギリスに捕まったら絞首刑がわたしを待っているだろう、と断言したのだった。……トーリー〔イギリス忠誠派〕の人たちは、次のようにわたしを非難した。「お若いの。おまえさんは、国王陛下をお守りするというおまえさんの義務を冒し、破滅に向かって突っ走ろうとしているのだぞ。気は確かなのか？　確信していうが、この反乱は、そんなに長くはつづかんぞ」。

ハリウッドで描かれる独立戦争は、英雄的な愛国者たちと、邪悪でナチスみたいなレッドコート〔イギリス兵〕が戦うという単純な構図である。だが、実際の戦いは、これとはかなり異なるものであった。この戦いは、まさに内戦であり、社会を分断し、さらには家族まで分断した戦いなのであった。しかも、この戦争で、もっともひどい暴力は、イギリス正規軍が関わったものではない。もっともひどい暴力は、反乱を起こした植民地住民が、国王への忠誠をつづけていた同郷の人々に加えたものであったのだ。

フィラデルフィアのクライストチャーチについて見てみよう。この教会は、よく、革命の温床であったといわれている。独立宣言に署名した人の何人かが、この教会に通っていたからである。実際には、この教会に通っていた人のなかで、独立を支持する者は少数派であった。独立を支持していたのは、三分の一だけだったのだ。残りの人々は、独立に反対であるか、中立的であった。クライストチャーチは、他の多くのアメリカ植民地の教会と同様に、政治によって分断されていたのである。

教会に通っていた人々のなかで分裂があっただけではないのだ。家族全体が、独立戦争によって、バラバラにされたのである。フランクリンの家族は、クライストチャーチに定期的に通っており、専用の席を持つほどであった。ベンジャミン・フランクリンは、帰国して大陸会議に参加し、独立を目指して戦う以前、一〇年近くをロンドンで過ごし、植民地住民の立場を得意になって訴えていた。だが、彼の息子でニユージャージーの総督であったウィリアムは、独立戦争の間、王室に忠実でありつづけたのだ。二人は、二度と口を利くことはなかった。

聖職者たちは、殊更に強いプレッシャーに晒されていた。牧師たちは、イギリス国教会の長として、国王に忠実であったからである。クライストチャーチの教区牧師であったジェイコブ・ドゥーシェ（Jacob Duché）は、イギリス国教会への忠誠と、革命を支持している教区の会衆への同情心の葛藤に苦しんでいた。彼の祈禱書は、ドゥーシェが、ある程度、独立を支持していたことの証明となっている。祈禱書には、元々、「わたしたちは謹んで主にお願い申し上げます。主の下僕であり、わたしたちの国王であり統治者であるジョージの心をお導きいただき、お治め下さいますよう……」と書かれていた（ジョージ三世のこと）。だが、ドゥーシェは、これにペンを入れ、この言葉を消し、代わりにこう記したのであった。「わたしたちは謹んで主にお願い申し上げます。これら合衆国の指導者たちをお導き下さいますよう……」。これは、疑問の余地なく、革命的な行為であった。

ところが、ドゥーシェは、独立が正式に宣言されると、独立宣言の署名者の一人が義理の兄弟であったにもかかわらず、怖じ気づき、イギリス国教会の仲間の下に戻り、イギリス忠誠派となったのである。ドゥーシェのジレンマは、アメリカ革命が、個人さえも引き裂くものであったということの例証となっている。反乱を、宗教的理由によって受け入れることができなかったのはイギリス国教会の信徒だけにとどまらなかった。コネチカットのサンデマン主義者は、イギリス忠誠派でありつづけた。彼らは、〔『新約聖書』の「ペテロの第一の手紙」第二章一三節の〕「あなたがたは、すべて人の立てた制度に、主のゆえに従いなさい。〔主権者としての王であろうと〕」〔日本聖書協会（一九五四年改訳）〕という言葉に従い、キリスト教徒は「〔国王の〕忠実な臣下」であるべきと無条件に信じていたのだ。

独立戦争の間、全体として見れば、イギリス領北アメリカの白人人口のおよそ五人に一人が、国王に忠実でありつづけたのだ。実際、イギリス忠誠派として戦った者たちは、しばしば、躊躇しがちであったイギリス人の将軍たちよりも、はるかに積極的に戦ったのだった。イギリス忠誠派の軍歌まであったのだ。たとえば「コングレス」である〔ここでは「議会」ではなく、イギリス忠誠派の「団体」あるいは「集団」という意味〕。

筋金入りのゴロツキどもや、おまぬけなおバカさんたち、
猿みたいな奴らや、あくせく働くラバみたいな奴ら、
奴隷のようにただ黙って働く機械のような奴ら、
こうした奴らが集まれば俺たちコングレスだ、

ジュピターは呪いの言葉を送ってやろうと決めている、
そして、生きる上での災いが、ぜんぶ繰りかえされるのだ、
伝染病なんかじゃない、飢饉でもない、ずっと悪いものだ、
あいつが、俺たちを、コングレスと罵《ののし》るのだ、

そしたら、この絶望の岸で、平和が断たれるのだ、
恐ろしいうなり声を発てて、大砲が火を噴くのだ、
俺たちは、血の音《ね》、死の音《ね》、傷の音《ね》、戦いの音《ね》を聴く、
コングレスの子孫たちの音《ね》だ、

こうしたなかで、両派とも、相手を、それぞれに「ホイッグ〔独立派〕」「トーリー〔イギリス忠誠派あるいは王党派〕」と罵っていたのであった。この戦いは、真に、第二のイングランド内戦〔第一は、「イングランド内戦（一六四二―一六五一年）」〕、もしくは、第一のアメリカ内戦であった〔第二の内戦は「南北戦争（一八六一―一八六五年）」〕。#

訳注。日本ではこの戦争を「南北戦争」と呼ぶが、イギリス英語では「アメリカ内戦」を意味する「American Civil War」と呼び、アメリカ英語では「内戦」を意味する「The Civil War」と呼ぶことが多い。英語ではこの戦争には多くの呼称があり、この戦争をどう呼ぶのかは、それ自体が論争となっている。

カロライナで戦ったイギリス忠誠派の一人、禿げ頭の田舎者デイヴィッド・ファニング（David Fanning）が、自らの戦争体験について、面白く記述している。ファニングが語る話の一つによれば、彼が「国王の側につくことを選んだ」のは、一七七五年に、彼の乗った満員列車が反乱軍に襲われた経験をした後であった。もっとも、実際のところは、おそらく、ファニングの住む地域が全体としてイギリス忠誠派にとどまることを選択したのであろう。六年間にわたって、彼は、ノースカロライナにおいて散発的なゲリラ戦を戦い、その間、背中に二発の銃弾を受け、自らが、懸賞金の対象となった。

一七八一年九月一二日、ファニングは、帝国に勢いを与えた。この日、イギリス正規軍支隊の支援を受けた彼と、彼のイギリス忠誠派の仲間たちは、夜明けの霧のなかから姿を現して、ヒルズバラの町を占領したのであった。彼らは、ヒルズバラの町と共に、ノースカロライナ議会をまるごと、反乱軍側の州知事、多くの独立派の軍の将校を捕らえたのである。この成功の後、ノースカロライナでは、イギリス忠誠派は、一二〇〇人にまで膨れ上がった。同じようなイギリス忠誠派の勢力は、遠く離れた、ニューヨーク、東フロリダ、ジョージアのサヴァーナ、サウスカロライナのダウーファスキー・アイランドにも見られた。

ファニングの率いる非正規の市民軍のような勢力と、イギリス正規軍がより協力できるような可能性は、確かに存在したのであった。ところが、二つの理由によって、イギリスの勝利は妨げられたのだ。第一に、この大西洋の向こう側の内戦は、瞬く間に、イギリス対フランスの、長期にわたるグローバルな争いに組み込まれることになった。ルイ一六世が、七年戦争の借りを返す機会を窺っており、喜んで、これに飛びついたからだ。そして、このたびは、イギリスは、フランスを押さえつけるための同盟国をヨーロッパ大陸に持たなかった――フランスの同盟国スペインについては、述べるまでもない。このような状況の下では、アメリカに精力を注ぎこむことは、相当大きな危険を伴うことであった。

そしてまた、同じくらい重要なことに、イギリス本国でも、多くの人々が、植民地住民に同情を寄せていたのであった。サミュエル・ジョンソンは、彼にしては珍しいことに、植民地住民に対して、気難しい敵意を向けていた（「わたしは、すべての人々を愛したいと思っている。ただし、アメリカ人だけは別だ。……彼らは、犯罪者たちの集団なのだ。彼らは、絞首刑にされないだけでも、われわれに感謝せねばならないのだ」）。実際、彼は、この問題で、かなり過激な発言を多く行なっていた。その大部分は、彼の伝記作家であり彼の友人であったジェイムズ・ボズウェルによって記録されている。このことは、彼が少数派であったことの裏付けとなっているのだ。

ボズウェル自身は、「アメリカの人々は、彼らの母国〔イギリス〕の人々が、自分たちの同意を得ないで課税をすることによって自分たちの運命を左右することをきっぱりと拒絶する権利を持っている、という、明確で定まった意見」を持っていた。ホイッグ党〔後の自由党〕の主だった政治家の多くは、同じような意見を持っていた。議会では、目立ちたがりのホイッグ党のリーダー、チャールズ・ジェームズ・フォックス（Charles James Fox）が、〔ジョージ・〕ワシントン率いるアメリカ独立軍の黄褐色とブルーの服を着て登場することで、アメリカの人々への共感を誇示した。エドマンド・バークは、次のように宣言することで、多くの人々を代弁していた。「軍事力を用いたならば……しばらくの間おとなしくさせることはできますでしょう。しかしながら、軍事力によって、軍事力行使の必要性そのものを除去することはできないのです。国家は、永続的な被征服状態で統治することはできないのです」。

つまり、ロンドンには、それを拒絶する白人植民地に対して、イギリスの支配を押しつけるだけの覚悟がなかったのである。ネイティヴ・アメリカンたちや反抗的な奴隷たちと戦うことと、実質上は自分たちと同等な人々と戦うことは、まったく別のことであったのだ。イギリス領ケベックの総督であったサー・ガイ・カールトン（Sir Guy Carlton）は、独立派の捕虜に対して寛大な扱いを行なうことを弁明する際、次のように述べていた。「われわれは、彼らがわれわれを兄弟として見なすよう、これまで空しく訴えてきた。なので、少なくともわれわれのことを親類と見なしてくれるような態度で、彼らを送り出してやろうではないか」。イギリス軍の総司令官であったウィリアム・ハウ（William Howe）は、内戦を戦うことに対して、同じような躊躇を感じていた。彼は、ロングアイランドで、ワシントンの軍を殲滅《せんめつ》させることができたにもかかわらず、躊躇してそれを行なわなかったのは、これがその理由であろう。

もう一つ気に留めておくべきこととは、経済的に見れば、〔アメリカ〕大陸の植民地は、カリブ海の植民地に比べて、はるかに重要度が低かったということである。実際のところ、アメリカの植民地は、イギリスとの貿易にかなり大きく依存していたので、政治的な動きにもかかわらず、しばらくそのまま植民地でありつづけたかもしれないという想定は、まったく的外れなものとはいえないのだ。われわれは、歴史の後智恵によって、アメリカを失うことで、世界経済における大きな割合を失うことになったのを知っているのである。だが、当時としては、一三の植民地にイギリスの権威を押しつけるためにかかる短期的なコストは、短期的な利益を大きく上回る、と見られていたのだ。

実際、イギリスは、ある程度の軍事的成功を収めたのである。かなりの犠牲を払ったとはいえ、イギリスは、その戦争の最初の大きな戦闘となったバンカーヒルの戦いにおいて勝利したのだ。一七七六年には、ニューヨークを占領し、翌年の九月には、反乱勢力の首都であったフィラデルフィアを占領している。独立宣言への署名が行なわれたまさにその部屋が、独立派の負傷者や死者のための病院とされたのであった。だが、結果的に、ロンドンは、局地的な勝利を全面的な勝利に変えるのに必要な、十分な数の兵員を送ることもなければ、十分な数の指揮官たちを送ることもなかったのである。

一七七八年には、反乱軍は、フィラデルフィアからロードアイランドに至るほとんどの場所で、勢力を盛り返したのであった。そして、イギリスが、イギリス忠誠派からのより強い支援が期待できたであろう南部へと作戦の方向を転換させた際、サヴァーナとチャールストンでの局地的な成功によって、イギリスの全面的な敗北を防ぎ得たかもしれないのである。だが、〔イギリス軍の将軍、チャールズ・〕コーンウォリス（Cornwallis）は、反乱軍の将軍のホレイショ・ゲイツ（Horatio Gates）とナサニエル・グリーン（Nathanael Greene）によって北方へと引きつけられ、その結果、自らの本陣をヴァジニアへと移すことを余儀なくされた。

決定的な場面は、一七八一年に訪れた。ワシントンが、ニューヨークを攻撃するのではなく（彼は、元々、ニューヨークを攻撃するつもりであった）、コーンウォリスと対峙するため南へと向かったのである。ワシントンは、フランスの司令官ロシャンボー伯爵（comte de Rochameau）のアドバイスに従ってそうしたのだ。同時に、フランスの提督フランソワ・ド・グラス（François de Grasse）が、トマス・グレイブスの指揮下にあったイギリス艦隊を破り、チェサピーク湾を封鎖したのである。コーンウォリスは、ジェームズ川とヨーク川に挟まれたヨークタウンのある〔ヴァジニア〕半島で、袋のネズミとなってしまった。ここでの状況は、レキシントンとは正反対であった。今度は、イギリス軍が、数において圧倒される側となったのだ。そして、その比率は、二対一を超えていた。さらには、武器の数でも圧倒されていた。

今日、ヨークタウンの戦場跡は、ゴルフ場なみに威圧的である〔つまり、まったく威圧的ではない、ということ〕。だが、一七八一年一〇月当時、この場所には、塹壕《ざんごう》が掘られ、その塹壕は、武装した男たちと武器でいっぱいであった。一〇月一一日、ワシントンは、イギリスの陣地に対して、一〇〇門以上の迫撃砲と榴弾砲で砲撃を開始した。コーンウォリスは、援軍が到着するまで持ちこたえようとするならば、九番砦《とりで》、一〇番砦――木材の壁と砂嚢《さのう》〔砂を入れた袋〕で造られた小さな要塞――と呼ばれていた二つの堡塁《ほうるい》を死守しなければならないのであった。

もっとも激しい接近戦が戦われたのは一〇月一四日の晩であった。後に財務長官となるアレクサンダー・ハミルトンに率いられた独立派の勢力が、右手に銃剣を持って砦に襲いかかったのだ。この襲撃は、勇ましいもので、行き届いた訓練の成果であった。レキシントンの大敗北以来訓練を重ねてきた植民地住民たちは、長い道のりを経て、今や戦士となったことが証明されたのである。そうはいうものの、フランス軍が他の砦を同時に攻撃していなかったならば、この襲撃は、成功していなかったであろう。再び、フランスの貢献が、独立派の成功と、イギリスの敗北の重要な鍵となったのだ。さらに、コーンウォリスの背後に回ったフランス海軍が、コーンウォリスの軍の退路を断つことで、コーンウォリスの運命を決したのであった。一〇月一七日の朝、コーンウォリスは、和平交渉申し込みの意思を告げるための太鼓手を送り出した。あるアメリカ人兵が、日記に、次のように記している。「われわれ全員にとって、それは、もっとも喜ばしい音」であった。

ヨークタウンでは、合計で、七一五七人のイギリスの兵士と水兵が降伏し、二四〇門以上の大砲と六つの連隊旗が押収された。ある話によれば、イギリス軍の軍楽隊が、イギリス軍が降伏するために行進するのに合わせて、「世界がひっくり返った（The World Turned Upside Down）」を演奏したのであった。（別の話によれば、捕虜たちは、ヨークタウンに着いた際、酒で憂さ晴らしをしようとしたのであった。）だが、何が世界をひっくり返したのであろうか？

フランスの介入とイギリスの将軍たちの無能さに加えて、その根底には、ロンドンにおける意志の欠如があったのだ。イギリス軍がヨークタウンで降伏した時、デイヴィッド・ファニングのようなイギリス忠誠派は、見捨てられたと感じた。ジョセフ・ギャロウェイは、「計画においては智恵が欠如しており、その遂行においては、活力と努力が欠如していた」と嘆いていた。

その一方で、イギリス忠誠派は、イギリスがアメリカの支配を完全に諦めたことに対して、完全に幻滅したわけでもなかった。それどころか、彼らの多くは、敗北を受けて、イギリスの植民地であったカナダに向かって、北方へと移動したのである。カナダの各植民地は、皆、イギリスに忠誠でありつづけたのだ。ファニング自身も、最終的には、ニューブランズウィックに落ち着いた。合計で、一〇万人ほどのイギリス忠誠派が、新しい国アメリカ合衆国から出国し、カナダ、イギリス、あるいは西インド諸島へと向かったのだった。

イギリスは、七年戦争でカナダを獲得したことにより、アメリカにおける立場を弱めた、という指摘がしばしばなされている。フランスの〔カナダからの〕撤退がなかったならば、一三の植民地はイギリスに忠実でありつづけたのではないだろうか、という指摘である。しかし、アメリカを失ったことが、カナダを帝国に組みこむという、思いがけない結果を生んだのだ。英語を話すイギリス忠誠派がカナダに大量に流れこんだことによって、これにイギリスからの新たな移民も加わり、フランス語を話すケベック人たちは、最終的に、追い詰められた少数派の立場へと貶《おとし》められたのである。驚くべきことに、非常に多くの人々が、自らの足を使って、アメリカの独立に反対票を投じたのであった〔カナダに行った、ということ〕。彼らは、「〔アメリカの国是〕生命・自由・幸福の追求」ではなく、国王と帝国への忠誠を選択したのである。

これまで見てきたように、この有名なフレーズを生み出したのは、トマス・ジェファーソンである。しかし、アメリカ革命には、自分たち自身決まりが悪いと感じるような、瑕疵《かし》が存在したのだ。彼らの、万人が「平等に創られている」という宣言は、彼らが集団で所有していた四〇万人の黒人奴隷にも適用されたのであろうか？　その数は、元植民地の全人口の五分の一ほどであり、ヴァジニア生まれの人口の半分近くを占めるのであった。

ワシントンDCのモールにある真っ白な大理石のジェファーソン記念館には、彼の自伝の言葉が引用されているが、そこにはこうあるのだ。「これらの人々〔奴隷を指す〕は、解放される。このことは、運命の本に書いてあるよりも確かなことである」。だが、自伝では次のような言葉がつづくのだ――そして、どういうわけか記念館の彫刻士は、この言葉を省いているのだ――「二つの人種」は、「その間に、消すことのできないはっきりした線が引かれ」区別されている。だいたい、ジェファーソンは、彼自身がヴァジニアの地主であり、およそ二〇〇人の奴隷を所有していたのだ。その内、彼が解放したのはわずか七人である。

皮肉なことに、アメリカの植民地住民は、自由の名の下に独立を達成したにもかかわらず、南部の諸州では、奴隷制が永続化することになった。サミュエル・ジョンソンは、アメリカを批判したパンフレット『専制なき課税（Taxation No Tyranny）』で、次のような、辛辣な問いかけをしていた。「自由を一番うるさく叫んでいる連中が、黒人たちをこき使っている連中だというのは、どうしたことであろうか？」

これとは対照的に、イギリスは、アメリカ植民地を失ってから二、三〇年も経たない内に、帝国全体において、まず、奴隷貿易を廃止し、次いで、奴隷制そのものを廃止したのである。実際、早くも一七七五年には、ヴァジニア植民地のイギリス人総督であったダンモア卿〔ジョン・マーレイ〕が、イギリス側について奴隷に自由を与えるとした。これは、ご都合主義だけによって発せられたものではないのだ。その三年前には、マンスフィールド卿〔ウィリアム・マレー〕が、サマセット事件として有名な裁判において、イングランドにおいて奴隷は違法であるという判決を下したのであった。

多くのアフリカ系アメリカ人の立場に立って見るならば、アメリカの独立によって、自分たちの解放は、一世代以上も先延ばしされたのである。確かに、奴隷制は、ペンシルヴェニア、ニューヨーク、ニュージャージー、ロードアイランドのような北部の州では徐々に廃止されていったのであるが、奴隷たちの多くが暮らしていた南部の諸州では、そのまま強固に残りつづけたのである。

独立は、ネイティヴ・アメリカンたちにとっても良い知らせではなかった。イギリス政府は、七年戦争の間、たとえその動機が彼らをフランスとの同盟から遠ざけさせるためのものであったとはいえ、インディアンの諸部族を調和しようと、気を配っていたのであった。条約が結ばれ、イギリスの居住地の限界をアパラチア山脈とすることが定められ、それよりも西側は、オハイオ川流域を含めて、インディアンのものとしたのである。確かに、この条約は、平和が訪れた時、完全には守られなかった。そして、一七六三年のポンテアックの蜂起《ほうき》と呼ばれる戦争を引き起こしたのだ。しかしながら、事実としては、遠く離れたロンドンの帝国政府は、土地を執拗に求めていた現地の植民地住民とは違って、ネイティヴ・アメリカンたちの権利を認めようとしていたのである。

アメリカの独立によって、イギリス帝国はその終焉を迎えることになったという可能性もあっただろう。確かにいえることは、世界において、新しくダイナミックな国が誕生したということである――革命的な共和国であり、この国は、遠く離れた君主に従うことなく、その莫大な天然資源を利用できるのであった。だが、イギリス帝国は、この喪失によって、バラバラとはならなかったのだ。そこがスペイン帝国との際立った違いなのだ――スペイン帝国は、南アメリカ植民地の反乱から立ち直ることはなかったのである。

一三の植民地を失ったことによって、帝国は、まったく新しい段階へと一歩進み、さらに拡大してゆくこととなる。大陸の半分を失ったのは、確かである。だが、世界の反対側では、まったく新しい大陸が、手招きしていたのである。

火星

イギリス人をアジアに惹きつけてきたものは貿易だった。イギリス人をアメリカに惹きつけてきたものは土地だった。障害となったのは、距離だ。だが、距離は、適切な風を用いることによって克服できた。だが、別の大陸が存在し、その大陸に彼らが引き寄せられた理由はまったく違うものであった。そこが、不毛の地であり、そこが、途方もなく離れた場所にあり、そこが、天然の牢獄だったからなのである。

オーストラリアには、奇妙な赤い土があり、珍しい植物が生え、不思議な動物たちが居た。ユーカリの木や、カンガルーである。オーストラリアは、一八世紀の人々にとっては、火星のような場所だった。〔ジェームズ・〕クック船長が一七七〇年にニューサウスウェールズを発見した際、その最初の正式な反応は、犯罪者を送り込む場所として最適であるというものであったが、火星のような場所であったとするならば、納得できる反応であろう。

非公式には、囚人を植民地に送るということは、一六〇〇年代の初頭から行なわれていた。それが、正式の刑罰制度の一部となったのは、一七一七年のことである。その後一世紀半の間、刑法によって、軽犯罪者は、鞭打ちや、焼き印の代わりに、七年間の流刑に処すことも可能となり、死刑に代えて、一四年間の流刑に処すことも可能となったのだ。一七七七年までに、この制度によって、四万人以上の男女が、イギリスやアイルランドからアメリカの各植民地に送られ、年季奉公人の数を補うこととなった（モール・

フランダーズの義理の母が彼女に説明したのは、このことであった)。

アメリカの植民地が失われた結果、イギリスの各刑務所の収容人数が、流刑に処すことのできない囚人によって膨れ上がるのを防ぐためには——イギリスの南東岸に沿って、新たな刑務所が次々に建てられていたのではあったが——どこかに新しい場所を見つける必要があった。さらには、戦略上の要請もあった。かつてスペインが南太平洋の領有権を主張し、最近では、オランダやフランスが遠征隊を送っていたということを意識して、イギリスの政治家たちの一部は、たとえイギリスの所有権を主張するという目的のためだけだとしても、ニューサウスウェールズに人を送り込む必要性を認識していたのであった。そうはいうものの、囚人たちを追い払う場所を確保するというのが、最大の目的であった。

北アイルランドまでは、一日の航海であった。北アメリカは、二、三週間であった。だが、一万六〇〇〇マイルも離れた地に、ゼロから植民地を創ろうなどとする者は、果たして居たのだろうか?* オーストラリアの初期の入植が、強制を伴うものであったということは、不思議でも何でもないのだ。

* 最初の護送船団の、ポーツマスからリオデジャネイロ、リオからケープタウン、ケープタウンからボタニー湾までの航海距離は、一万五九〇〇マイルであった。

一七八七年五月一三日、一一隻の船からなる船団がポーツマスを出港した。これらの船には、五四八人の男性、そして一八八人の女性の囚人たちが押し込まれていた。一番年少の者は、何点かの洋服と一丁のピストルを盗んだ九歳の煙突掃除人、ジョン・ハドソンであり、一番年老いていた者は、偽証罪で有罪となった八二歳の古着商、ドロシー・ハンドランドであった。彼らは、一七八八年一月一九日、ボタニー湾に到着した。現在のシドニー港のちょっと先である。出港してから、八カ月あまりが経っていた。

一七八七年から一八五三年までの間、合計で、およそ一二万三〇〇〇人の男性と、二万五〇〇〇人にわずかに満たない数の女性が、偽造から羊泥棒に至る様々な罪状によって、「地獄船」と呼ばれた船に載せられて、南半球へと運ばれた。彼らには、数知れないほどの子供たちが帯同しており、また、かなりの数の子供たちが、その途上で、儲けられた。ここでも、最初から、イギリス人たちは、新しい入植地で、どんどんとその人口を増やしていった。実際、性的奔放は、ラム酒の輸入にも刺激されて、初期の頃のシドニーで、際立つ特色の一つであった。

オーストラリアの入植地は、本国の問題を解決するためのものだったのである。その問題とは、主として、窃盗犯たちをどうするのか、ということであった。つまりは、オーストラリア送りは、泥棒たちを絞首刑にする代わりであり、彼らを収容する刑務所をイギリス各地に建設する代わりだったのである。だが、オーストラリア送りとなった囚人たちには、政治犯も含まれていた。ラッダイト〔機械化反対者〕、食物暴動を起こした者、過激派の織工、スウィング暴動、トルパドルの犠牲者、チャーチスト運動、ケベック独立派である。これらの参加者たちは、皆、オーストラリア送りとなったのである。

オーストラリア送りとなった者の内、およそ四人に一人がアイルランド人であり、その内の五人に一人が政治犯であった。たくさんの人がオーストラリア送りとなったのは、アイルランド人だけではなかった。オーストラリアには、自然な割合以上のスコットランド人が居たのだ。もっとも、スコットランドの判事たちは、イングランドの判事たちに比べて、重罪人を流刑に処することに対しては、より消極的ではあった。オーストラリア送りとなった人には、ファーガソン姓の人が驚くほど多かった。全部で一〇人である。彼らの犯罪や刑罰についての数少ない記録は、流刑植民地での生活がいかに苛酷であったのかを教えてくれるものとなっている。わたしと同姓の者の一人は、ニワトリを二羽盗んで、七年間の強制労働を科されたが、これは、当時としては、ごく普通の刑であった。囚人たちは、到着した後にさらに罪を犯せば、身体罰が科されるのであった。初期の流刑植民地の秩序は、鞭によって保たれていたのである。逃亡を企てた者は——中国に歩いて行こうなどと考え、それを実行に移す者が居たのだ——ブルー・マウンテンズの乾いた大地で、野たれ死にした。

オーストラリア史における最大のパラドクスとは、イギリスから放り出された人々を住ませる植民地として始まったものが、かなり長い期間、イギリスに非常に忠誠でありつづけた、ということなのである。アメリカは、タバコ栽培とピューリタンたちの理想郷が合わさった場所、つまりは、経済上の自由と宗教的な自由が組み合わさった場所として生まれたにもかかわらず、最終的には謀反を起こし、共和国となった。オーストラリアは、牢獄、つまりは、まさに自由を否定する場所として誕生した。だが、より忠実な植民地住民となったのは、ピルグリムたちの国ではなく、囚人たちの国だったのだ。

おそらく、次のように説明が、オーストラリアのパラドクスの説明として、もっとも納得できるものであろう。人間を移送するという制度そのものは、イギリスが自ら称していた自由の帝国なるものを否定するものであったかもしれない。そうはいうものの、実際のところ、この制度は、オーストラリア送りとなった多くの人を、解放するものであった。このようにいえば、ある程度納得できるだろうか。当時は、個人の所有物は、神聖ななかでも神聖なものと見なされていた。そのため、イギリスの刑事司法機関は、今日であれば軽微な罪で済まされるような人々を、日常的に、罰していたのである。オーストラリア送りとなった人々の半分から三分の二程度が「重犯者」だったのは、確かにその通りなのだが、大半の罪状は、ささいな盗みであった。オーストラリアは、文字通り、万引き犯たちの国として出発したのである。

囚人たちの生活が、奴隷たちより、ほんの少しましな程度であったというのは事実である。政府のための強制労働を科されるか、増えつつあった地主たちに「割り当てられた」のであった(地主のなかには、ニューサウスウェールズ連隊の将校たちが含まれていた)。だが、囚人たちは、自らの刑期を終えて、「立ち去るための切符」を手にすると、自らの労働力を、もっとも高い値をつけた者に売り込むことができたのである。刑期中であっても、彼らは、午後になると、自らに割り当てられた区画を耕すための自由時間が与えられたのであった。早くも一七九一年には、二人の元受刑者、リチャード・フィリモア（Richard Phillimore）とジェームズ・ルース（James Ruse）は、それぞれ、ノーフォーク島とパラマッタに与えられた区画で、「自活する」ことができる量の小麦粉とトウモロコシを栽培できた。オーストラリアまでの移送航海を生き抜き、自らの刑期を終えた者には、実質上、新たな生活を始めるチャンスが与えられたのである。たとえ、それが火星での新生活であったとしても、だ。

しかしながら、見事なまでのリーダーシップがなかったならば、オーストラリアは、囚人たちの巨大な島以上のものとはならなかったであろう。人捨て場から、更生のための施設へと生まれ変わるに当たって、非常に重要な役割を担ったのは、一八〇九年から一八二一年までこの植民地の総督であったラックラン・マッコーリー（Lachlan Macquarie）である。〔スコットランドの〕ヘブリディーズ諸島出身の陸軍のキャリア将校であった彼は、インドで連隊長へと昇進した。彼は、前任の海軍提督たちと同様に、いかなる点においても独裁的であった。彼の仕事への助言をするための委員会を設けようという話し合いが行なわれた際、彼は、「わたしは、この植民地では、そのような委員会は永遠に設けられることはないだろう、という虫のいい希望を持っているのだがな」と、いい放つほどであった。だが、前任者たちとは違って、マッコーリーは、見識を持った独裁者であった。彼にとって、ニューサウスウェールズとは、罪を償わせるための場であったばかりではなく、更生させるための場であったのだ。彼は、自らの温和な統治によって、受刑者たちを市民に変えられると信じていたのである。

自由を獲得したいという希望は、ここの住民たちのマナーを改善するに当たって、住民たちをもっとも大きく刺激するものとなっている。……正直さを、長い試練に耐えるような善行と組み合わせれば、かつて罪を犯し、社会から排斥された者は、社会に復帰できるはずだ。過去の悪い行ないが追想されると共に、正しい行ないは、認められるであろう。

マッコーリーはさらに踏み込み、囚人たちをオーストラリアへと移送する船の環境をも改善させた。その結果、死亡率は、三一人に一人から、一二二人に一人へと、劇的に改善した。これは、移送船の船医であり、後に総督の主治医となったウィリアム・レッドフェルン（William Redfern）のアドバイスに沿って実現したものであった。マッコーリーは、植民地の刑事司法の制度を、より柔軟なものへと変えた。法曹の経験を持つ受刑者が、裁判において被告人の弁護を行なうことさえも認めたのである。だが、マッコーリーが行なった貢献で、もっとも目につき、後世に残ったものは、シドニーを、近代的な植民地都市に生まれ変わらせたことである。当時、本国のロンドンでは、自由放任主義の経済が、時代の潮流となりつつあったが、彼は、臆面もなく、計画家《プランナー》となったのであった。マッコーリーの都市計画の中心にあったのは、巨大な〔囚人のための宿舎〕ハイド・パーク・バラックスであり、当時、帝国の海外領において、このような建物の内で最大の大きさであった。バラックスは、完全に左右対称であり――グロスターシャーの出身の建築家で文書偽造の罪で流刑となっていたフランシス・グリーンウェー（Francis Howard Greenway）の作品である――この建物は、ジェレミ・ベンサムの実用主義の「パノプティコン〔内部のあらゆる場所が一カ所から見られるような刑務所〕」の原型となったものであるようだ。

この建物では、職人の技術を持った六〇〇人の囚人たちがハンモックの列で寝るのであった。一部屋に一〇〇人である。そして、のぞき穴を通して、彼らを容易に監視できるのであった。見事なまでの設計である。だが、この建物は、罰するためだけのものではなかった。ここがセンターになって、技能を持った受刑者たちに、適切な役割が与えられたのである。この囚人たちは、かつて職人や熟練工だったのだが、苦しい生活に陥り、ささいな罪を犯した者たちであった。これらの者たちは、数百の公共建築物を建てるために、マッコーリーが必要としていた人々であった。この数百の建物によって、シドニーは、流刑植民地から、都市へと生まれ変わることができるとマッコーリーは信じていた。真っ先に建てられたのは、立派な病院である。その建設費は、ラム酒に特別の関税を掛けることによって捻出したのであった。

都市のインフラが概ね整うと、マッコーリーは、植民地の輸入食材への依存を減少させることに意識を向けるようになった。「マッコーリーの町々」は、ホークスベリー川の肥沃な川岸に沿って、ブルー・マウンテンズに向かって建設され、農耕に適した豊潤な地は、穀物の栽培や、羊の放牧に最適の場所であった。ウィンザー〔シドニーの郊外に位置する町〕のような町で、マッコーリーは、受刑者たちを救済するという自らの理想を実行に移したのであった。刑期を終えた人々に三〇エーカーの土地を提供したのである。

リチャード・フィッツジェラルド（Richard Fitzgerald）は、かつて、ロンドンの町の不良少年であり、一五歳の時にオーストラリア送りとなった。彼は、すぐに、「非常に活動的で品行方正」という評価を確立したのだった。マッコーリーは、フィッツジェラルドを、ウィンザー地区の農業と商店の責任者に任命した。わずか二、三年で、かつての不良少年は、町の柱となったのであった。街はずれの「マッコーリー・アーム・パブ」の経営者となり、もう一方の町はずれには、実に堂々としたセント・マシューズ教会を建てたのである。

多くの受刑者たちが、刑期を務めあげるか、刑期短縮を認められるに伴って、この植民地は、その性格を変え始めた。イギリスに帰国することを選択する者は、一四人に一人というわずかな数であったので、一八二八年の時点で、ニューサウスウェールズの人口は、すでに、四人よりも自由人の方が多くなっていた——古参の前科者のなかには、わずかな期間で、新興成金となっている者もいた。

サミュエル・テリー（Samuel Terry）は、マンチェスターの無学な労働者であり、四〇〇組の靴下を盗んだことにより、七年間の刑期でオーストラリア送りとなっていた。一八〇七年に刑期を終えると、彼は、シドニーで、宿屋兼金貸し業を始めた。テリーは、この二つの仕事で成功を収め、一八二〇年には、一万九〇〇〇エーカーの土地を所有するまでになった。この面積は、元囚人の所有するすべての土地を合わせた面積の、十分の一ほどであった。彼は、「ボタニー湾のロスチャイルド」と呼ばれるまでになったのだ。

マリー・ライビー（Mary Reibey）は、オーストラリアの二〇ドル札の表面にその肖像が載せられて永遠の命を獲得することになるのだが、一三歳の時、馬を盗んでオーストラリア送りとなった女性であった。彼女は、結婚に成功し、貿易業、船運業、不動産業でさらに大きな成功を収めた。一八二〇年には、ライビーの資産は、二万ポンドに達していた。

マッコーリーは、その任期を終えるまでの間、十分な数の敵も作った。ロンドンでは、浪費家と見なされており、オーストラリアでは、彼を、あまりにも寛容すぎる、と見なす人々もいた。それでも、彼に、次のような主張を十分に行ない得たであろう。「わたしがニューサウスウェールズに到着した時、そこは牢獄であったが、わたしは、そこに植民地を残した。わたしが到着した時、そこには、怠け者の囚人たち、乞食たち、給料取りの役人たちからなる住民が居たが、わたしは、そこに、たくさんの人によって構成される繁栄した自由なコミュニティーを残した。幸福なキリスト教徒たちと、受刑者たちの労働によって築かれたコミュニティーである」。

ところで、刑罰はどうなってしまったのだろうか？　マッコーリーの政策の成功によって、ニューサウスウェールズは、瞬く間に、豊かな居留地となった。また、これによって、オーストラリア送りは、犯罪の抑止力ではなく、新しい生活への無料切符となった。刑期を終えると土地がもらえるということで、大きな希望を集めたのである。イギリスのある刑務所の刑務所長は、五人の女性の受刑者が、懲役刑に減刑になるという判決を聞いて強く異議を唱えたことに驚かされた。五人は、減刑して欲しかったのではなく、オーストラリア送りにして欲しかったのである。

このことが意味することとは、マッコーリーのやり方によって、すべての犯罪者が悔い改めることとなった、というわけではなかったということである。問題は、悪質な再犯者をどのように扱うのか、ということであった。その答えは、刑務所〔流刑地〕のなかの刑務所をあらかじめ用意しておく、というものであった。マッコーリーは、その任期の比較的早い時期に、地獄のようなノーフォーク島を放棄するよう指示していた。だが、その後も、再犯者は、現在のタスマニア、ヴェン・ディーメンズ・ランドや、クイーンズランドのモートン湾に送られつづけた。

タスマニアのポート・アーサーでは、「人間が耐え得る限界ギリギリまで、法による復讐を行なう」ための実質上の自由裁量権が、流刑地の所長であったチャールズ・オハラ・ブース（Charles O'Hara Booth）に与えられていたのであった。モートン湾では、パトリック・ローガン（Patric Logan）が、「フラージュラティオ（flagellatio）〔鞭打ち刑〕」と呼んだ体罰を日常的に囚人に加え、身体を傷つけていた。ノーフォーク島が刑務所として再開されると、ジョン・ジャイルズ・プライス（John Giles Price）によって、残忍さと加虐趣味《サディズム》は新たな段階に達した。彼は、囚人に鞭打ちを加えた後、古くなったベッドの鉄のフレームに縛りつけたのだった。鞭打ちで傷ついた体を、確実に化膿させるためである。一八五七年、ウィリアムズタウンの石切り場で、彼は、囚人たちによって、手とハンマーとバールで〔復讐され〕殺されたが、このような殺され方をした者は、イギリス帝国の長い歴史においても、それほど居ないであろう。

だが、たとえ再犯者がそれらの場所で組織的に残忍な扱いを受けていたとしても、それは、オーストラリアの先住民、アボリジニ――一七八八年の時点で、およそ三〇万人いた――がどのように扱われたのかと比べると、霞《かす》んでしまうほどのことであった。それ以前アメリカ・インディアンが経験したように、彼らは、白禍の犠牲にされたのだ。入植者たちは、伝染病という汚染源を持ち込んだが、アボリジニたちは、これらの病気に対する免疫力を持たなかった。また、入植者たちは、食物栽培も持ち込んだ。これによって遊牧を行なっていた部族は、祖先伝来の地で狩猟ができなくなったのであった。西インドにとっての砂糖、ヴァジニアにとってのタバコは、オーストラリアでは羊であった。一八二一年には、すでに、二九万匹の羊がいたのである。これらの羊たちで、低木地帯はいっぱいになった。そこは、数千年にわたって、アボリジニたちが、カンガルー狩りをしていた場所であった。

ここでもマッコーリーは、家父長的であった。マッコーリーによれば、アボリジニは「放浪性で、すっぽんぽんの状態」であったが、彼は、彼らを立派な農夫たちに変えることができると信じていたのである。一八一五年、彼は一六人のアボリジニたちを小さな農場に定住させようと試みた。その農場は、〔シドニーの〕ミドル・ヘッドの海岸沿いにあり、特別に造られたいくつかの小屋と一艘《そう》のボートが備えられていた。マッコーリーは、こう考えたのである。適切な道具と、その機会を与えられた囚人たちは模範的な市民になれるのだから、アボリジニたちもそうであるに違いないはずだ。

だが、マッコーリーの試みは、失望に終わった。アボリジニたちは、マッコーリーが心に描いた秩序立った生活に、すぐ飽きてしまったのだ。アボリジニたちは、ボートをなくし、小屋を捨て、ぶらぶらと、藪《やぶ》のなかへと帰っていった。この種の無関心が――ニュージーランドのマオリたちが白人の入植者たちに見せた敵対的な態度とは際立った違いである――アボリジニたちの運命を決めたのであった。アボリジニたちが「文明」を否定すればするほど、土地を求める農夫たちは、彼らを始末することに、より高い正当性を感じたのであった。オーストラリアを訪問したある海軍軍医は、「彼らが野獣に勝っている点は、槍の扱い、獰猛《どうもう》さ、食物を料理する際の火の取り扱いのうまさだけである」と述べていた。

イギリス帝国の歴史のありとあらゆる出来事のなかでももっともショッキングな出来事の一つは、ヴェン・ディーメンズ・ランド〔タスマニア〕のアボリジニたちが、ハンティングの獲物にされ、隔離され、最後には、絶滅させられたことである。現在乱用されぎみの「大虐殺」という言葉が、本当に当てはまる状況なのであった。（最後の一人〔となった女性〕、トゥラガニーニは、一八七六年に、息を引き取った。）

少なくともここで述べられることとは、もしもオーストラリアが、一九世紀中にアメリカのような独立した共和国となっていたならば、大虐殺は、タスマニアにとどまることなく、オーストラリア全土で起こっていたかもしれない、ということである。トゥラガニーニが死去してから二年後にオーストラリアを訪れた小説家のアントニー・トロロープは、ある行政官に、次のように尋ねている。

藪のなかで黒人を射殺しなければ自分の身が危ない状況に遭遇したら……いったいどうすればいいのだろうか、とわたしは彼に聞いた。近くの警察署に行けばよいのだろうか？　それとも、毒蛇を殺した……時のように喜ぶべきなのだろうか？　彼の答えは、「バカ以外そんなアホなことは聞かない」という、明瞭で、はっきりとしたものだった。

トロロープの結論は、「彼ら（アボリジニたち）は、滅びる運命にあった」というものであった。

しかしながら、イギリス帝国の特質の一つとは、ロンドンの帝国の中央権力が、はるかに残忍になる気質を持っていた僻地《へきち》の入植者たちを、抑制しようと努力していた、ということなのだ。先住民の扱いのひどさに議会が懸念を持ち、これが、一八三八年から三九年にかけて、ニューサウスウェールズと西オーストラリアで、アボリジニ保護官の任命につながったのであった。確かに、このような善意の努力によっても、一八三八年のマイオール・クリークの虐殺（The Myall Creek massacre）のような出来事を防ぐことはできなかった。武装した一二人の牧場労働者たちからなるグループが、二八人の武器を持たないアボリジニたちを撃ち殺し、刺殺したのだった。牧場労働者たちは、一人を除いて全員が、元囚人であった。

農耕地が広がってゆくのに並行して、農民たちとアボリジニたちの長期にわたる紛争状態が、何十年にもわたってつづいた。だが、たとえその効果が弱いものであったとしても、中央政府はそれを抑制しようとしており、そこが、独立した共和国と、イギリス植民地の違いなのであった。アメリカ合衆国が、アメリカン・インディアンに対して行なった戦争では、抑制力となるようなものが、何もなかったのである。

アボリジニの事例は、距離による態度の違いの、顕著な事例である。ロンドンに居るイギリス人と、シドニーに居るイギリス人では、その問題に対する認識がまるで違ったのである。そして、ここに、帝国のジレンマが凝縮されていたのである。自由を基盤にして建設されている、という主張を行なっていた帝国が、はるか遠くの立法機関と利害が衝突した際、入植者たちの要望を覆すことを正当化し得たであろうか？　このことは、一七七〇年代、アメリカにおいて中心的な論題であり、その最終的な結論は、離脱であった。この問題は、一八三〇年代、カナダにおいて再び問われることとなった。だが、今回、イギリスは、より良い解答を持っていたのであった。

アメリカの独立戦争以降、カナダは、イギリスの植民地で、もっとも信頼できる植民地であると思われていた。敗北したイギリス忠誠派の人々が、アメリカ合衆国から流れこんできたからであった。ところが、一八三七年、ローワー・カナダ〔現在のケベック州にあった植民地〕のフランス語を話すケベック人たちと、アッパー・カナダ〔現在のオンタリオ州にあった植民地〕の親アメリカ派の改革者たちが反乱を起こしたのである。彼らの不平は、馴染みのないものではなかった。彼らは、自分たちの議会を持っていたにもかかわらず、ロンドンに対してのみ説明責任を負う立法評議会と地方長官は、彼らの意見を、意のままに退けることができたのであった。

急速に発展しつつあったアメリカ合衆国が、この機会を捉えて北方の隣人たちを併合してしまうかもしれない、ということに対して、イギリスに、真の危機感が存在したのであった。結局のところ、カナダの併合は、合衆国の連合規約の第一一条において、明確に描かれていたのである。一八一二年、アメリカ合衆国は、一万二〇〇〇人の強兵をカナダに送りこむことさえ行なった。もっとも、この軍は、完全なる敗北を喫したのであった。

共和国として自分たちだけで生きてゆくというアメリカの実験は、疑いようもなく、成功であった。今度は、他の白人植民地が、アメリカのように、共和国として離脱する番なのであろうか？　今度は、カナダ合衆国の番なのだろうか、それとも、オーストラリア合衆国の番なのだろうか？　もしかしたら、こうしたことが起こらなかったことこそが、驚くべきことであったのかもしれないのだ。

こうしたことが起こらなかったことの理由の一端は、初代ダラム伯爵ジョン・ラムトン（John Lambton, the Earl of Durham）という、一見、とてもそのようには見えない人物が居たためである。この、古い時代の生き残りのような贅沢な暮らしをする貴族が、新たに発生した植民地の反乱を食い止めるために派遣されたのであった。当時の人々に「飾り立てた独裁者」と評されたダラム伯爵は、白馬に跨《またが》って通りを行進し、シャトー・サン・ルイ〔サン・ルイ城〕に入り、金や銀の大皿で食事をし、極上のシャンパンをたらふく飲むことで、自らの到着を告げたのであった。しかしながら、ダラム伯爵は、その見かけによらず、軽薄な人物ではなかった。

ダラム伯爵は、一八三二年の第一次選挙法改正で法案の起草者の一人であり、これにより「急進派のジャック」という異名を頂戴していた。彼は、また、他人の助言をよく聞く賢明さを備えていた。彼の個人秘書は、チャールズ・ブラー（Charles Buller）であった。ブラーは、カルカッタ生まれで、トマス・カーライル（Thomas Carlyle）と共に歴史を学んでおり、庶民院の議員になる前は、優秀な法廷弁護士として評価されていた人物である。一方、ダラム伯爵の第一の助言者は、エドワード・ギボン・ウェイクフィールド（Edward Gibbon Wakefield）であった。ウェイクフィールドには、オーストラリアの農地改革について、多くの著作があった。皮肉なことに、これらは、未成年の少女を誘拐して三年間収監されていた間に書かれたものであった。〔ロンドンの〕ニューゲート監獄でみじめな暮らしをしていたのである。ウェイクフィールドは、彼と同時代の多くの思想家たちと同様に、イギリスの人口増加は持続が不可能である、という不安に悩まされていた。この考え方は、統計学者のトマス・マルサスによって生み出されていたものであった。ウェイクフィールドにとって、植民地は、イギリスから吐き出される余分な人々の受け皿として、明白な解決策なのであった。だが、彼は、強制移送ではなく、自由移民を奨励するには、入植者たちがイギリスから受け継いでいた独立心と、ある程度の妥協を見出す必要性を認識していた。

ダラム伯爵、ブラー、ウェイクフィールドは、カナダに六カ月ちょうど滞在し、それからイギリスに戻り、報告書を提出した。この報告書は、主に、カナダ政府が抱える具体的な問題についてのものであったが、イギリス帝国全体にとって、非常に重要となる性格を備えるものでもあった。実際、ダラム伯爵の報告書は、帝国を救う著作となった、と評することができるものである。報告書は、アメリカの植民地住民たちが正しかったということを認めていたのだ。白人植民地の統治を行なう者たちが、遠く離れた王室の代理人に対してではなく、植民地住民の代表である議会に対して説明責任を負えるようにしてほしい、こうしたことを要求する権利をアメリカの人たちは持っていたはずだ、そのことを認めていたのである。

カナダにおいてダラム伯爵が求めたことは、まさに、一世代前、イギリスの大臣たちがアメリカ住民に対して否定したことであった。

責任政府（responsible government）という制度は、人々に、自らの運命を真に左右する力を与えるものである。……それゆえ、植民地の政府が行なうことは、議会の多数の見解と調和するものでなければならない。

この報告書は、また、アメリカが州同士の関係に連邦的な構造を用いることは正しいことである、ということを含意するものであった。これについても、カナダで取り入れられ、後には、オーストラリアで取り入れられることとなる。

確かに、これは、すぐさま採用されたわけではない。政府は、ダラム伯爵の主要な提言――ローワー・カナダにおけるフランスの影響を薄めるため、アッパー・カナダとローワー・カナダを統合させる――はすぐに実行に移したものの、責任政府が導入されたのは一八四八年になってからであった。しかもその時、それはノバスコシアに限られたものであった。カナダのほとんどの植民地が責任政府を取り入れたのは、一八五六年になってからであった。だが、この時になると、この考え方は、オーストラリアとニュージーランドでも取り入れられるようになっていた。両国は、すでに、責任政府を取り入れる方向へと向かっていたのである。一八六〇年代までには、すべての白人植民地において、政治権力のバランスは、決定的に、変わっていた。この頃以降、総督の役割は、より儀礼的なものとなっていった。同じようにしだいに儀礼的なものとなりつつあった王室の代理人という立場である。実際の政治権力は、植民地住民から選ばれた代表が握ることとなってゆく。

つまり、「責任政府」とは、帝国の慣習と、自由という原則の間に、妥協を見出すための方策であったのだ。ダラム伯爵の報告書の意味とは、カナダ人、オーストラリア人、ニュージーランド人、南アフリカ人たちの希望――彼らの希望は、一七七〇年代のアメリカ人の希望と大きく変わるものではない――を受け入れ、それを叶え、独立戦争の必要をなくした、ということである。これ以降は、植民地住民が何を望もうが、そのほとんどは、叶えられることとなる。このことが意味したものとは、たとえば、オーストラリアが囚人の移送を止めてほしいと要望した際、ロンドンがそれを受け入れた、ということである。囚人移送船が最後に出港したのは、一八六七年であった。

つまり、〔ニュージーランドの〕オークランドでは、レキシントンの戦いのようなものは起こらず、〔オーストラリアの〕キャンベラに、ジョージ・ワシントンのような人物は出現せず、〔カナダの〕オタワでは、独立宣言のような宣言は行なわれなかった、ということである。実際、ダラム伯爵の報告書を読んでみると、〔アメリカ独立をさせたことに対する〕後悔が行間ににじみ出ており、そのことを感じずにはいられないのだ。アメリカ植民地の住民が一七七〇年に責任政府を求めた際に、それを与えていたならば、そして、イギリス人が、自ら振りかざしていた自由に忠実であったならば、独立戦争などというものは、起こらなかったのだ。そうであったならば、アメリカ合衆国などというものも、存在しなかったのだ。そして、多くのイギリス人移民は、荷物を詰め込む際、カナダではなく、カリフォルニアを選ぶことだって、できたのである。*

＊　実際のところ、政府がオーストラリアへの移住を奨励していたにもかかわらず、アメリカ合衆国は、長い間、イギリスからの移住者にとって、もっとも人気のある移住先でありつづけたのだ。一八一五年から一八五〇年までの間にイングランド、ウェールズ、スコットランドを出発した六〇万人の内、八〇パーセントがアメリカ合衆国へと向かったのであった。一八五〇年以降の六〇年間にイギリスを旅立った人の数は、一三〇〇万人という膨大な数であったが、その割合は、ほぼ同様であり、アイルランド人について見れば、帝国よりも、「自由の地」を選ぶ傾向が特に顕著であった。多くのイギリス人が、アメリカよりも帝国を選択するようになるのは、二〇世紀に入ってからである。一九〇〇年から一九六三年までに、六〇〇万人以上のイギリス人が帝国の各地へと移住した。イギリスからの移民の、およそ一〇人に八人の割合である。

第三章　使命#

原文では「Mission」という語であり、「使命」以外に「任務」「伝道」「布教」などの意味も持つ。

キリストの影響と異教の政府の影響、この対照的な違いを考慮するならば、そして、みすぼらしい人々を見つめ、イギリスの統治が拡大することによってたくさんの人々が享受するようになった言葉にできないほどの恵みに思いを馳せるならば、野心ではなく、慈悲の心が、その国全体にとって、希望の光となるのである。神の御導きが及ぶ場所では、一つの州、また一つの国へと、神の恩寵が及ぶのだ。

マクロード・ワイリー（Macleod Wylie）

『伝道の地としてのベンガル（Bengal as a Field of Mission）』（一八五四年）

一八世紀、イギリス帝国は、どう見ても、非道徳的な帝国であった。ハノーヴァー期（一七一四―一八三七年）のイギリス人たちは、アジアで権力を握り、アメリカの大地を奪い取り、アフリカで奴隷を獲得していた。現地の住民たちは、税を課され、持っている物を奪われ、鞭で打たれていた。だが、不思議なことに、現地の文化は、概ね容認され、場合によっては、研究の対象となったり、賞賛されたりすることもあった。

ヴィクトリア期（一八三七―一九〇一年）のイギリス人たちは、より高尚な志を持っていた。彼らの希望は、もはや世界を支配することではなかった。世界を救うことに変わったのである。他の人種を搾取するだけでは、飽き足らなくなったのだ。今や、他の人種を引き上げることが、彼らの目標となったのである。現地の住民は、搾取されなくなった。だが、彼らの文化――彼らの迷信、彼らの過去、彼らの宗教――が、奪われることとなるのだ。ヴィクトリア期のイギリス人たちが、特に熱心に光をもたらそうとした場所は、彼らが暗黒大陸と呼んだ場所であった。

実際のところ、アフリカは、ヴィクトリア期のイギリス人たちが想像したほど原始的ではなかった。初期のイギリス人探検者たちは、アフリカを、「一つの荒涼とした無秩序（one rude chaos）」と呼んだが、アフリカは、そのような場所ではなかった。サブ・サハラ・アフリカには、無数の国や国家があり、そのなかには、入植者たちがやって来る前の時代の北アメリカやオーストラリアの社会と比べるならば、経済的にははるかに進んだ国々もあった。サブ・サハラ・アフリカには、トンブクトゥ（現在のマリの都市）やイバダン（現在のナイジェリアの都市）のような、なかなかしっかりした町々があり、金鉱や銅鉱があり、繊維産業まであったのである。

しかし、三つの点において、サブ・サハラ・アフリカは、ヴィクトリア期のイギリス人たちを、未開の地として驚かせた。まず、北アフリカとは異なり、サブ・サハラ・アフリカの信仰は、一神教ではなかった。次に、その北端と南端を除けば、サブ・サハラ・アフリカは、マラリア、黄熱病、その他ヨーロッパ人（と彼らが好んだ家畜）を死に追いやる病気であふれていた。そして、おそらくは、もっとも重要なことに、奴隷が、サブ・サハラ・アフリカの、主要な輸出品であった――実際、沿岸地方において、ヨーロッパやアラブからの商人に奴隷を売ることが、アフリカの最大の収入源となっていたのである。グローバル経済の奇妙な発達によって、アフリカ人たちは、自分たちを、互いに捕らえ、売り飛ばすことを、商売にしていたのだ。

現在のNGOがそうであるように、ヴィクトリア期の宣教師たちは、自分たちのやろうとしていることが、アフリカ人たちのためになるものと心から信じていた。彼らは、アフリカを、植民地化しようとしたのではなく、「文明化」しようとしたのである。アフリカの人々の生活様式を、何よりもキリスト教的であった自分たちの生活様式に変えさせようとし、勤勉と禁欲を尊ぶという北方ヨーロッパ流の生活に変えさせようとしたのである。デイヴィッド・リヴィングストン（David Livingstone）は、このような、帝国の新しい息吹を体現する人物であった。リヴィングストンは、通商と植民地化――これらは、元々、帝国の基盤となるものであった――が必要なことは認めてはいたが、彼にとって、それだけでは不十分だったのだ。つまり、彼と、彼と同様の無数の宣教師たちは、帝国を、作り変えようとしたのである。

これは、国家が主導したプロジェクトではなかった。こうした活動は、現在であれば、NGOという枠組みに入れられるであろう。だが、ヴィクトリア期の援助団体が善意から行なった活動は、予期しない結果を生むことがあり、特には、流血を招くこともあった。

クラッパムからフリータウンへ

イギリス人は、アフリカを援助するということに関して、長い伝統を持っている。本書を執筆している今現在も、イギリス軍の兵士たちが、平和構築と平和維持のため、シエラレオネに二〇〇〇年五月から駐留している。基本的に、イギリス人の活動は、利他的なものである――長年つづく内戦によって荒廃した国に安定を取り戻すことを手助けするために派遣されているのだ。*二〇〇年近く前も、イギリス海軍の小艦隊《スクアドロン》がシエラレオネに派遣されていた。その任務は、比較的、道徳心に適う任務であった。奴隷船がアフリカを出港しアメリカに向かうことを阻止することだったのである。この任務によって、大西洋の奴隷貿易に終止符を打とうとしていたのだ。

＊ 利他的というにとどまらず、顕著な成功を収めている。筆者は、二〇〇二年二月にフリータウンを訪れた。この国で自由選挙が実施される三カ月前である。この時、わたしが会った一人のシエラレオネ人は、わたしの国籍を聞いて、「イギリスに感謝する」といってくれた。

これは、人々を驚愕させるような、方針転換であった。これによって特に驚かされたのが、アフリカの人々であった。＊イギリス人が最初にシエラレオネにやって来たのは、一五六二年のことである。それから、イギリス人が奴隷貿易を行なうようになるまで、それほど時間はかからなかった。これまで見てきたように、それから二世紀半の間、三〇〇万のアフリカ人たちが、つながれ、イギリス船で運ばれたのである。

＊ キング・ゴゾの言葉を引用しよう。九〇〇〇人の奴隷をさばいていた人物である。「奴隷貿易は、わが国の統治原則であった。奴隷貿易は、栄光と富の源だった。われわれの歌は、われわれの勝利を称え、われわれの母たちは、敵対する部族を奴隷にし、勝利したことを語って、子供たちを寝かしつけていた。条約を結んだからといって……わたしは、わが国の民の気持ちを変えられようか？」

だが、そんなななか、一八世紀も終わりに近づく頃、突然、何かが変わったのだ。まるで、イギリス人が、心のなかのスイッチを切り替えたかのような、突然の変化であった。突然、彼らは、奴隷を西アフリカの海岸へと戻し始め、彼らを解放するようになったのである。シエラレオネは、「自由の地」となった。その首都は「フリータウン」と改称された。解放された奴隷たちがくぐった門が、フリーダム・アーチである。今では雑草に覆われ、見えにくくなっているが、そこには「イギリスの勇気と慈悲により、奴隷から解放」という文字が彫りこまれている。解放された奴隷たちは、大西洋の向こう側のプランテーションに行き着く代わりに、一人一人、四分の一エーカーの土地、料理するための鍋《なべ》、鋤《すき》、そして自由が与えられるようになったのだ。

フリータウンの各居住区は、まるで、それぞれの国家の縮小版のようである。これらは現在も存在する。コンゴ人区にはコンゴ人が居り、ウィルバーフォースにはフラニ族が居り、キシーにはアシャンティ族が居る。その昔、奴隷たちは、鎖につながれて、海岸へと連れてこられた。そして、大西洋を横断する船に詰めこまれるのを待つ間、鉄格子のなかに閉じこめられていた。今や、彼らは、鎖を解かれ、新しい生活を始めるためにフリータウンにやって来るようになった。いったい、何がどうなって、世界の先頭に立って奴隷化を行なっていたイギリスが、世界の先頭に立つ解放者となったのであろうか？　その答えは、信仰心の、熱烈な復興のなかに見出すことができる。その中心になっていたのは、何といっても、〈ロンドンの〉クラッパムだった。

ザッハーリー・マコーリー（Zachary Macaulay）は、シエラレオネの初期の総督の一人である。マコーリーは、〈スコットランドの〉インヴェラレイの牧師の息子であり、ヴィクトリア期を代表する歴史家の父となる人物である。マコーリーは、一時期、ジャマイカの砂糖プランテーションで管理職〈簿記係〉として働いていた。しかしながら、まもなく、自分の仕事と、自らの信仰が、両立しがたいことを発見した。毎日目にする鞭打ちに、「うんざり」させられたのである。マコーリーは、自分が情熱を傾ける対象を求めて、イギリスに帰国した。まもなく、彼は、銀行家で、国会議員で、シエラレオネ会社の財務担当の最高幹部であったヘンリー・ソーントン（Henry Thornton）に見出された。シエラレオネ会社は、ロンドンに暮らしていた元奴隷たちの小さな人口を帰国させることを主要な目的として、民間の小規模な入植地建設ベンチャーとして設立されたものであった。ソーントンのイニシアティヴによって、マコーリーは、一七九三年、シエラレオネに派遣されることとなった。シエラレオネは、マコーリーにとって、正しい目的のために懸命に働きたいという自らの思いに適う場所であった。しばらくすると、マコーリーは、総督となった。

それから五年間、マコーリーは、奴隷貿易を根絶するための仕事に没頭した。大陸内部からの奴隷の供給源となっていた部族の長たちと食事をし、時には、奴隷船に乗って大西洋を横断し、奴隷たちの置かれた苦しい環境を自ら観察した。マコーリーは、イギリスに帰国する頃までには、奴隷貿易についての専門家というにとどまらず、奴隷貿易についての権威となっていた。

マコーリーのような人物が活動するのに適した場所が、ロンドンにただ一つあった。その場所とは、クラッパムである。ここなら、確実に同志が見つけられるのであった。実際、イギリス帝国における道徳心の変容は、クラッパム・コモン〔公園の名前〕の北側にあるホーリー・トリニティ教会で始まった、といえる。この教会にマコーリーと共に通っていた者のなかには、ソーントンや、議会の目の覚めるような演説の名手ウィリアム・ウィルバーフォース（William Wilberforce）らが居り、これによって、福音主義の熱情に、手堅い政治的な手腕が組み合わされたのだった。彼らは、新しい時代の草の根の運動家たちを動員するということに関して他に勝っており、クラッパム・セクトと呼ばれるようになった。彼らは、奴隷貿易について、直接見聞きしたマコーリーから話を聞いて、奴隷制度を廃止しなければならない、と決意した。

人々の倫理観に、このような大きな変化が起こったことを説明することは、簡単なことではない。かつては、奴隷貿易が廃止されたのは、単に奴隷貿易が利益を生むものではなくなったからだ、という主張がなされていた。ところが、ありとあらゆる証拠は、これと反対のことを指しているのだ――実際、奴隷貿易は、利益を生みつづけていたにもかかわらず、廃止されたのである。ここで、われわれが理解しなければばならないこととは、集団的な心境の変化なのである。

他の偉大なる変化と同様、最初は小さな変化として始まった。イギリス帝国の内側では、長い間、少数の人々が、宗教上の信条から、奴隷制に対して反対していた。早くも一六八〇年代には、ペンシルヴェニアのクウェーカー教徒たちが、奴隷制に対して反対の声を上げていた。奴隷制は、「何事でも人々からしてほしいと望むことは、人々にもそのとおりにせよ」（マタイによる福音書第七章一二節）〔日本聖書協会（一九五四年改訳）〕という聖書の言葉を冒瀆するものである、と彼らは主張していたのだ。一七四〇年代から一七五〇年代にかけて、アメリカで起こったいわゆる大覚醒〔宗教再生運動、宗教復興運動〕と、イギリスの信仰覚醒運動によって、このような疑念は、プロテスタントの間に、より広く広がっていった。

他の者は、啓蒙主義の考え方から、奴隷に反対していた。アダム・スミスとアダム・ファーガソン（Adam Ferguson）は、二人とも、奴隷貿易に反対していた。スミスが奴隷制に反対していたのは、「長い目で見れば、自由人による労働は、奴隷による労働より安くつく」という理由によるものであった。だが、奴隷制に反対する声が勢いを得て、議員たちを揺さぶるようになったのは、一七八〇年代に入ってからである。奴隷制は、ペンシルヴェニアにおいては、一七八〇年に廃止された。このことは、その程度は様々ではあったが、北部の多くの州を揺さぶるものであった。一七八八年、奴隷船における奴隷たちの環境について定める法律が、イギリス議会を通過した。四年後、奴隷貿易を段階的に廃止する法案が、庶民院において可決されたが、この法案は、貴族院で否決された。

奴隷を廃止するためのキャンペーンは、議会を超えた大きなうねりとなった運動の最初の一つである。この運動は、非常に広範な支持を集めた。奴隷貿易廃止促進協会の設立者であったグランビル・シャープ（Granville Sharp）やトマス・クラークソン（Thomas Clarkson）らは、イギリス国教会の信徒であったが、彼らと親しい会員の多くは、クウェーカー教徒であった。この運動に対する支持は、クラッパムを越えて拡大し、小ピット、元奴隷商のジョン・ニュートン、エドマンド・バーク、詩人のサミュエル・テイラー・コールリッジ（Samuel Taylor Coleridge）、磁器の王様〔と呼ばれた〕ジョサイア・ウェッジウッド（Josiah Wedgewood）らを含むものとなった。ウェッジウッドは、ユニテリアン派の信徒である。これら異なる宗派に属する人々が、奴隷貿易廃止という共通の目的の下に集うこととなり、エクスター・ホールで開かれた集会には、若き日のデイヴィッド・リヴィングストンが参加していた。

このキャンペーンでもっとも印象深いのは、この運動が広く拡大したことである。ウェッジウッドは、数千個の、奴隷貿易反対のバッチを造った。そのバッチは、白を背景にして黒で人物が描かれており、「わたしは、人間であり、兄弟ではないのか？」という文字が記されていた。このバッチは、すぐに、いたるところで見られるようになった。マンチェスターだけでも、一万一〇〇〇人の人々――成人男性人口の三分の二である――が、奴隷貿易の廃止を求める請願に署名し、これは、倫理に適う外交政策を求める呼びかけ、を意味するものであった。この声は、圧倒的な広がりを見せたため、もはや、政府も無視できないものとなった。一八〇七年、奴隷貿易は廃止された。これ以降、皮肉なことに、有罪となった奴隷商人は、イギリスの流刑植民地であったオーストラリアに送られることとなった。改革者たちは、この勝利だけでは満足しなかった。一八一四年には、七五万人以上の人々が、奴隷制そのものの廃止を求める請願に署名した。

これは、新しい種類の政治の誕生であった。圧力団体による政治である。ペンと紙、倫理上の怒りのみによって武装した熱烈な運動家たちの働きによって、イギリスは、奴隷制に、背を向けることとなったのだ。さらに重要なことに、自分たちの利益を守ろうとする既得権益者たちからの抵抗があったにもかかわらず、奴隷貿易は廃止されたのである。西インドのプランターたちは、かつては、エドモンド・バークを脅し、ジェイムズ・ボズウェルを味方につけるくらいの力を持っていた。リヴァプールの商人たちは、生きてゆくために、何か新しい取扱品目を見つけなければならなくなった。ちょうどよい代わりが見つかったのだ。彼らは、石鹸メーカーのために、西アフリカからパームオイルを輸入することにしたのである。文字通りに、そして、象徴的にも、奴隷貿易で手にした穢《けが》れた利潤は、奴隷貿易廃止の後、洗い流されることになるのだ。

一つの勝利が、また別の勝利へとつながった。ひとたび奴隷貿易が廃止になると、奴隷制そのものも、先細ってゆくこととなった。一八〇八年から一八三〇年までに、イギリス領西インドの奴隷の総人口は、八〇万人から六五万人に減少した。一八三三年には、最後の抵抗が崩れた。イギリスの領土において、奴隷そのものが違法となったのだ。カリブ海の農奴たちは解放されて、彼らの所有者であった者たちには、イギリス政府が〔借り入れなどで〕集めた資金から賠償金が支払われた。

もちろん、これによって大西洋の奴隷貿易が根絶されたわけではない。また、アメリカで奴隷制が根絶させられたわけでもない。奴隷制は、アメリカ合衆国の南部のみならず、ブラジルにおいても、はるかに大きな規模で存続していた。合計すると、イギリスで奴隷が禁止された後、およそ一九〇万のアフリカ人が大西洋を越えていた。彼らのほとんどは、ラテン・アメリカに送られたのだった。

だが、イギリスは、これらの輸送を妨害しようと最大限の努力をしていたのだ。イギリス西アフリカ艦隊が、フリータウンからアフリカの海岸をパトロールするために派遣されており、奴隷船を拿捕《だほ》し、奴隷を解放する度ごとに、海軍士官たちには、報奨金が支払われていた。イギリス人は、情熱的に回心して、今や、「猖獗《しょうけつ》を極めていた悪逆な商売を、アフリカやアメリカの海から根絶しよう」と、決意していたのである。

スペイン政府とポルトガル政府は、奴隷貿易の禁止を受け入れることを強制された。イギリス海軍が自国民を罰することを認めさせられたのである。そのための国際仲裁裁判所まで設立されたのだ。フランス人は、一応パトロールには参加したものの、本腰を入れたものではなかった。そして、自分たちが愚かにも禁止したことで他国が利益を上げることをイギリス人は妨害したいだけなのだろう、という愚痴を口にしていた。イギリス政府に楯突いた船は、アメリカ国旗を掲げた船だけだった。ここに、奴隷貿易の禁止に向けた運動の力強さを見ることができるのだ。イギリスは、立法府が奴隷貿易を禁止しただけではない。それを強制するために、海軍まで動員したのである。その同じ海軍が、同じ頃、インドのアヘンを入れさせるために、中国の港に対して開港を迫っていたのであるから、奴隷貿易の禁止に向けた戦いの倫理的な源は、海軍本部ではなかった、ということが分かるだろう。

ホーリー・トリニティ教会の東側の壁には、マコーリーと彼の友人たちを称えたクラッパム・セクトの記念碑が埋め込まれているが、そこには、「奴隷という災いが、イギリスの全領土から一掃されるまで、休むことはなかった」と記されている。だが、これは、はるかに野心的な計画の、最初の一歩にしか過ぎないものであった。重要なことに、この碑は、「国家の正義と異教徒の改宗」に彼らが捧げた「多大な」努力に対しても、賞賛を述べている。これは、そのこと自体が、新しい取り組みなのであった。それまでの二〇〇年間、イギリス帝国は、通商を行ない、戦争を行ない、入植を行なっていた。イギリスの商品、イギリスの資本、イギリスの人々を、送り出してきたのである。

ところが、今や、イギリスは、イギリスの文化を輸出しようという大志を持つようになったのだ。アフリカ人は、遅れていたかもしれないし、迷信的であったかもしれない。だが、この新世代のイギリスの福音主義者たちは、アフリカ人たちを、「文明化」させることができる人々と見なしていたのだ。マコーリーが述べているように、「［アフリカの］薄暗い大地に、明かり、自由、文明をもたらす」ための好機がやって来たのである。神の御言葉をもたらし、それによって未開の異教徒の魂を救おうとする考え方は、イギリスの影響力を拡大させるに当たって、新しい、利益目的ではない、理由付けとなったのである。これは、次の一〇〇年間でもっとも成功を収めるNGO諸団体の、特徴的な使命となるのだ。

宣教師たちの諸団体は、〔今日の〕援助団体のヴィクトリア期版である。「発展が不十分な」世界に、精神的な援助と、物質的な援助を行なったのである。これらの諸団体の起源は、「キリスト教福音普及協会（The Society for the Promotion of the Christian Gospel）」（一六九八年）と「福音伝道会（The Society for the Propagation of the Gospel）」（一七〇一年）に遡ることができるが、これらの団体は、イギリス人入植者たちや、海外に派遣される軍人たちへの精神的な施しに、その活動の範囲を絞ったものであった。

奴隷制に反対する運動と同様に、現地の人々を改宗させようとする運動は、一八世紀の終わりに始まった。一七七六年の『福音主義雑誌（Evangelical Magazine）』は、その論説記事の誌面を、「アフリカ、この傷ついた国」に割いたのであった。この雑誌の編集者たちは、「その、未開で抑圧された国」に「不幸な暮らしの悪霊に勝る本質的な恵み……キリストの福音をもたらすことを切望」していたのである。

一六年後、ウィリアム・ケアリー（William Carey）がノッティンガムで説教を行ない、「偉大なる事々を神に期待しなさい。偉大なる事々を神の御為に試みなさい」と聴衆に説いていた。この少し後、彼と仲間たちは、最初の「異教徒に福音を伝道するバプテストの会（The Baptist Society for Propagating the Gospel among the Heathen）」を設立した。これにつづいたのは、一七九五年に設立された「ロンドン伝道協会（The London Missionary Society）」であった。この協会は、非国教徒のすべての宗派の宣教師を受け入れるものであった。一七九九年には、「イギリス国教会伝道協会（The Anglican Missionary Society）」が設立され、その使命――キリスト教に基づく自らの使命――を「異教徒に福音の知識を広めること」としていた。さらに、スコットランド人の協会が、一七九六年、グラスゴーとエディンバラで、それぞれ設立された。

アフリカにおいて伝道を開始するのに最適の場所は、フリータウンであった。早くも一八〇四年には、「イギリス国教会伝道協会」が、ここで活動を始めた。しばらくすると、メソジスト会がこれにつづいた。両教派とも、ヨルバ人の「リキャプティヴ」（海軍の介入によって解放されフリーランドに移送されてきた人）たちを改宗させようとしていた。だが、最初から、その意図は、宣教師をアフリカだけに送るにはとどまらなかった。イギリス国教会の宣教師たちは、イギリス植民地の最果ての地まで行ったのだ。早くも一八〇九年には、ニュージーランドにまで達している。

一八一四年のクリスマスの日、サミュエル・マースデン（Samuel Marsden）は、それを理解することのないマオリの聴衆に向かって、「見よ、すべての民に与えられる大きな喜びを、あなたがたに伝える」（ルカによる福音書第二章一〇節からの抜粋）〔日本聖書協会（一九五四年改訳）〕という聖書の言葉を引いて説教した。マースデンが生き延びたことで、他の人々が引きつけられたようである。メソジスト会が、一八二三年、ここに伝道団を送り、一八三八年には、カトリック教会が送った。一八三九年までに、イギリス国教会は、ニュージーランドに一一の伝道所を持ち、メソジスト会の伝道所は六つあった。

ニュージーランドへの初期の宣教師たちのなかでもっとも大きな成功を収めたのは、おそらくは、イギリス国教会のヘンリー・ウィリアムズ（Henry Williams）であろう。恐れを知らない元水兵で、一八二三年から、死去する一八六七年までニュージーランドで働き、ニュージーランドで最初の教会を（パイヒアに）建て、聖書をマオリ語に翻訳した。ウィリアムズは、マオリたちの尊敬を集めることに成功した。とりわけマオリたちに効果的であったのは、激しい戦いの最中に現れて、マオリたちに福音を説いたことであった。

だが、すべての宣教師たちが、伝統的社会規範に対するこのような挑戦をやり遂げることができた、というわけではない。カール・S・フォークナー牧師（The Revd Carl S. Volkner）は一八五〇年代にニュージーランドにやって来た。だが、オポティキ・マオリ人たちからの支持を失ったのである。一八六五年に競合する氏族《クラン》との戦争が起きた際、流血を止めるよう説いたからであった。彼は、自らの教会において、オポティキ人の酋長の一人によって、縛りつけられ、撃たれ、首をはねられ、血を飲まれ、両目をまるごと飲みこまれた。

異教徒を改宗させることは、危険を伴う試みであった。これを成功させるには、宣教師たちの活動は、一群の若い人々——理想主義の利他的な冒険家で、神の御言葉を伝えるためには、地球の最果てまで行くことを厭わない人々——を必要としていた。これら宣教師たちの志と、一世代前の帝国建設者たち——暴れん坊たち、奴隷商人たち、入植者たち——の志は、これほど対照的なものもなかなかないだろう、というぐらいの違いがあった。

ウィリアム・スレルフォール（William Threlfall）は、一八二四年、弱冠二三歳にして南アフリカに向けて出港した。メソジスト会の伝道活動において、期待の星の一人であった。この南に向かう航海において、彼の乗った船でチフスが発症し、彼は危うく命を失うところであった。そして到着してまもなく、重病にかかった。このことは、当時の理想主義がどのようなものであったかを、伝えてくれるものとなっている。彼は、自らが死の淵に居ると思いながら、ケープタウンでベッドに横たわっていた。そして、友人の手を握りしめながら、「彼〔スレルフォール〕は、自分が黒人であったならばどんなによかったのかを、熱心に訴えるのであった。もし黒人であったならば、邪念や現世的なものの見方に影響されているのではないかという自己嫌疑を抱くことなく、土地の人々のなかに入って行けるのに、と訴えていたのだ」。この病からは、スレルフォールは回復した。だが、それから一年も経たないうちに、彼とその仲間は、奥地の現地住民に、たたき殺されたのである。

スレルフォールと、彼と同じような幾多の人々は、新しい福音帝国主義の殉教者であった。利益を得るためにではなく、神のために、自らの犠牲を顧みないという彼らの姿勢は、ヴィクトリア期のイギリス帝国と、過去のあらゆる帝国とを峻別するものである。そしてすべての宣教師たちの後ろ――すべてのヴィクトリア期版NGOの後ろ――には、はるかに多い数の本国の男性たち、女性たちが居り、彼らの活動を支え、彼らの活動に資金援助をしていた。このような人々を、ディケンズは、『荒涼館〔Bleak House〕』の登場人物ジェリビー夫人として描き、風刺している。自分の身近な存在であるはずの家のことには徹底的に無関心でありながら、大義〔慈善事業〕のために熱心に取り組むような人物として、である。

彼女は、常に、ありとあらゆる種類の公的な問題に身を捧げている。そんな彼女が今熱心に取り組んでいるのがアフリカについてである（少なくとも、彼女の気が他に移るまでは）。アフリカでは、コーヒーの実の大規模な栽培ができるのではないか、という見通しがあり、現地の人々を広く教化できるのではないか、という見通しがあり、〔イギリス〕本国の過剰な人口を、アフリカの河川流域の幸福な入植地に住まわせることができるのではないか、という見通しがあるのだ。……彼女は、四〇代か五〇代の、上品で、とても小柄な、ふっくらした女性で、美しい両目を持っている。ただ、その目は、はるか遠くばかりを見るという奇妙な習慣を持っているのだ。……アフリカよりも近い場所にあるものは、何も見えないようなのである！

多くの点においてアフリカにおける伝道施設のモデルとなったのは、ケープタウンの六〇〇マイル〔九六〇キロ〕ほど北東のベチュアナランドにロンドン伝道協会が建てたクルマン伝道所であった。ロンドン伝道協会の文献においてクルマンは度々取り上げられており、良い伝道所とはいかにあるべきか、の見本とされていた。実際にクルマンに行ってみれば、このことは、よく理解できる。クルマンは、アフリカのど真ん中にあるが、まるで小さく洗練されたスコットランドの村のようなのである。ここには、草ぶき屋根の教会があり、白壁の田舎家があり、赤い郵便ポストがあるのだ。クルマンのプロジェクトが何を目的とするものであるのかは、明瞭であった。それは、アフリカ人たちをクリスチャンへと改宗させることであった。それは、同時に、アフリカ人を文明化させるということでもあった。アフリカ人の信仰を変えるにとどまらず、彼らの装い、彼らの衛生観念、彼らの住居をも変えようという試みであった。クルマンでの、こうした点における著しい進展は、伝道協会の広報誌の誌面で、熱心に報告されていた。

人々が、今では、イギリス製の洋服を身につけ、教会に、適切な身なりでやって来るようになった。子供たちは、以前は丸裸であり、非常に恥ずかしいなりを晒していたが、今では、きちんと服を着ている。……以前は、まるで豚小屋のような粗末な小屋が、二、三あるだけであったが、今ではきちんとした村になっている。この村がある低地は、つい最近まで、まったく開墾されていなかったが、今では、整えられ、庭園となっている。

いいかえるならば、ここで試みられたことは、キリスト教化にとどまらず、イギリス化だったのである。一八四一年七月三一日、ある人物が、この理想的な伝道所に衝撃をもたらした。それは、まるで、落雷だった。この男は、伝道活動に革命をもたらし、イギリスとアフリカとの関係を根本から変えることになるのである。

ヴィクトリア期のスーパーマン

デイヴィッド・リヴィングストンは、一八一三年、洋裁師から茶の販売員になった男の息子として、サウス・ラナークシャーの織物の町ブランタイア（Blantyre）で生を享けた。リヴィングストンは、この町で一〇歳になると、紡績工場で働き始めた。彼は、素晴らしい独習者であった。一日一二時間半、週六日働いていたにもかかわらず、本をむさぼり読み、ラテン語そして古典ギリシャ語の初歩を独習し、文字通りに寸暇を惜しんで学んだ。リヴィングストンのなかでは、一九世紀スコットランドの二大知的潮流が融合していた。啓蒙主義における科学への尊敬と、再興したカルヴァン主義における使命感である。前者によって彼は医学を学ぶこととなった。後者によって彼は、自らの情熱と能力を、ロンドン伝道協会のために捧げることとなった。自らの稼ぎでグラスゴー大学のセント・アンドリュース・カレッジで学んだ後、一八三八年、宣教師に志願した。二年後の一八四〇年一一月には、グラスゴー王立内科・外科学部（The Royal Faculty of Physicians and Surgeons in Glasgow）の学位を獲得した。同じ月、聖職者として任命された。ロンドン伝道協会からの質問に対するリヴィングストンの答えから、宣教師という職業がどのようなものであったのかを、窺い知ることができる。

> 福音の価値を初めて理解した際……すべての人が福音の祝福を受けてほしいという思いが、すぐにわたしの心を支配した。このことは、すべてのクリスチャンが自らの魂の救済の次に取り組まなければならない主要な課題のように、わたしには思われた。……〔宣教師の〕主要な役割とは、わたしの考えるところによれば、説教、忠告、改宗、若者の教育、文明がもたらす技術や科学の導入によって、また、人々の耳と心にキリストの教えを届けるために最大限の努力を行なうことによって、任地の人々の現状の生活を可能な限り向上させることであり、このように、自らが用いることができるありとあらゆる手段を用いて、福音を知ってもらうことである。宣教師は、人々の善のために無私無欲に身を捧げるのであるが、その人々から、無関心、疑い、あからさまな敵意、嘲りなどを受けることによって、自らの信仰や忍耐が、大きな試練に晒されることもあるだろう。自らの説教がほとんど効果を生まないことで落胆し、異教の影響に汚されたありとあらゆるものに晒されることも

あるだろう。……

わたしが伝道活動の性質と範囲を知り得る限り、その危険さと困難さは、これまでも真剣な考慮の対象となってきており、その活動は、約束された聖霊からの御加護を頼りとするものであった。ここでわたしが躊躇なく断言できることとは、わたしは、人が通常受けるありとあらゆる困難や疲労に耐え得る肉体を持ち、伝道活動の危険さと困難さに身を捧げる決意を持っている、ということである。

リヴィングストンは、自分がどんな事態に直面しようとしているのかを、しっかりと認識していた。だが、同時に、彼は、それに対して自分が不可欠な資質を持っているという、妙な自信も備えていた。この点において、彼は正しかった。日暮れの後の暗闇のなか、ラナークシャーの紡績工場は悪魔のようであったが、彼が恐怖を感じるようなものは、この世に何もなかった。

リヴィングストンは、元々、中国に行くことを志していた。だが、アヘン戦争の勃発によってこれを阻まれた。リヴィングストンは、自分を南アフリカへと派遣するようロンドン伝道協会を説得した。彼は、クルマンでの伝道を行なうのに、まさに最適な人物であったように思われる。宣教師であり医者でもあったので、キリスト教と文明を広める仕事に、打ってつけの人物であった。さらには、他の多くの若い宣教師とは異なり、彼は、厳しいアフリカの環境に耐え得るのに必要な、丈夫な身体を持っていた。強靭な肉体で、ライオンに襲われた時も生きぬき、何度マラリアに襲われても、生きぬいたのである。マラリアに対しては、自ら、非常に不快な治療法を編み出していた。*

＊　彼の言葉によれば、「キニーネを含んだ強力な下剤を飲み、温かいお風呂、もしくはペッド・チヴィウム（ped chivium）（ママ）に入る。わたしのこれまでの観察によれば、お腹のなかでわずかな反応が起こるだけで、皮膚から汗が吹き出し、頭痛が消える。理想的な配合は、三グレインのキャラメル、三グレインのキニーネ、一〇グレ

インのダイオウの根〔下剤として用いられていた〕、四グレインのヤラッパの樹脂〔下剤として用いられていた〕を少量の蒸留酒と混ぜたものである」。後に、「リヴィングストン・ピル（Livingstone Pill）」もしくは「ザンベジ・ローザー（Zambezi Rouser）」と呼ばれるようになるものは、これが基となるものである。〔一グレインは〇・〇六四八グラム〕

だが、リヴィングストンは、協会がモデルとなる伝道活動としていたものを見て、すぐに幻滅したのであった。アフリカ人を改宗させることは、非常に時間のかかる、骨の折れる仕事だったのである。彼がクルマンで書いた初期の頃の日記が、このことを示している。

人々は倫理的に堕落した状況にあり、最低の状況であった。それがどの程度であるのかを述べるならば、彼らの心を覆う淫らさがどんなものであるか、それを本国のクリスチャンたちが理解することは、まったく不可能であるか、かなり難しいだろう。彼らの生活状況を想像出来る本国人など、誰も居ないはずだ。彼らの考えることは、自然そのものであり、肉体的な目的から彼らを引き離すことは、極めて困難である。……彼らの着ているものは、すべて脂ぎっており、それゆえ、わたしの服も、すぐに汚されてしまった。来る日も来る日も彼らの間に座って、彼らの騒々しい音楽を聴いているだけで、異教徒を永遠に蔑もう、という気持ちになる。彼らは、肉やビールを腹いっぱいに詰められないと、不平を洩らす。そして、お腹がいっぱいになると、歌と称する騒音が始まるのだ。

伝道協会の広報誌での敬虔《けいけん》なプロパガンダの背後にあったものとは、このような現実であった。協会の設立者ロバート・モファット（Robert Moffat）は、次のように述べて、このことを認めていた。

改宗もなければ、神についての質問もない。われわれの活動に対して、守りのための抗議が行なわれることもない。無関心と愚鈍さが、渦となって渦巻いている。すべての人の心を形作っているのは、無知――まったくの無知――である。行動や歓喜の刺戟となるものは、自然のものであり、肉体的なものであり、悪魔的なものである。一方で、魂の救済という崇高な事柄は、彼らにとっては、着古した服のようであるらしい。そこに愛を見出すこともなければ、価値を見出すこともない。……われわれは説教をし、語りかけ、教えたが、ほんのわずかな効果もないようである。永遠の施しを与えることだけが、彼らの乞食のような心を満足させ、その限りにおいて、あなたは尊敬を集められる。だが、彼らの果てることのない要求を拒んだならば、彼らの賞賛は、嘲りとなり、罵倒となるのだ。

リヴィングストンは、徐々に、気が滅入るような現実を受け入れるようになっていった。その現実とは、アフリカの人々がリヴィングストンに興味を示すのは、彼の説教がその理由なのではなく、彼の医学的な知識――これには、アフリカの人々が「銃医学」と呼んだ、銃で獲物を仕留める技術が含まれる――がその理由である、ということであった。彼は、バークタラ人（The Bakhtala tribe）について、次のように陰鬱に書いている。「彼らは、白人が一緒に住むことを望んでいる。だが、それは、福音について知りたいという願望があるからではない。彼らのうちの幾人かが、その後の会話で話してくれたように、単に『あなた方が一緒に居てお祈りをすると、雨がいっぱい降るかもしれず、たくさんのビーズや銃がもらえるかもしれない』からなのであった」。

リヴィングストンは、村々に幻灯機〔スライド映写機の原型のような画像を見せる機械〕を持ってゆき、福音について、眩《まばゆ》い画像で説明しようとしたのであったが、アフリカの人々の反応は、気が滅入るようなものであった。バクェーナ人（Bakwena）の酋長サチェーリ（Sechele）は、一八四八年八月、リヴィングストンに、人々に話をする許可を与えたのであったが、その結果は、驚くようなものとはならなかった。

なかなかきちんと説教を聞いてくれた。その後、わたしは一人の病人を診察し、戻ってくると、酋長は、すでに、ビールを飲むために小屋に戻っていた。そして、いつも通りに、四〇人ほどの男たちが、小屋の外に立ち、酋長のために歌を歌っていた。別のいい方をすれば、そうすることで、ビールをねだっていたのである。わたしがこれまで試みとして行なってきた説教を見たことがない〔イギリス人〕聖職者がこの様子を見たならば、死後の審判について話した熱意のこもった説教が、ほとんど何の効果も生まなかったことに、落胆することだろう。

酋長がリヴィングストンの言葉をまじめに聞くようになったのは、リヴィングストンがサチェーリの子供の病気を治療した後のことであった。どうやら、肉体を治癒することができて、初めて、アフリカ人の魂の救済が可能となるようなのであった。

当時、リヴィングストンが宣教師となってから七年が過ぎていた。リヴィングストンは、モファットの娘メアリーと一八四五年に結婚していたが、モファットと同様、現地の諸言語を学び、聖書をそれらの言葉に翻訳しようと奮闘していた。だが、彼が改宗に成功したのは、どうやら、サチェーリただ一人であったようだ。しかも、数カ月後には、酋長は脱落し、部族の慣習に沿った多妻制に戻ってしまった。似たような話は、その後、数年にもわたってつづく。リヴィングストンは、マコロロ人（The Makololo）たちを改宗させようと努力していた。別のイギリス人の訪問者の記録によれば、「リヴィングストンの朗読と讃美歌を歌うのをマネすること」は、「部族の好みの娯楽」となっていた。そして、「これには、常に、バカにしたような大爆笑が伴う」のであった。リヴィングストンが改宗に成功したマコロロ人は、一人も居なかった。

リヴィングストンは、宣教師のハンドブック通り伝道を行なっても、彼が「迷信」と認識していたものを打ち破ることはできない、という結論に達した。アフリカに入りこむには、自然な環境のなかで単に説教を行なうという以外の何か別の方法を見つけなければならない、という結論に達したのである。環境そのものをどうにかして変えなければならない、という結論であり、イギリス文明を受け入れやすいものに変えよう、という結論であった。

だが、暗黒の心を開かせるには、どうやったらいいのだろうか？　この問いに答えるために、彼は、誰にもいわず、生業《なりわい》を変える必要があった。一八四八年、彼は、実質的に、宣教師であることを止めた。そして、探検家となった。


王立地理学会（The Royal Geographical Society）は、一八三〇年に設立された。その後、アフリカ人を改宗させるには、まずアフリカを探検する必要がある、と主張する人々が現われた。早くも一七九六年には、ムンゴ・パーク（Mungo Park）がニジェール川を地図に書きこんだ。リヴィングストン自身も、クルマンの探検にすでに取りかかっていた。だが、リヴィングストンが、本格的に探検に乗り出すのは、一八四九年に、カラハリ砂漠を越えて、ヌガミ湖を発見してからである。実際、六〇〇から七〇〇マイル〔九六〇キロから一一二〇キロ〕に及んだ彼の探検のリポートは、ロンドン伝道協会から王立地理学会に送られて、その結果、彼は王立地理学会の金メダルを獲得し、地理上の発見に対する年度ごとの女王賞も獲得している。彼の妻、そして三人の子供たちも、否が応にも、今では、探検家となっていた。リヴィングストンは、家族全員を未知の世界に連れて行くことの危険性を認識していなかったわけではない。だが、必要上から、それを躊躇しなかったのである。

……われわれの前には広大な地域が広がっている。……熱病、アフリカの熱病が蔓延する土地に、妻子を同行するのは危険な試みである。だが、神を信じる者が〔妻は〕、リーダー〔リヴィングストン〕のために冒険を行なうことを拒絶できるだろうか？　親としての気持ちだけを述べるならば、子供たちを見つめると、この子と一緒に帰れるだろうか、あの子と一緒に帰れるだろうか、という思いが募るのだが。

これは、初期の伝道活動の容易に理解しがたい特徴の一つである。自分の子供の生命よりも、他人の魂に、より大きな重きを置いていたのだ。だが、二度目の探検では、危うく、全員が死ぬところであったので、最終的に、リヴィングストンは、家族をイギリスに帰すことを決めた。家族は、その後の四年半、彼の姿を見ることはなかった。*

＊　彼は、晩年、次のように認めている。「わたしには、一つ、後悔していることがある。わたしは、子供たちに教えるのと同様に、子供たちと遊ぶことを自分の義務とは考えていなかった、そのことである。……当時、わたしは懸命に働いており、夜になると、すっかり疲れていた。今では、一緒に遊んでやる者が居ないのだ」。

ヌガミ湖までの探検は、ヴィクトリア期中期の人々の想像力を掻きたてることとなる、ほとんど超人的と呼べるような一連の冒険の、最初のものであった。一八五三年、リヴィングストンは、ザンベージ川の上流部に沿って三〇〇マイル進み、今日のボツワナのリンヤンティ（Linyanti）で折れ、ポルトガル領アンゴラの大西洋岸の町ルアンダ（Luanda）まで進んだ。『タイムズ』紙の言葉を借りるならば、これは、「この時代の、もっとも偉大なる地理的探検の一つ」なのであった。彼は、体力を回復させた後、元来《もと き》た道をリンヤンティまで戻った。そこからモザンビークのキリマネ（Quilimane）まで行くという、驚くべき行程であった。これによって、彼は、アフリカ大陸を大西洋沿岸からインド洋沿岸まで、文字通りに横断した、最初のヨーロッパ人となったのである。

彼は、まさに、この時代のヒーローであった。貧しい環境で生を享けた彼が、世界の諸大陸でも、明らかに環境がもっとも厳しい大陸で、イギリス文明のために、道を切り開いたのである。彼は、これを、誰かに促されたのではなく、自らの意志で成し遂げたのだ。リヴィングストンは、たった一人のNGOとなったのである——一九世紀版の、最初の国境なき医師団となったのである。

リヴィングストンにとって、アフリカをキリスト教と文明のために開放することは、より緊急性の高い課題となった。奴隷制が、未だに蔓延《はびこ》っていることを、発見したからである。イギリスの奴隷制禁止以降、アフリカ大陸西部の奴隷貿易は、おそらくは、抑制されていたものの、奴隷たちは、中央アフリカや東アフリカから、アラビア半島、ペルシャ、インドへと輸出されていたのである。おそらくは、二〇〇万人ものアフリカ人が、一九世紀を通して、東向きの輸送の犠牲者にされていたのだ。数十万もの人々が、インド洋各地の経済を結ぶ結節点であったザンジバル島の巨大な奴隷市場で、売り買いされていたのである。*

＊　今日でも、ザンジバル島のストーン・タウンを訪問すると、奴隷たちが入れられていた小部屋を見学することができる。それらの小部屋は、暗く、じめじめしており、息詰まるほど蒸し暑い。筆者の知る限り、ここほど奴隷制の陰鬱さをはっきりと現代に伝えてくれるものは、他には存在しない。

リヴィングストンの世代は、イギリス自身がかつて西アフリカで行なっていたようなさらに大きな規模の奴隷貿易を体験したことがなかった。そんな彼にとって、奴隷キャラバン隊という光景、そしてキャラバン隊が通った後の荒廃と人口の減少は、非常にショッキングなものであった。彼は、後に、「この土地のもっとも奇妙な病理は、真に心を挫くものである」と述べ、「自由人をひっ捕らえて奴隷にするのである。……一二歳くらいの健康そうに見える少年は……心には傷を負ったが、自分にとって、それ以外はたいしたことではない、といっていた」と記した。リヴィングストンは、彼の前の世代が奴隷たちに無関心であったのと同程度、奴隷たちの境遇に憤慨していたのだ。

ヴィクトリア期の宣教師たちを、文化的排外主義者であるとして批判するのは、簡単なことである。自分たちが接したアフリカ社会を、無意識のうちに、自分たちのものより低いものと見なしていたからである。だが、このような批判をリヴィングストンに向けることはできないのだ。中央アフリカの現地の人々の助けなしには、彼は、冒険を成し遂げられなかったであろう。マコロロ人は、キリスト教を受け入れなかったが、リヴィングストンに対して、非常に協力的だったのである。リヴィングストンは、彼を助けたマコロロ人や他の部族の人々を知るにつれて、彼らに対する態度を徐々に変えていった。彼によれば、アフリカの人々は、しばしば、「われわれ白人たちよりも賢い」のであった。

アフリカ人を殺人者として見なす人々に対して、リヴィングストンは、次のように反論した。「黒人たちのなかに居る時、彼らが卑怯なことをするのではないか、と疑ったことはない。一つか二つの例外を除けば、彼らは、常にわたしに丁寧に接してくれた。中央アフリカの多くの部族は、実に文明的であり……普通の用心深さと機転を備えている宣教師であれば、彼らの尊敬を獲得できるであろう」。

リヴィングストンは、後に、次のように記すこととなる。彼自身、「アフリカ人が、知性や感情などの点において、無能である」などと思うことはできない。「地球上の国々のなかにおけるアフリカ人の地位について述べるならば、彼らが、もっとも文明が進んだ人々とは、別の「種」、あるいは「人種」に属するというような考え方は、とても受け入れることができない」。自ら接したアフリカ人へのリヴィングストンの尊敬心が、彼が奴隷貿易を嫌悪した、まさにその理由であった――この「地獄の商売」によって、自らのまさに眼前で、アフリカ人のコミュニティーが破壊されていたのである。

これ以前、リヴィングストンが戦う必要があった相手は、彼が原始的な迷信と見なしたものや、自給自足的な経済と見なしたものだけであった。ところが、彼は、今や、アラブ人やポルトガル人の奴隷商人たちが東アフリカ沿岸で行なっていた複雑な経済システムと対峙しようとしていた。ここでも、彼のやり方は果敢なものであった。彼は、まもなく、アフリカを神や文明のために開かせるばかりではなく、奴隷制〔の廃止〕を取引の材料とするような方策を考え出したのである。

ヴィクトリア期の多くの人々と同様に、リヴィングストンも、自由が制限された市場よりも自由な市場の方が効率的であると見なしていた。彼によれば、「奴隷貿易の魔力」は、「アフリカの他のすべての富の源」から、人々の関心を吸い寄せているのであった。「コーヒー、綿、砂糖、石油、鉄、さらには金まで、実際にはたいして儲からない〔奴隷〕貿易の、うまみのありそうな儲け話によって、脇に追いやられているのであった」。だが、〔アフリカの奥地まで〕より簡単に到達できる道を発見すれば、まっとうな商人が奥地まで行くことが可能となり、これらの商品を扱う、「合法的な貿易」が成立するようになり――アフリカ人を力ずくで働かせ、搾取するのではなく、アフリカ人の自由な意思による労働によって生産された産品を購入すること――その結果、奴隷貿易は成り立たなくなる、と考えたのである。自由意思による労働が、自由のない労働を駆逐する、という考え方である。そのためにリヴィングストンがやらなければならないこと、それは、〔奥地への〕道を発見することだった。

文明の動脈を探し求めて、リヴィングストンは、飽くことを知らなかった。実際、彼に追いつこうと必死であった人々と比べるならば、まるで不死身でもあるかのようだった。すでに、カラハリ砂漠を超えた最初の白人であり、ヌガミ湖を見た最初の白人であり、アフリカ大陸を最初に横断した白人であった。そんな彼は、一八五五年、おそらくは世界でもっとも偉大な自然の驚異の一つであるものを目撃する最初の人物となる。セシェケ〔現在のザンビアの西部に位置する町〕の東方で、ザンベージ川のスムーズな流れが、突然、巨大な谷に落ちるのだ。現地の人々は、この滝を、モシ・オ・トゥニャ（Mosioatunya）と呼んでいた。「雷鳴のする水煙」という意味である。リヴィングストンは――すでに、自らの行ないに対する本国の支援を得る必要性を認識していた――「忠誠心の証」として、すぐに、この滝を、ヴィクトリアの滝と改名した。*

＊「わたしが思いもしない方面でも、物事がうまく運ばれているようである」と彼は記している。「これらが全部合わさると、わたし自身はそのつもりがないのだが、『蛇のような賢さ』という効果を生むのかもしれない」。

リヴィングストンの日記を読むと、アフリカの大地に対する彼の情熱に、心を動かされずにはいられない。彼は、その滝について「景色そのものが美の極致である」と記しており、「イギリスにあるいかなるものにも、このような美しさを想像することはできない」と記している。

滝は水の粒となり、すべての粒が同じ方向に勢いよく向かう。一つ一つの粒が、幾層もの泡を生み出す。まさに鉄が酸素のなかで熱せられて火花の光を放つのと同様である。白色の雪のシーツは、まるで、一つの方向に向かう流れ星の集まりである。その一つ一つから放たれた極小の水が、泡となるのだ。

「この景色は、甘美なまでに美しく、天使も空からこの景色をきっと見ていることであろう」。まさに、「アフリカのなかでも最高に素晴らしい」景観であった。

このような心情は、どうしてリヴィングストンが宣教師から探検家となったのかを説明する一助となっている。彼は、孤独であり、時には、人間嫌いであった。たった一人の改宗者を得るために大勢の人々に説教するよりも、荘厳な景色を見るという目的のために、アフリカの内陸部を何千マイルも歩くことに、喜びを見出していたのである。そうはいうものの、ヴィクトリアの滝のえもいわれぬ美しさは、リヴィングストンの興奮を部分的に反映するものでしかなかった。彼は、常に、目的のために探検していることを公言していたのだ。その目的とは、アフリカを、イギリスの通商、イギリスの文明によって開くための道を見つけるということであった。そしてザンベージ川そのものに、彼は、自らの壮大な計画を実現させるための鍵となるものを見つけたようであった。

リヴィングストンは、ザンベージ川の、滝から河口まで九〇〇マイル〔およそ一五〇〇キロ〕あまりの距離が、航行可能であると考えた。このことが意味することとは、通商をアフリカの内陸部まで延ばせるということであり、ヨーロッパ文明が川を遡ることが可能である、ということであった。キリスト教の影響力の下、部族的な「迷信」が解かれたならば、やがては、キリスト教が定着するであろう。そして、合法的な通商が内陸部へと広がってゆけば、アフリカ人のための労働市場を生むことになり、奴隷貿易を廃れさせるであろう、ということであった。つまりは、ザンベージ川は、神に導かれたハイウェイとなるはずであった。

さらに、ヴィクトリアの滝のすぐ隣には、イギリス人入植者たちが拠点を構えるのに最適と思えるような場所があった。バトーカ高原（The Batoka plateau）である。「詩人や地元の人々が牧畜地と呼ぶように、草丈の低い牧草で覆われた起伏を持った開けた草地」といった場所であるが、それだけではなく、「最上の品質の小麦が豊富」に、「他の穀物や様々な種類の素晴らしい根菜類」と共に実りそうな場所であった。

ザンビア高原のこの場所は、リヴィングストンが、彼と同郷の人たち――理想的には、彼自身と同様の、貧しくとも忍耐強いスコットランド人たち――が新しいイギリスの入植地を建設することができる、と考えた場所であった。彼以前や彼以降の多くの探検家たちと同様に、彼も、約束の地を発見したと思ったのである。この場所は、経済上の黄金郷《エル・ドラド》であるのと同様に、文化上の黄金郷《エル・ドラド》となるはずであった。一度この場所に白人たちが住み始めると、バトーカ高原から文明の波が放たれて、アフリカ大陸から、迷信や奴隷が一掃されるようになるはずであった。

この新しい入植地を、帝国経済のなかに組み込むことを念頭において、リヴィングストンは、バトーカの主要産品を心に描いた。棉花がここで栽培されて、アメリカ人奴隷が栽培する棉花と、（彼が子供の頃に働いていたような）イギリスの紡績工場への依存を減らしてゆくこととなるだろう。これは、通商と文明、キリスト教とを組み合わせるにとどまらず、自由経済と自由意思による労働をも組み合わせた、大胆な、救世主的な計画となるはずであった。

一八五六年五月、リヴィングストンは、新しい使命を果たすために、イギリスに向けて旅立った。しかしながら、今回リヴィングストンが改宗を試みたのは、イギリスの人々であり、イギリス政府であった。彼が売り広めようとした有益な書物は、自書『南アフリカにおける宣教師の旅と探検（Missionary Travels and Researches in South Africa）』であった。今回、改宗は、瞬く間の出来事であり、彼は、たくさんの賞をもらい、賞賛を浴びることとなった。彼は、女王陛下に内謁する機会まで得た。本について述べるならば、この本はすぐにベストセラーとなり、わずか七カ月の間に二万八〇〇〇部売れた。『ハウスホールド・ワーズ（Household Words）』誌においては、編集人のディケンズ自身が手放しの賞賛の書評を書き、次のように率直に述べていた。

この本のわたし自身への影響を述べるならば、わたしはこれを読んで、自分自身の性格についての評価を、大きく、劇的に下げることになった、ということである。わたしは、これまで、自分自身について、勇気、忍耐、決断力、自制心といった道徳的美徳を備えていると考えてきた。今回、リヴィングストン博士の著書を読んで、わたしは、自身の評価について、これまで間違った評価〔過大な評価〕を受けてきたという、不面目な結論に至らざるを得なくなった。この、南アフリカへの探検記を読んで、これまで高い評価を受けてきたわたしの勇気、忍耐、決断力、自制心などは、めっきされたものにしか過ぎないことが分かったのである。

ディケンズをとりわけ感心させたのは、以下のことであった。

著者は、自身が直面した数々の困難について記述し、アフリカの未開人にキリスト教を植えつける試みがうまく行かなかったことを隠すことなく認めている。彼は、多くの善良な人々にとって、自分たちの努力の足枷となるような有害な党派的な影響から適度な距離を保っている。彼は、世界的な賢人である自らが、異教徒の人々に福音を説くという仕事と共に、異教徒の人々に、あらゆる合法的な援助を授けるという仕事に関わり合うことの絶対的な必要性を、躊躇することなく認めている。

リヴィングストンの呼びかけが宗派を超えるものであったことを強調したこのような支持は、彼のアフリカにおける計画への支持を集めるために、綿密に計算されたものであった。ディケンズは、次のように結論している。「この文章の著者は、リヴィングストン博士の多くの読者の誰にも劣らず、彼が再びその身を捧げる崇高な仕事で成功を収めることを真摯に願っている。著者は、彼の動向がイギリスで報道される時はいつも、彼の無事と、彼の仕事の進展が聞けることを、他の誰よりも心待ちにしている」。

ロンドン伝道協会は、リヴィングストンが彼自身の本来の仕事である伝道活動を放棄したことをあまり快く思っていなかったのであったが、そのロンドン伝道協会ですら、一八五八年の年次報告のなかで、〔彼の著書〕『宣教師の旅』が、協会の活動への「支持を拡大」させたことを認めざるを得なかった。気のない褒め方である。そうはいうものの、賞賛であったことには変わりはない。

だが、そのロンドン伝道協会の報告も付け加えざるを得なかったように、リヴィングストンの成功は、「神の摂理による……突然の……恐ろしいが教訓的な出来事」に影を落とされたのであった。この本が出版されたのとちょうど同じ年、世界の別の場所で嵐が巻き起こり、この出来事は、帝国をキリスト教化するという戦略に、疑問を投げかけるものであった。

文明の衝突

宣教師たちにとって、アフリカの内陸部は、処女地であった。彼らは、現地の文化について、原始的であるという印象を持ち、それ以前のヨーロッパ人との接触は、最小限であった。対照的に、インドでは、伝道活動は、まったく次元の違う困難に直面した。そこには、アフリカと比べて、明らかに、より洗練された文明が存在したからだ。多神教や一神教の教えが深く根付いていたのである。ヨーロッパ人たちは、インド人と共に、互いの信仰に異議を唱えることなく、それまで、この地で一世紀半暮らしていた。

一九世紀の初めまで、インドに住むイギリス人たちは、インドをイギリス化しようと試みたことはなく、インドをキリスト教化しようなどということは、まったく考えられないことであった。それどころか、イギリス人たちは、しばしば、自分たちが東洋化されることに喜びを見出していたのだ。ウォレン・ヘースティングスの時代以降、圧倒的多数の男性の商人や軍人たちが、インドの習慣を身につけ、インドの諸言語を学んでいたのである。多くのイギリス人たちが、インド人を愛人とし、妻としていた。

それゆえ、次のような出来事も、驚くべきことではないのだ。第四四連隊（イースト・サセックス）のロバート・スミス大尉が、一八二八年から一八三二年にかけてインドを旅していた際、出会ったデリー出身の美しい姫を賞賛している。そして、彼女の姉妹について次のように記述しているのだ。「高貴な家柄にもかかわらず、［東インド］会社軍の将校の息子と結婚をし……何人かの子供を儲けている。そのうちの二人に会った。……彼女たちの外観は、いくぶん、ムスリムのようであり、ターバンを身につけていた……」。スミス自身も、その女性の容姿を、「最上の美しさ」を備えている、と表現している。スミスは、アマチュアの画家として、インド人女性をスケッチすることを好んでいたが、人類学的興味から行なっていたわけではない。次のように記しているのだ。

この人種に特徴的に見られる慎ましやかな表情、美しさ、そして、整った容姿、それから、均整の取れた頭の形、これらはハッとするほどであり、アジア人種の知性の高さを伝えてくれるものとなっている。……この古典的な美しさは、頭の形だけでは終わらない。胸は、しばしば、古い彫刻のもっとも美しい部分である。優美なヒンドゥーの女性がガンジー川での朝の沐浴から上がってくる時、軽く羽織った薄いモスリンを通して見えるその形は、詩人や芸術家が、精魂を傾ける作品の題材とするのにふさわしい。*

＊　スミスの唯一の但し書きは、それほど容姿の美しくない平均的なインド人の女性について彼が感じたことである。「形が悪く、美しい上部構造と均整がとれていない」と書いているのだ。彼は、明らかに、このことについて、かなり考えていたようである。

スミスは、アイルランド人として、インドに赴任する前、すでに同郷の女性と結婚していた。だが、東インド会社に勤めるようになった独身者たちは、しばしば、アジアの女性を賞賛するだけにはとどまらなかった。サミュエル・スニード・ブラウン（Samuel Snead Brown）は、インドから実家に向けて送った手紙（主に一八三〇年代以降のもの）の一通において、次のような観察をしていた。「その期間にかかわらず、現地の女性と一緒に過ごしたことのある者は、ヨーロッパ人女性とは結婚しないものだ。……彼らの［イギリスの］社会は、イギリス人女性の気まぐれに翻弄されたり、イギリス人女性の好みにつき合わされたりして、委縮してしまっているが、そんな社会に慣れ親しんだ者にとっては、［現地の女性たちは］まったくもって陽気であり、義理堅く、親切であろうと努めているのである」。

このような互いを尊重するという雰囲気、さらにはインドのやり方を尊重することは、東インド会社が好んだやり方であった。もっとも、宗教上の寛容さは、それを原則としていたというよりは、商売を行なう上での実利上の要請から生まれ出たものであった。だが、東インド会社は、今や、貿易会社というよりは、国家に近いものとなっていた。一方、会社の重役たちにとって、通商は、もっとも重要な関心事でありつづけた。一八三〇年代もしくは一八四〇年代には、インドからの輸出品の内アヘンの占める割合は四〇パーセントとなったので、会社の重役会議に、高尚な精神が入りこむ余地はなくなっていた。

カルカッタ、マドラス、ボンベイなどに居る古株のインド駐在イギリス人たちにとって、インドの伝統的文化に挑戦しようなどということは、まったく考えられないことであった。それどころか、彼らは、そんなことをすれば、イギリスとインドの関係をおかしくし、ビジネス上も利益がない、と信じていたのである。マドラスの知事であったトマス・マンロー（Thomas Munro）が、次のように冷淡に述べている。「わたしが信じているところによれば、もしも文明というものが［英印］間で取引されるものになるのならば、輸出によって利益を得ることになるのはこの国［インド］である」。マンローの考えでは、ヒンドゥー教徒をアングロ・サクソン化させようなどということは、意味のないことなのであった。

わたしは、ヒンドゥー教徒や他の人々を進歩させようなどという近頃の考えには信を置いていない。本を読んでいると、広い地域を立ちどころに進歩させるための方法が述べられていたり、未開に近いような人々をクウェーカー教徒のように文明化させる方法が述べられたりしているような本に時々出会うが、そんな本はすぐにゴミ箱行きだ。

東インド会社の会社付きの牧師たちは、直接インド人に説教を行なうことをはっきりと禁じられていたが、これがその理由である。そして、このことは、東インド会社が、軍事力を行使してまで、宣教師たちがインドに入ることを阻止した理由でもあった。どうしてもインドで活動したい宣教師たちは、その拠点を、小さなデンマーク領のセランポールに置くことを余儀なくされた。インド庁長官（The President of the Board of Control in India）であったロバート・ダンダス（Robert Dundas）は、総督であったミントー卿に、一八〇八年、次のように述べている。

> わたしたちは、インドにキリスト教を導入することに真っ向から反対しているわけではありません。……ですが、軽率なやり方や、思慮に欠けたやり方でキリスト教を導入して、宗教的偏見を招いたり、宗教的警戒心を引き起こしたりするようなことは、決して賢明とはいえないのです。……現地の人々にキリスト教の知識を伝えるのは、望ましいことです。ですが、それを行なうに当たっては、政治的な危機を招いたり、政治的警戒心を引き起こしたりしない方法で、行なわなければなりません。卓越した力を持っているのがわれわれの側である以上、現地の住民が、自由で誰にも邪魔されない宗教的意思を持てるように、われわれが、擁護してやらなければならないのです。

しかしながら、一八一三年、会社の憲章が改定されることとなり、福音主義者たちは、この機会を捉えた。インドにおける伝道活動は、それまで会社がコントロールしてきたのであったが、それに終止符を打たせたのである。古くからのオリエンタリズムが、新しい福音主義と、真っ向からぶつかり合おうとしていたのだ。

インドをイギリスの宣教師たちに開放することを欲した人々は、アフリカの奴隷貿易に反対するキャンペーンを行ない、アフリカにおける伝道活動を立ち上げた人々と、まさに同一の人々であった。ウィリアム・ウィルバーフォース、ザッハーリー・マコーリー他のクラッパム・セクトの面々である。ここに新たに加わったのがチャールズ・グラント（Charles Grant）であった。若い時にインドで完全に無益な年月を過ごした後に宗教的な目覚めを経験した、元東インド会社幹部である。インサイダーである彼の役割は重要であった。彼の果たした役割は、奴隷制に反対するキャンペーンにおいて、元は奴隷商人であったニュートンの果たした役割や、元はプランテーションの管理職であったマコーリーが果たした役割に相当するものであった。グラントは、その著書『イギリスのアジア人臣民の社会の状況についての観察（Observations On the state of Society among the Asiatic Subjects of Great Britain）』において、ミントー他、宗教的寛容を主張する人々に真っ向から挑戦したのである。

われわれのアジアの領土が……われわれに与えられたのは、単にそこから毎年利益を上げるためではなく、長い間、暗闇と悪習、窮乏に沈んでいたそこの住民たちに、真実の光と〔神の〕慈悲を広めるため、そのように結論すべきなのではないのだろうか……？

このキャンペーンは、ニュー・ロンドン・タヴァン（The New London Tavern）において、「プロテスタント社会委員会（The Committee of the Protestant Society）」の会合で開催された。この会合は、キリスト教を、「東洋の全地域」に、「素早く、あまねく広める」ことを求めるものであった。東インド会社の幹部たちが抗議をしたが無駄であった。議会で評決が行なわれるまでには、イギリス中の熱心な福音主義者たちから八三七通の請願書が議会に送られ、インドから宣教師たちを締めだしていたことに終止符を打つことが請願されていた。合計すると、これらの請願書には、五〇万人近い人々の署名があった。これらの請願書の内の一二通は、現在でも、貴族院の文書室で閲覧することができる。そのほとんどは、イングランド南部から送られたものである。議会の外からの政治的圧力が組織立ったものであったことが分かるかのように、これらの請願書のほとんどには、まったく同じ序文が用いられていた。そこにはこうあった。

インドの人口が多い地方の住民は、イギリス帝国の住民のかなりの割合を占めるものとなっているが、これらの人々は、道徳的に退廃していて非常に嘆かわしい状況であり、まったくもってひどい迷信や、下劣な迷信の影響下にある。彼らは、イギリス人キリスト教徒の同情心や、慈悲深い奉仕を受ける権利を有するのである。

請願者のグループの一つは、次のように謳《うた》っていた。「インドの莫大な数の人々は、恐ろしい儀式の心を痛ませる悲嘆を背負い、彼らの間では、下劣な不道徳が広まっている。彼らは、今では、われわれと同様、〔イギリス王室の〕臣下なのであり……イギリス帝国の住民たちが享受している宗教、そして神の恵みを、われわれが彼らにもたらすことを、心から願っているのである」。これはまた、元々は一八一三年四月、「教会伝道協会（Church Missionary Society）」の〔ロンドンの〕チープサイドにおける集会にて採択された教義であり、『ザ・スター（The Star）』のような福音主義の新聞によって広まっていった考え方であった。

ここに、既存の勢力に挑戦するための、用意周到で、巧みな社会運動を見ることができる。そして、奴隷貿易がその対象であった時とまさに同じように、既存勢力に打ち勝ったのは、クラッパムの面々だった。

一八一三年の東インド特許状の更新によって、宣教師たちにドアが開かれたばかりではなく、インドのために、一人の主教と三人の大執事が任命されることとなったのである。最初の頃、これら教会の代表者たちは、伝道を認めることで東インド会社を敵に回すことに躊躇していた。宣教師のジョージ・ゴージェリー（George Gogerly）は、一八一九年にインドに到着した時、状況を知って驚いたのであった。

宣教師たちは、この地では、行政の側からも、現地のヨーロッパ系住民からも、励ましを受けることを期待できないのである。〔この地で好き勝手に生きている〕ヨーロッパ系住民たちの道徳心は、非常に嘆かわしい状況にあるので、宣教師たちがこの地に居たならば、自分たちの行動が宣教師たちに見張られることになるのである。一方で、政府の官僚たちは、宣教師たちを、猜疑心を持って見つめているのだ。両者とも、宣教師たちが現地の人々にとって劣る存在と映るように、最大限の努力をしているのである。宣教師たちを、自分たちの祖国〔イギリス〕では、カースト〔身分〕の低い人々であるとし、高い教養を持つバラモン〔高位聖職者階級のインド人〕と対等に話すには不適切な人々である、と説いているのである。

二代目のカルカッタ主教となったレジナルド・ヒーバー（Reginald Heber）は、一八二三年に任命を受けると、宣教師たちを、奨励した。九年後、五八人の教会伝道協会の宣教師たちが、インドで活動していた。文明の衝突が始まっていたのだ。

多くの宣教師たちにとって、インド亜大陸は戦場であった。そこで彼らは、キリスト教の戦士として、戦ったのである。戦う相手は、暗黒という力であった。ウィルバーフォースは、「彼らの宗教は冷酷な宗教である」と、はばかることなく宣言した。「この宗教の慣習はすべて根絶しなければならない」と宣言したのである。これに対するインド人の反応は、こうした姿勢をより強固なものとする方向に作用した。

ジョージ・ゴージェリーは、自分のバンガローで説教を始めようとしたところ、二人の男に襲われたのだった。「彼らの身なりは、想像し得る限り、もっとも不潔なものであった。目は血走っており、悪魔のようだった。明らかに、非常に強力な興奮作用のある薬の影響を受けているようだった」。

［彼らは］大きく脅かすような声で、われわれに、黙るよう命令した。そして人々の方向を振り返り、次のように宣言したのである。この人たちは、政府に金で雇われたエージェントなのです。この国を奪い取ろうというだけではなく、ヒンドゥー教とイスラームの両方を力によって根絶して、国中にキリスト教を広めようとしているのです。みなさんの家々は、聖なる牛を殺し、その肉を食べてしまうような人々に汚されることになるのです。この人たちの子供たちは、学校で、聖なるバラモンたちを冒瀆し、［キリスト教の神以外の］神々を奉ることを止めるよう教育されているのです、と宣言したのである。それから、われわれを指さし、次のように叫んだのだった。「この人たちは、君たちに甘い言葉で囁《ささや》くだろう。だが、この人たちの心には毒がある。この人たちは、ただ騙そうとしているだけであり、もしかしたら、破壊しようとしているのだ」。

ゴージェリーは、このように邪魔されたことに憤慨していた。特に、人々が、彼と、彼の同僚たちを、けしかけ、殴り、道で追いかけまわしたことに対して憤慨していたのだ（にもかかわらず、彼は、「イエス・キリストの名の下に自分たちが受難を受けたことを、喜んで受けとめていた」のだった）。しかしながら、彼を攻撃した「ボイラギース［インド人に多い苗字］」たちは正しかったのである。宣教師たちは、単にインド人たちをキリスト教に改宗させる以上のことを目論んでいたのだった。福音主義者のプロジェクトと同様に重要だったのは、インドの文化をまるごとイギリス化させる、という考え方なのであった。

このような考え方は、宣教師たちだけにとどまるものではなかった。一九世紀なかば、インドは、宗教色の薄い自由主義者にとっても、しだいに重要な場所となってきた〔一九世紀なかばになると、宣教師ばかりでなく、自由主義者たちも、インドをイギリス化させよう、と考えるようになった〕。一八世紀の自由主義の先駆者たちは、アダム・スミス等に顕著に見られるように、帝国主義に批判的であった。しかしながら、ヴィクトリア期のもっとも偉大な自由主義の思想家ジョン・スチュアート・ミルは、これとは異なる立場をとったのだ。ミルは、「不干渉論（A Few Words on Non-intervention）」において、次のように主張したのであった。イギリスは、「すべての国家のなかで、比較にならないほどに、もっとも良心的な国家である。……自らを思いとどまらせる……自制心というためらいを持つ唯一の国家なのである」、そして、「現存するすべての国家のなかで、自由〔という概念〕をもっとも理解している国家なのである」。それゆえ、ミルは、『代議制統治論（Considerations on Representative Government）』（一八六一年）において、次のように主張したのであった。アフリカとアジアのイギリス植民地は、イギリスの、独特で進んだ文化を享受しており、そのことは、これらの国々にとって、最高の利益となっている。

第一に、より良い政府、財産のより確実な保全、節度のある税、より永続的な……土地保有。第二に、国民の知的水準の上昇、産業の効率的な活動を阻害する慣習や迷信が衰退したこと、精神的活動が活発であり、人々を新たな目標へと活気づけること。第三に、外国の技術の導入……そして、外国の資本の導入によって生産が増え、節約や、住民自身の倹約にもっぱら依存することがなくなり、同時に、それが、彼らにとって、よい刺激となる手本となっていること。

ここでも重要なフレーズとは、「産業の効率的な活動を阻害する慣習や迷信が衰退したこと」というフレーズである。リヴィングストンと同様に、ミルも、非ヨーロッパ世界の文化的な変革は、経済的な変革と分かちがたく結びついている、と見なしていたのだ。インドをキリスト教化させたいという福音主義者たちの願望、そして、インドを資本主義に転換させたいという自由主義者たちの願望、この二つの流れは、互いに影響し合い、そして、イギリス帝国全体へと広がってゆくのであった。

現在、彼ら宣教師たちの現代版ともいえる人々が活動している。彼らは、自分たちが野蛮であると見なす遠くの国々の「慣習」——児童労働や女子割礼——に対して、熱心な反対キャンペーンを行なっているが、ヴィクトリア期のNGOが行なっていたのは、似たようなことであった。インドの伝統的慣習のなかでも三つのものが、イギリス人宣教師たち、そして近代主義者たちの怒りを、殊更に呼び起こしたのだった。一つ目は、女児殺しである。これはインドの北西部で広く行なわれていた。二つ目は、タギーという（ふつう「サギー」とつづられる）宗教的殺人を行なうとされたカルトであった。これは、インドの道で、油断しているよそ者の旅人を絞殺する集団といわれていたものだ。三つ目は、サティー（あるいは「サッティ」）であり、ヴィクトリア期のイギリス人たちがもっとも嫌ったものであった。ヒンドゥー教の夫が亡くなり火葬される際に、妻も生きたまま一緒に焼かれるという、自己犠牲の慣習であった。*

＊　ヒンドゥー教の慣習であるアヌマラナ（「後を追って死ぬ」）あるいはサハマラナ（「ともに死ぬ」）を、イギリス人たちは、不正確に、サティーと呼んだ。実際のところ、サティーという語は、焼かれる未亡人その人を意味する語であり、「貞節な」とも訳すことができる。

イギリス人たちは、一七八〇年代の後半から、インド人コミュニティーのなかに、女児殺しを行なっているコミュニティーがあることを認識していた。それを行なっていた主な理由は、どうやら、カーストの高い家族において娘を結婚させるための費用が非常に高くつくからなのであった。ところが、これを廃絶するための積極的な施策を行なったのは、当時アーザムガルのマジストレイト〔裁判権を持つ行政官〕で後に北西辺境州の知事となるジェームズ・トーマソンが一八三六年に行なったのが、最初なのである。一八三九年には、メールワーラーのマハラジャが、この慣習を禁止する法律を施行することを説得させられた。これは、長くつづくことになるキャンペーンの、ほんの始まりであった。

一八五四年に実施された組織的な調査により、ゴーラクプル（Gorakhpur）、ガーズィープル（Ghazipur）、ミールザープル（Mirzapur）において、この慣習が根強く残っていることが分かった。さらなる調査――村ごとの人口調査の詳細なデータも含まれる――の後、一八七〇年に、新しい法律が施行された。この法律は、当初、北西辺境州でのみ施行されたが、後に、その施行範囲は、パンジャーブ州とアワド州にまで拡大された。*

＊ 今日のスペルでは「Awadh」であるが、ヴィクトリア期のスペルでは「Oudh」である。

タギーに対するキャンペーンは、同じ熱意で行なわれた。もっとも、この慣習がどれほど広まっていたのかについては、より一層疑いがあるものであった。これを撲滅させようと乗り出したのは、コーンウォール出身で、軍人から調査行政官に転身したウィリアム・スリーマン（William Sleeman）であった。スリーマンは、彼が主張するところの複雑で邪悪な秘密結社――インドの旅人を儀式的に殺すための結社――を壊滅させようと乗り出したのである。この問題について影響力のある記事が、一八一六年、『マドラス・リテラリー・ガゼット』誌に載せられたが、それによれば、サグと見なされたものは、

……騙しの技術に長けている。……会話へと引き込み、おべんちゃらをいいながら、ありとあらゆる旅人の信頼を得る。……彼らは、ある旅人を、その餌食にしようと決めたら、通常、互いの安全を確保するため、あるいは、社会のためという、もっともらしい理由を挙げて、その旅人に、一緒に旅をすることを申し出る。そ

して、都合の良い、〔殺しを行なうのに〕適切な場所までたどり着いた時、一味の一人が、その不運な旅人の首に、紐あるいはスカーフを巻きつけ、他の者たちは、その者の命を奪うことを手助けするのである。

現代の研究者たちによれば、こうした記述の多くは、海外在住によって膨らんだ想像力の産物であり、スリーマンが実際に対峙していたものは、増加しつつあった、ありふれた路上強盗であった。路上強盗が増加していたのは、イギリスがインドの辺境での勢力を拡大させるにつれ、現地の兵隊たちが、何十万という単位で除隊されていたからであった。そうはいうものの、スリーマンが実行していた自らの使命は、イギリスがインドの文化を近代化させることにどれだけ熱心に取り組んでいたのかを物語るものとなっている。

一八三八年までに、スリーマンは、合計で、三二六六人のサグを捕らえ、裁判にかけた。それ以外にも、数百人のサグが、留置場で、裁判を待っていた。全部で、一四〇〇人が、絞首刑となるか、終身刑をいいわたされて、アンダマン諸島へと送られた。彼が取り調べを行なった男の一人は、九三一人の命を奪ったと主張した。スリーマンは、ぎょっとして、この男に、「偽りの友情を示して、安全な状況にいると錯覚させた後に、冷酷に殺したことを悔いて」いるかを聞いたところ、この男は、「まったく悔いていない！」と答えた。「あなたは、シカリ（大型動物の狩り）をしないのですか？　あなたは、獲物を追って、その動物と自分との知恵比べを楽しんだりしないのですか？　あなたは、仕留めた動物を足元に置いて、喜んだりしないのですか？　サグでは、人間という、より高等な獲物を仕留めるのですよ」。サグ容疑者たちの大がかりな裁判を取り仕切った裁判官の一人は、感情的になって、次のように宣言した。

二〇年を超えるわたしの司法での経験のなかで、これほど残忍な行ないは聞いたこともなければ、このような裁判を行なったこともない。かくも冷酷な殺人であり、痛みと悲しみの現場は、胸を引き裂くようであり、かくも利己的な恩知らずである。人は他の人と結びつくことによって、やさしさを身につけ、人間が人間であるという原則は、人間と獣を分かつものであるのだが、このような人間性の原則を完全に否定するような、残忍な行ないである。

インドの伝統的文化が劣ったものであるという証明が必要だというならば、その証拠が、ここにあったのだ。

まずは、何といっても、サティーである。これは、確かに、想像の産物とはいえないものだった。一八一三年から一八二五年の間、ベンガルだけで、合計で七九四一人の女性が、この慣習で死んでいたのである。こうした統計よりもさらに恐ろしいのは、個別の事例の、身の毛もよだつような話であった。たとえば、一八二三年九月二七日、ラドハビー（Radhabyee）という名の寡婦が、夫の亡骸《なきがら》を焼く火葬の炎から、二度逃げ出した。これを目撃していた二人の役人の一人の話によれば、一回目に彼女が逃げ出した時、彼女は、両足のみに火傷を負っていた。実際、彼女は、三人の男に取り押さえられ、火のなかに戻されることがなければ、生き永らえることができたであろう。彼らは、彼女が逃げられないよう、薪を、彼女の体の上に投げ入れた。彼女が再び逃げ、川のなかに飛び込んだ時、「彼女の体のほとんどの部分は火傷を負っていた」。男たちは、彼女を追いかけ、彼女が水から上がれないようにし、溺死させたのであった。

もちろん、この出来事は、かなり例外的なものであり、サティーが日常的に行なわれていたということではない。実際のところ、インドの著名な識者の多く――特にムリトゥンジャイ・ヴィディヤーランカール（Mrityunjay Vidyalankar）やラーム・モーハン・ローイ（Rammonhun Roy）などの学者――は、この慣習を、ヒンドゥー教の法典と相容れないものとして批判していた。だが、インド人の多くは、寡婦の焼身自殺を、貞節はもとより、女性の慎み深さを表わす崇高な行為だと見なしつづけたのであった。サティーは、伝統的には、高いカーストのヒンドゥー教徒と結びつきのあるものであったが、それがしだいに、低いカーストの人々にも広まっていったのである。サティーは、金のない未亡人の面倒を家族が見なければならないという厄介な問題を解決してくれるものであったので、なおさらであった。

イギリスの当局は、長年にわたって、サティーを容認していた。これを取り締まることは、インド人の宗教的伝統に不必要に介入する行為である、と見なされていたからである。カルカッタの町の礎を築いたジョブ・チャーノック（Job Charnock）*の例に倣って、未亡人の命を救うことができると判断された場合には、時折、役人が個人的に介入することがあった。だが、公式の政策としては、厳格に、「放任」であったのだ。実際、一八一二年の規制は、役人が立ち会うことを定めたものであったが、条件――その未亡人が一六歳未満ではないこと、妊娠中ではないこと、三歳未満の子供の母親ではないこと、薬物の影響を受けていないこと――が満たされた場合は、サティーは、すべて、許可されたようである。

＊　チャーノックは、自らが救出した女性と結婚したのであった。彼女の最初の夫の火葬から救い出した女性である。

必然的に、廃絶に向けたキャンペーンは、クラッパム・セクトが主導することとなり、今ではお馴染みとなったパターンが繰りかえされることとなった。まずは感情を呼び起こすような演説が議会で行なわれ、『ミジオナリー・レジスター（Missionary Register）』や『ミジオナリー・ペーパーズ（Missionary Papers）』など〔の機関紙〕に鮮やかな記事が載り、そして、公衆からのたくさんの請願が集まった。一八二九年、総督に就いて間もないウィリアム・ベンティンク（William Bentinck）が、これらに応え、インド統治法の第一七条によって、サティーを禁止した。

ヴィクトリア期のすべての総督のなかで、ベンティンクは、おそらく、福音主義と自由主義、双方の影響をもっとも強く受けた総督であった。ベンティンクは、熱心な近代主義者であった。彼は、一八三七年、議会において、「蒸気船による航海は、［インドの］道徳心を向上させるに当たって最大の動力源なのです」と述べた。「二つの国の間のコミュニケーションが容易になり短縮されるのに比例して、文明の進んだヨーロッパが、強いていうならばこれら未発達の地域、そこに近くなるのです。大きな蒸気船が入ってくるのに匹敵するような他の向上策は、ないのです」。

ノーフォークを向上させた地主として、ベンティンクは、自らを、「偉大な土地」の「管理長官」と見なしていた。ベンガルの沼地――この地方を、あたかも、巨大な沼と見なして――から水が引くのをじっと待っていることなど、できなかったのである。ベンティンクは、インドの文化も、強制排水が必要なものと見なしていたのだ。インドでの教育政策を巡って、東洋派とイギリス化派の争いが起きた時、ベンティンクは、躊躇することなくイギリス化派についた。イギリス化派の目的とは、チャールズ・トリヴェリアン（Charles Trevelyan）の言葉を借りるならば、「アジア人に西洋の知識を授けること」であった。優秀なイギリス人の頭脳をサンスクリット語で満たすことではなかったのだ。

このようにして、イギリス人は、「インドにおいて、自分たちの言語、自分たちの知識、そして窮極的には、自分たちの宗教」を確立させることによって、インドの人々の、道徳的改革、知的改革を行なおうとしたのであった。トリヴェリアンが主張するところによれば、その目的とは、「ヒンドゥー的というよりもイギリス的な」インド人を生み出すことにあった。ちょうど、［古代］ローマの属州が、ガリア的、イタリア的というよりも、ローマ的になったように、である。

サティーについて、ベンティンクは、一八二七年に総督に任命される前から自らの態度を決めていた。彼は、「キリスト教徒にとって、そしてイギリス人にとって」「その実行を容認するということは、この非人間的で不敬な犠牲、それを許したことの責任を神の御前で負うことになる、ということなのである」と記している。これの存続を許す理由は存在しない、というわけである。

全体としての弁明、そして唯一の弁明は、国家の都合、つまりはイギリス帝国の保全、なのである。ところが、この東方世界の莫大な人口が将来幸福になるかどうか、そして向上するかどうか、そのことが、イギリスが支配を継続できるかどうかに完全にはかかっていないとするならば、その弁明も、たとえ成り立つものであったとしても、まったく不完全なものとなりましょう。……この方策を強固に主張する人々はたくさんいらっしゃいますが、それらの人々が、わたし以上にこのことを真剣に考えているようには、わたしにはとうてい思えないのです。わたしの、この世、あるいは次の世における幸せには、この非常に重い責任がのしかかっているのです。わたしが、インドの総督として、この慣習が継続されることを認めるかどうか、そこには、われわれの安全ばかりではなく、インドの人々の真の幸福、永続的な繁栄がかかっているのです。

禁止に対して反対を表明したのは、少数の古くからのインド派だけであった。ウィリアム・プレイフェア中佐（Lt.-Col. William Playfaire）は、シータプルからベンティンクの軍事顧問に宛てて、暗に警告を行なった。

その慣習を禁止する政府からの命令は、いかなるものであっても、現地軍の間で、驚くほどの騒ぎを引き起こすこととなるでしょう。彼らは、これを、自分たちの慣習や宗教に対する介入だと受け止め、自分たちに対する政府のこれまでの方針の放棄を意味するものだと見なすでしょう。このような感情は、いったん火がついてしまうと、その後に何が起きるのかを予測することが非常に難しくなるのです。現地軍の一部で、あからさまなヒンドゥー教徒の謀反が起こることも、あり得ましょう。……

このような不安は、時期尚早であり、ベンティンクは、福音主義派のイギリス人たちや、また、開明派のインド人からも、激励の手紙を多く受け取っていたので、ひとまずは、無視し得たであろう。いずれにせよ、ベンティンクが意見を求めた他の軍人たちは、禁止を支持したのであった。*

＊ 先に言及したインド人女性の美しさを賛美していたロバート・スミス大尉は、女児殺しやサティーの禁止は、イギリスの支配を、弱めるのではなく、強固にするものである、なぜなら、「多くの階層のヒンドゥー教徒たちは、自分たちの宗教に対して以前ほど敏感ではなくなった」からである、と強く主張したのであった。彼は、さらに、亡骸をガンジス川に流すことも禁止にすべきである、としていた。こうしたことを行なえば、「利己的な聖職者たちによる専制から、〔ヒンドゥーの民〕を解放することを政府が決意している」ということを示すことになり、「同時に、人間性を踏みにじるような儀式が伴わなくなったならば、ヒンドゥーの平穏な慣習に、彼ら〔ヒンドゥーの民〕は一層励めるようになる」と主張していた。

だが、プレイフェアの懸念は、決して、根拠のないものではなかったのである。当時もっとも著名であった東洋学者のホーラス・ヘイマン・ウィルソン（Horace H. Wilson）も、この懸念を共有していたのであった。インドにイギリス文化を押しつけることへの反発が、実際、沸き起こりつつあったのだ。さらに、プレイフェアは、どこでトラブルが発生するのかという点においても、その見通しは正しいものであった。

イギリスのインド支配の礎、それが英印軍〔インド政府軍〕であった。確かに、一八四八年に東インド会社がインドを帝国に加えることができたのは、単に、支配者が死去した際に後継者が居なかったからである（いわゆる「失権の原理」である）。そうはいうものの、窮極的にこれを可能としたのは、軍事力による脅しであった。実際に戦った際――一八二〇年代にビルマ〔ミャンマー〕において、一八四三年にシンドにおいて、一八四〇年代にパンジャーブにおいて――英印軍が打ち負かされることは、ほとんどなかったのである。一九世紀、大きな敗北を喫したのは唯一アフガニスタンにおいてであった。一八三七年、一万七〇〇〇人の占領軍は、一人を除いて全滅したのだった。しかしながら、英印軍の一〇人に八人はセポイ〔スィパーヒー〕であった。インドで伝統的に兵士であったカーストから兵を募ったのである。イギリス人の兵士――もっとも実際のところ、その多くは、アイルランド人――は、軍事的には重要な存在ではあったものの、少数派であった。

白人の同僚たちは、女王陛下からの糧〔兵隊になること〕を最後の手段としたような社会のはみ出し者を出自とする人たちであったが、セポイたちは違った。彼らは、ヒンドゥー教徒であろうが、ムスリムであろうが、スィク教徒であろうが、自らの信仰に関係なく、兵士であることを、自分たちの天命であると考えていたのである。戦いの前の番になると、ヒンドゥーの兵士たちは、破壊の女神であるカーリーに、生贄《いけにえ》を捧げるか、捧げものを捧げ、女神の御加護を請うのだった。だが、カーリーは、危険で、予測のつかない女神であった。

ヒンドゥーの伝承によれば、カーリーは、悪者たちを一掃して清めようと最初に地球に降り立った時、怒り狂って、自分が通った場所に居たすべての者を殺してしまったのであった。セポイたちは、自分たちの信仰が危機に晒されたならば、カーリーの先例に従うこととなったであろう。彼らは、かつて、そうしたことがあった。一八〇六年の夏ヴェロールにおいて、である。新しい服装規定が導入されて、それまで認められていた自分たちのカーストの印とあごひげが認められなくなり、新しい種類のターバンが導入されたのである。このことによって、反乱が引き起こされたのだ。

一八五七年の〔インド大反乱〕場合と同様に、一見、ささいなこと――新しいターバンの帽章が、牛の皮もしくは豚の皮で造られたものに見えたという事実――によって、給与、待遇、政治*といった、より大きな不満が覆い隠されていたのである。だが、ヴェロール蜂起の根底にあったものは宗教であった。実際、第一のターゲットとされたのは、インド生まれのクリスチャンたちだったのである。サー・ジョージ・バーロウ（Sir George Barlow）は、躊躇することなく、「現地の人々の宗教的儀礼をかき乱した」として、「メソジスト会の宣教と、現実離れした理想主義者たち」を非難したのであった。

＊　反逆者たちは、「マイソールの虎」と呼ばれたティプー・スルターンの息子たちに、その指導を仰いだのであった。

この意味において、一八五七年は、ヴェロールの繰りかえしであった。ただし、はるかに大きな規模で、よりひどいものであった。すべての学童が知っているように〔イギリス英語圏の生徒たちが皆そのように習うように〕、大反乱は、新しく支給されることになる薬包《カートリッジ》〔火薬と弾丸をセットで紙包で包んだもの〕に動物の脂が塗られているという噂と共に始まった。使用する際には、この薬包の端を口で食いちぎる必要があったので、ヒンドゥー教徒も、ムスリムも、宗教的禁忌を犯す恐れがあったのである――もしこの動物の脂が牛の脂であったならば、前者にとってそうであり、もし豚の脂であったならば、後者にとってそうなるのであった。つまり、弾丸が、発射されるどころか、銃口に挿入される前に火種となったのである。多くのセポイにとって、このことは、イギリスがインドをキリスト教化させようとしていることの証拠として映ったのであった――これまで見てきたように、イギリス人の多くが、実際、これを目論んでいた。このことを抜きにして、薬包だけについて論じるならば、それは的外れなのである。

それゆえ、大反乱は、その名称が示す以上の意味があったのである。大反乱は、全面的な戦争であり、その原因は、動物脂が塗られた薬包という存在以上に、より深いものであったのだ。インドの教科書や記念碑には、「最初の独立戦争」であった、と記されている。だが、インド人は、双方の側で戦ったのであり、独立は、争点ではなかった。ヴェロールと同様に、大反乱は、政治的側面を持つものであったのだ。

そうはいうものの、反乱者たちの目的が、現代的な意味でのナショナリスティックなものであったのかというと、そういうわけでもない。大反乱は、また、ありふれた原因を持つものでもあった――たとえば、昇進の機会が少ないことへのインド人兵の不満である。*

＊　この点におけるヘンリー・ローレンス（Henry Lawrence）の証言は明示的である。「セポイたちは、自分たちなしではイギリス人がやっていけないと感じている。それにもかかわらず、セポイ兵が期待できる最高の報酬とは……年額一〇〇ポンドで、その息子も、たいした将来は期待できないのである。確かに、外国人兵の特別な忠誠と、長期の軍務を期待するのは、不十分な待遇である」。「兵に適した人々のなかでも、とりわけ熱心で意欲的な人々が……われわれが思いのままにしているような……権限と待遇」を期待するのは、間違っていないのではなかろうか？

しかしながら、はるかに重要な意味を持っていたことは、インドの文化にイギリスが干渉をつづけていたことに対して、インド人たちが、本質的に、保守的に反応したことである。インド人の目から見れば、イギリスは、インドをキリスト教化しようとしているように見えていたのであった――実際、多くの点において、そうであった。大災害〔大反乱〕の起こる直前、先見性を持ち懸念を感じていた一人のイギリス人将校は、「嵐が近づいてくるようだ」と記したのであった。「わたしには、唸りを上げるハリケーンの音が聞こえる。だが、そのハリケーンがいつ来るのか、どこにくるのか、そして、どのように来るのかは、分からない。……彼ら自身、自分たちが何をやろうとしているのか、よくは分かっていないようである。また、彼ら自身、自分たちの宗教、信仰に対する浸食に抵抗するということの他に、具体的な行動計画は持っていないようである」。

まず第一に、わずかに残っているインド人の証言の示すところによれば、この戦争は、実際、「宗教を原因とする戦争」であった（この表現は、繰りかえし、用いられている）。メーラトにおいて、反乱者たちは、こう叫んだ。「兄弟たちよ、ヒンドゥー教徒たちよ、ムスリムたちよ、速やかに、参加しようではないか。われわれは、宗教戦争を遂行しようとしているのだ」。

カーフィルたち〔不信人者たち＝イギリス人たち〕は、ムハンマドとヒンドゥーのすべてのカーストをはぎ取ろうと決意している。……これらの不信人者たちがインドにとどまることを許すべきではない。彼らが何といおうとも、ここにおいては、ムスリムとヒンドゥー教徒の違いはない。われわれは、やらなくてはならないのだ。

デリーにおいて、反乱者たちは、「イギリス人どもは、俺たちを、キリスト教徒にしようとしている」と不満を述べた。彼らは、自分たちの支配者たちを、ヨーロッパ人と呼ぼうが、フェーリングヒー〔外国人〕と呼ぼうが、カーフィルと呼ぼうが、不信人者と呼ぼうが、クリスチャンと呼ぼうが、ここが、彼らの不満の核心なのであった。

最初に反乱者となったのは、ブラフマプルに駐屯していた第一九ベンガル歩兵連隊の隊員たちであった。彼らは、二月二六日、新しく配布される薬包の受け取りを拒否した。彼らと、バラックポール――反乱の第一撃目が、実際に放たれた場所である――の第三四連隊は、すぐに解隊させられた。だが、デリーの近くのメーラト（ミラースなどとも表記される）では、火花を簡単に消し止めることができなかった。ベンガル軽騎兵隊の八五人の隊員が、新しい薬包の受け取りを拒否して投獄された時、彼らの同僚たちは、彼らを救出することを決意したのであった。ジョセフ・ボーウォーター（Joseph Bowater）という兵卒が、五月九日、この運命の日の夕方、次に何が起こったのかを記述している。

突然の隆起だった。……馬に駆け寄り、鞍を素早く装着し、ギャロップで牢へと向かった。……牢の扉がこじ開けられ、軍法会議にかけられていた反乱者たちばかりか、そこにいた一〇〇〇人もの、殺人者や悪漢、その他の者たちが逃がされたのであった。同時に、現地人の歩兵が、イギリス人将校に襲いかかり、虐殺した。そして〔イギリス人〕女性や子供たちを、言語に尽くしがたいやり方で虐殺した。常習犯たち、バザールのチンピラたち、セポイたち――皆、不満を持ったメーラトの現地人であった――は、血に飢えており、悪魔のような残忍さで仕事にかかった。そして、その仕上げとして、通りかかったすべての建物に火を放ったのである。

反乱は、驚くような速さで、インド北西部全体に広がった――デリーへ、ヴァラナシーへ、イラーハーバードへ、カーンプルへ、と。いったん白人の上官たちに襲いかかろうと決意するや、反乱者たちは、われを忘れて暴れまわったのだ。出会ったヨーロッパ人は、一人残らず殺された。町の者たちが、時にこれに助太刀し、手伝ったのだった。

一八五七年六月一日、イギリス人将校の妻であったエマ・エワートさんは、包囲されたカーンプルの兵舎で、他の白人コミュニティーの者たちと、身を寄せ合っていた。彼女は、その時の恐怖を、ボンベイの友人に書き送っている。「そのような恐怖の夜を味わうことになるとは、想像もしませんでした。次の二週間が、わたしたちの運命を決めるでしょう。それがどのようなものになろうと、わたしたちはそれを受け止められる、わたしはそう信じています」。

六週間後、あと一日あれば救出部隊が到着したのであったが、彼女と、二〇〇人を超える、イギリス人女性と子供たちは落命した。包囲の最中で死んだか、守備隊が降伏した際に無事に引き渡されることを約束されたにもかかわらず、ビビガー（Bibighar）、つまり女性の館で、たたき切られて殺されたのであった。

殺されたなかには、エワートさんの友人のイサベル・ホワイトさん、ジョージ・リンゼイさん、そして、リンゼイさんの三人の娘であったキャロライン、ファニー、アリスが含まれていた。彼女たち、そしてカーンプルの他の女性たちは、大反乱のイギリス側の話のなかで、悲劇のヒロインとなった。

イギリス側のヒーローとなったのは、ラクナーウの男たちであった。ここのレジデンシー〔アワド州政務長官公邸〕で包囲されたイギリスの守備隊は、勇敢に持ちこたえた。これは、インド大反乱のもっとも有名なエピソードとなる。レジデント〔アワド州政務長官〕自身は、もっとも早く命を落とした内の一人であり、倒れた場所のすぐそばに埋められた。その控えめで古典的な墓碑にはこうある。

ここにヘンリー・ローレンス眠る。彼は、自らの義務を果たそうとした。

弾痕の穴だらけになり崩れ果てたレジデンシーは、そのことによって、それ自体が記念碑となった。ここで包囲の間も翻りつづけたユニオンジャックは、その後も、インドが一九四七年に独立するまで、下ろされることがなかった。まさに、テニスンの、この題材についての震えるような詩そのものである。「そして、その館の屋根高く、イングランドの古い旗が翻っていた」。

この包囲は、確かに、テニスンの格調高い言い回しを受けるのに値する数少ない出来事の一つであった。近くのラ・マルティニエール学校（La Martinière School）の上級生たちもが、防御に貢献し、これによってこの学校には、特別な軍の勲章が贈られた（名誉は、今日でも、すべてのインドの子供たちが忘れないものとなっている）。銃兵から容赦なく射撃されて、地面に埋まった地雷の脅威を受けながら、レジデンシーに居た者たちは、三カ月近くもの間、援助なしに持ちこたえなければならなかった。救援部隊が到着して、女性や子供たちを救い出した後も、九月後半まで、包囲された状況で耐えなければならなかったのだ。イギリスがラクナーウを取り返すことができたのは、包囲が始まってから九カ月後、一八五八年三月二一日のことであった。この時までに、レジデンシーに閉じ込められていたイギリス人コミュニティーの三分の二は、命を失っていた。

　しかしながら、ラクナーウについては、二つのことが記憶されてしかるべきなのである。第一に、ラクナーウは、アワド州の州都であった。アワド州は、イギリスがわずか一年前に併合したばかりの州である。この意味において、包囲を行なった者たちは、単に、自分たちの国を取り戻そうとしただけなのである。実際のところ、この併合は、インド大反乱の政治的原因の一つであると見なすこともできるかもしれない。というのは、セポイの多く——ベンガル軍のなかの七万五〇〇〇人——がアワド州の出身だったからなのである。彼らは、太守《ナワーブ》の廃位と、太守《ナワーブ》の軍の解散によって、単に、そうするしかなかったのだ。*

＊ 福音主義の時代を象徴するものであるかのように、〔アワド藩王国の太守であった〕ワジード・アリー（Wajid Ali）は、度が過ぎる放蕩を行なったという理由で廃位させられたのである。

　大反乱を生きぬき、自らの体験を残した数少ない反乱者の一人マイノディン・ハッサン・カーン（Mainodin Hassan Khan）の言葉によれば、「セポイたちが反乱を起こしたのは、古くからの君主たちを再びその座に就けて、侵入者たちを追い出さなければならない、と考えていたからである。兵士のカーストの幸福には、これが必要だったのである。自分たちのリーダーの名誉がかかっていたのである」。

　第二に、レジデンシーに避難した七〇〇〇人の人々のおよそ半分は、忠実な〔反乱に加わらなかった〕インド人兵と非戦闘従軍者たちだったのである。後にそれがどう書かれようとも、インド大反乱は、単純な黒人〔インド人〕と白人〔イギリス人〕の戦いではなかったのである。

　デリーにおいてすら、敵味方の境界は、曖昧であった。デリーは、ムーガル帝国の歴史的な首都であり、もし、反乱者たちが、インド全土からイギリス人を追い出すことを本当に考えていたとすれば、ここが主戦場となるはずであった。実際、ムスリムの反乱者の多くは、バハートゥル・シャー二世がリーダーシップを執ることに期待を寄せ、彼を仰天させた――バハートゥル・シャー二世は、名目上は最後のムーガル皇帝であったが、もはや、単にデリーの王様にしか過ぎない存在であったからである。彼の名前で布告された五カ条からなる宣言文が現存している。この宣言文は、イギリスの支配に対してインド人が団結することを様々な社会階層――ザミーンダール（地方の地主兼徴税人であり、ムーガル帝国にとっても、イギリスにとっても、その支配の基盤であった）、商人、役人、職人、聖職者――に呼びかけたものであった。

この宣言文は、この大反乱の時機に作成されたもののなかで、おそらくは、もっとも独立宣言に近い性格を持つものであった。それゆえ、この宣言文の第五段落は、「現在、宗教のためにイギリスに向けた戦争が遂行されている」とし、「賢者と托鉢僧《ファキール》」に対して、「この聖戦のなかで、朕《ちん》に仕え、各々の役割を果たす」よう、呼びかけていた。だが、この宣言文の他の部分は、完全に、世俗的な文面であった。イギリスは、徴税に関してザミーンダールに過度な要求を課し、商業からインド人の商人を排し、インド人の職人の製品をイギリス製からの輸入品に入れ替え、行政部門でも軍事部門でも、「権威や報酬の高いすべてのポスト」はイギリス人が独占している、と非難していたのである。

しかしながら、大反乱でイギリス側に立って戦い斃《たお》れた兵士たちの慰霊碑は、この宣言文の影響が如何《いか》に小さかったのかを示すものとなっている。この碑は、現在も、デリーを見下ろす丘に立っている。この碑文では、斃れた将校の三分の一、兵や下士官の八二パーセントは、「地元人」に分類されているのだ。デリーの「イギリス」軍が敗れた際、この軍を構成していた多くは、インド人だったのである。

それにもかかわらず、本国のイギリス人たちは、この大反乱を、黒人〔インド人〕の白人に対する反乱だと見なすよう主張したのであった。実際のところは、インド人がイギリス人を殺している、そのような単純な構図ではなかった。忠実だと見なされていたセポイたちが、イギリス人女性たちを殺して――性的暴行の噂も盛んであった――いる、それが真実である、そう語られていたのである。残虐行為を見たという目撃談が、多く流布されていた。兵卒のボーウォーターは、日記に、次のように記している。

その反乱者たちは、性別に関係なく、助けてくれとの懇願にもかかわらず、犠牲者の必死の叫びにも耳を貸さず、悪魔の所業を行なったのであった。虐殺だけでも十分にひどいことであったが、彼らは、それだけでは満足しなかった。虐殺した上に、まったく非道で言語道断なことに、体を切り刻んだのである。……副官の夫人は、撃ち殺されて、体が切り刻まれたのであったが、その前に、もはや人とは呼べない男たちによって、服に火がつけられたのである。わたしが見つめているのは、彼女の変わり果てた姿である。

数々の恐ろしい残虐行為の話が、拡散していった。ある話によれば、デリーでは、四八人のイギリス人女性が、市中を引き回されて、人々の目前で性的暴行を加えられて、その後、殺されたのであった。ある大尉の夫人は、生きたまま、ギー（ghee）（液体バター）のなかで、煮られたのである。このような、真偽の定かではない話によって、本国の騙されやすい人々は、大反乱を、善と悪、白と黒、クリスチャンと異教徒の戦い、と捉えたのであった。そして、このような災難が、神の怒りを表わしていたものであると解釈される際には、インドの改宗の開始は神の御心に適うには遅すぎた、と解釈されたのである。

一八五七年は、福音主義運動にとって、ひどい年であった。彼らは、インドにキリスト教文明をもたらすことを申し出たのであったが、この申し出は、単に断られたばかりではなく、暴力的に、はねつけられたのであった。そこで、ヴィクトリア期の人々は、伝道運動の、別の、より厳しい顔を示すこととなった。イギリス中の教会で、日曜礼拝の題材が、救いから、復讐へと切り替えられた。ヴィクトリア女王――女王は、それまで、帝国には無関心であったが、インド大反乱で呼び覚まされたことにより、強い関心を持つこととなった――は、国民に、後悔と祈りの日とすることを呼びかけた。まさに、「屈辱の日」である。クリスタル・パレス〔一八五一年の第一回万国博覧会でハイド・パークに建てられ、万博の後にいったん解体された後、一八五四年にロンドン南部のシデナムに再建された〕は、まさしく、ヴィクトリア期の自信を象徴する存在であったが、ここに集まった二万五〇〇〇人の会衆は、熱烈なバプテスト派の宣教師チャールズ・スポルジョン（Charles Spurgeon）の、聖戦を呼びかけるのに等しいような説教を聞いたのであった。

友人たちよ、彼らは、何とひどい罪を犯したことでしょう。……インド政府は、ヒンドゥーの宗教を、金輪際、許すべきではないのです。もしわたしの宗教が、強姦、嬰児殺し、殺人を伴うものであったとしたら、わたしは、絞首刑になる覚悟を持たない限り、その教えを実践することはできないでしょう。ヒンドゥーの宗教は、人間が考え得るもっとも低劣な汚物の集まりであり、それ以上のものではないのであります。彼らが奉っている神々は、尊敬心のかけらも示すことがないのです。彼らの教えは、すべて、悪魔的なものであり、道徳心は、捨て去らなければならないのです。剣は、鞘《さや》から抜かなければならないのです。彼らの幾千もの手から、われわれの同胞を守るためなのです。

この言葉は、英印軍のなかで、イギリスに忠誠でありつづけた部隊が実戦に投入された時、文字通りに実行されたのであった。特に、グルカ兵やスィク教徒が投入された時は、そうであった。カーンプルでは、ニール准将（Brigadier-general Neill）が、投降した反乱者たちに、白人犠牲者の血をなめるよう強要し、その後彼らを処刑したのであった。ペシャワールでは、四〇人が大砲の砲口に縛り付けられ、バラバラに吹き飛ばされた。これは、ムーガル帝国で、反乱を行なった者に対して古くから行なわれていたやり方であった。デリーでの戦闘は、殊更に凄惨なものであったが、イギリス軍は、容赦することはなかった。九月にデリーが陥落した際は、虐殺と略奪のお祭り騒ぎであった。
マイノディン・ハッサン・カーンが、「イギリス人たちが町になだれ込んだ際のこと」を描いている。「誰一人として命が安全な者は居なかった。五体満足な者は、皆、反乱者だとされ、撃ち殺された」のである。帝国の無慈悲さを象徴するように、デリーの王〔ムーガル皇帝バハートゥル・シャー二世〕の三人の子孫たちは、聖職者の息子であったウィリアム・ホドソンによって、逮捕され、〔デリーへの護送中に〕服を脱がされ、処刑されたのであった〔ウィリアム・ホドソンは、護送を担当していたイギリスの騎兵将校〕。彼は、自らの行為を、同じく聖職者であった兄弟に、こう弁明している。

わたしは、〔集まってきたインドの〕群衆に向けて、次のように訴えた。これらの男たちは、罪のない女性たちや、子供たちを残酷に虐殺した虐殺者たちなのです。政府は、今、彼らを罰する旨を送付してきました。それから、わたしは、自分の部下のカービン銃を取り出し、故意に、彼らを順番に撃ち殺しました。……彼らの遺体は町に持っていかれ、チボートラ〔ゴミの山〕に捨てられました。……元々わたしは、彼らを絞首刑にしようと考えていましたが、〔殺されるのが〕「彼ら」か、それとも「自分たち」か、という状況となったので、じっくりと思案する猶予がなかったのです。

ザッハーリー・マコーリーの息子が観察していたように、恐ろしい感情の激発が起こったのであった。福音主義者たちによる復讐である。「ペシャワールでの恐ろしい軍事的処刑……に、読者は満足したのである。この読者たちは、〔わずか〕三週間前には、すべての死刑に反対をしていたのである」。『タイムズ』紙は、「その場所にあるすべての木々と、すべての切妻壁は、反乱者の死体という形で、その負担を負うべきである」と要求したのであった。

実際、イギリス人が復讐を行なった道沿いには、イギリス人が通った後、たくさんの死体が、木々にぶら下がっていた。ケンダル・コッグヒル中尉は、このように語っている。「われわれは、すべての村を焼き、われわれの避難民に危害を加えたような村人は、全部首吊りにしてやりました。すべて木々のすべての枝から悪い奴らがぶら下がっている、そうなるまでやりました」。報復の頂点として、大きなバンヤンの木〔ベンガルボダイジュ、ヒンドゥー教の聖木〕――この木は、今もカーンプルにある――が、一五〇体の死体で飾られることとなった。大反乱の果実は、実に苦いものとなったのだ。

この復讐のお祭り騒ぎのなかで、何人の人が殺されたのか、その数は誰にも分からない。われわれに分かることとは、〔宗教的〕制裁が特有の残忍さを生んだ、ということである。ラクナーウが〔イギリス側に〕解放された後、一人の若い少年が、よろめきながら歩く老人を支えながら、町の門に近づいた。

そして、将校の足元にひざまずき、助けを請うた。その将校は……拳銃を引き抜き、助けを請うかわいそうな者の頭に銃口を向けて、パチンと引き金を鳴らした。……再び、彼は引き金を引いた。弾丸は出なかった。再び、引いた。その拳銃は、またも、その役目を拒否した。そして四度目にして――彼には、三度、考え直す機会があったのだ――その勇ましい将校は、成功したのである。将校の足元に、少年の真っ赤な血が流れ出た。

この話を読むと第二次世界大戦中、ナチス親衛隊がユダヤ人たちに対して行なったことを思い起こす。だが、一つ違いがあるのだ。この殺人を見ていた〔この将校の部下の〕イギリス兵たちが、この将校の行為を大きな声で批判したのである。まずは、「恥ずかしくないのですか」と叫んだのだ。そして拳銃が発射されると、「憤慨」と「抗議」の感情を発散させたのである。ドイツの兵隊たちが、同じような状況において、このようにあからさまに上官を批判することは、まったくなかったとはいえないまでも、ほとんどなかったであろう。

インドを近代化させ、キリスト教化させるというプロジェクトは、悲惨な結果に終わった。最終的には、イギリス人自らが野蛮に手を染めるほどに、間違ったものとなったのだ。現地の人の慣習に干渉することによって生まれるのはトラブルだけである、という、インド統治を実際に行なっていた者たちがいっていたことの方が正しかったことが、証明されたのである。

ところが、福音主義者たちは、このことを、受け入れようとはしなかった。彼らの考え方では、大反乱が起きたのは、キリスト教を布教させる速度が遅すぎたからなのであった。早くも一八五七年一一月には、ヴァラナシーに居た一人の宣教師が、「われわれのイングランドの同胞たちが、熱心に祈っていることへの返礼として、祝福が、われわれに降りつつあるようである」と感じていたことを、記述していた。

　失望に身を任せるのではなく、われわれの働きが無に終わることはないと信じて、気を取り直し、心を新たにして、主の御業《みわざ》に備えるのがよい。大悪魔《サタン》は、再び、敗れることになろう。大悪魔《サタン》が、この反乱によって、インドから福音を追い出そうとしたことは疑いようがない。だが、大悪魔《サタン》が行なったことは、これまでの教会〔キリスト教〕の歴史でしばしばあったように、キリスト教がさらに広まってゆくための地ならしをしたに過ぎないのである。

ロンドン伝道協会のリーダーたちも、その一八五八年の報告のなかで、同様な見方を表明していた。

イギリスとインドの多数の人々が長年にわたって身を任せてきた思い違いと虚偽の安全は、セポイの乱の特徴である背信と流血という行ないによって、最終的に破壊された。そしてマホメット〔ムハンマド〕の精神や諸原則と同盟を結んだ、偶像崇拝〔ヒンドゥー教〕が、その本性をむき出しにしたのである。その本性は、恐れられ、嫌われることによってのみ、理解することができる……キリスト教の宣教師たちの働きは、これまで、嘲られ、侮蔑されてきたが、今では、最善と見なされており、繁栄を保ち、自由を保ち、暮らしを保つための唯一の道として、賞賛されているのである。

ロンドン伝道協会は、二年以内に、インドに、二〇の伝道団を追加として送ることにし、そのための「旅費」と「装備品」の費用として五〇〇〇ポンドを充て、さらに、六〇〇〇ポンドを、その維持に充てることを決めた。一八五八年八月二日までに、そのための特別な基金が集められた寄付金の額は、一万二〇〇〇ポンドに達した。

つまり、キリスト教の尖兵《せんぺい》となる、ということであった。

リヴィングストンの足跡

一八五七年一二月四日、ちょうど、まさにカーンプルがインドの反乱者たちから取り戻されようとしている頃、デイヴィッド・リヴィングストンが、ケンブリッジ大学の評議員議事堂（Senate House）において、人を煽《あお》るような講演を行なった。アフリカのキリスト教化に取りかかったまさにその人物が、インドで大反乱が起こったのは、伝道活動が不十分だったためである、という見解を明らかにしたのだ。伝道活動が行きすぎたからではない、ということである。

わたしの考えでは、われわれは、インドに通商を持ち込んだ時、自分たちのキリスト教を恥じ入るという重大な間違いを起こしたのです。……文明の二つの尖兵、つまりキリスト教と通商は、不可分であり、別々にしてはならなかったのです。インドの統治に纏《まつ》わる出来事がその例でありますように、イギリス人は、これを怠った際、そのことを思い知らされることになるのです。

しかしながら、ここでのリヴィングストンのやり方は、やり過ぎであり、失敗であった。インド大反乱の後、イギリスがインドの統治を立て直すに当たっては、リヴィングストンの提案も、伝道会の叫びも、考慮に入れられることはなかったのである。一八五八年一一月一日、ヴィクトリア女王は布告を宣し、この布告は、「われわれの信念を、われわれのいかなる臣民にも押しつける権利と希望」を明確に否定していた。

これ以降、インドは、東インド会社によって統治されるものではなくなった。結局は、王室によって統治されるということになり、ヴァイソロイ（Viceroy）〔国王もしくは女王の名代で、国王もしくは女王に代わって統治を行なう者――「副王」という訳語が当てられることが多い〕が、その名代を務めることとなった。そして、インドの新しい政府は、これ以降、インドをキリスト教化させるという福音主義のプロジェクトに手を貸すことはなくなった。それどころか、イギリスのインドにおける政策の目標は、現地の伝統を抑え込むのではなく、現地の伝統に沿って統治を行なうこととされたのである。

インドの文化を変革させようとした試みは、「親切心から出た」ものであり、その「原則」は「正しかった」かもしれない。だが、イギリス人官僚チャールズ・レイクス（Charles Raikes）が述べていたように、大反乱によって、「ヨーロッパの政策を、無理やりアジア人に押し付けようとしたことが根本的な誤りであったこと」が明らかになったのであった。これ以降は、「政治的安全」が最重要事項とされることとなる。インドは、変わらない、そして変えることのできない社会であることを前提に、行政管理されることになるのだ。そして、伝道団体は、この原則を受け入れる限りにおいて、インドの政府から容認されることとなった。一八八〇年代までには、イギリス人官僚たちは、一八二〇年代の彼らの先輩たちのやり方に立ち返ることとなり、伝道団体は、せいぜい、バカげたものであるか、最悪の場合には、破壊的なもの、と見なされるようになったのであった。

しかしながら、アフリカは、また別の問題であった。そして、リヴィングストンのケンブリッジでの講演の核心、それはアフリカの将来についてであった。そこで、彼は、次のように述べた。イギリスは、アフリカでは、インドで犯したような失敗を避けることができる、なぜなら、アフリカにおける通商の発展は、宗教上の改宗と、歩を一つにしたものにできるからなのである、と主張したのである。彼の目標は、バトーカ高原の高原地帯と、これに隣接するバロツェランド〔ザンベージ川上流の氾濫原、現在のザンビア西部とその周辺地域〕への「道を切り開く」ことであった。そうすれば、「文明と通商とキリスト教が、そこに到達する道を発見できる」からなのであった。ここを橋頭堡にすれば、全アフリカが、「通商と福音に……開放されるだろう」というのであった。

現地人の通商への性向を強めることによって、商業上の観点から引き出すことができるであろう優位は、計り知れないほどのものとなるでしょう。また、われわれは、アフリカ人にキリスト教の光を与えることによって、未開のアフリカ人たちにもたらすことのできる自分たちの力、この計り知れないほどの恵みを軽視してはならないのです。……アフリカとの貿易は、また、最終的に、奴隷労働へ依存と決別して行なわねばならないのです。こうすることによって、すべてのイギリス人にとって極めて不快なこの忌まわしい習慣に反対するのです。

彼の講演の締めくくりの言葉は、聴衆の若い情熱をかきたてるよう、入念に練られたものであった。

宣教師として求められている人々、それは、今わたしの前に居る、皆さんのような方々なのです。皆さん、アフリカに目を向けてみましょう。わたしは、あと何年かの内に、あの土地で斃れることになるでしょう。あの土地は、今では、開かれていますが、再び閉じさせてはならないのです！　わたしは、アフリカに戻って、通商とキリスト教のために道を開くつもりです。わたしが始めた事業を引き継ぐのは、皆さんなのです。わたしは、それを、皆さんに託します！

インドでの出来事によって国家的な危機にあるという雰囲気があったなかにおいて、アフリカでの立て直しを呼びかけたリヴィングストンの呼びかけは、好感をもって迎えられた。彼のクリスチャンのアフリカというヴィジョンに説得された人々は、殺到するように、「中央アフリカへの大学宣教協会（The Universities Mission to Central Africa）」という新しい組織に加入した。このなかには、ヘンリー・デ・ウィント・バーラップ（Henry de Wint Burrup）という名の、オックスフォード出身の若い牧師がいた。アフリカへと旅立つ二日前、バーラップは結婚した。この結婚は、悲劇的に短命なものとなる。

一八六一年二月、ヘンリー・バーラップの妻は、夫の居ない家へと帰った。彼女の夫は、新しく任命された主教であったチャールズ・フレデリック・マッケンジー（Charles Frederick Mackenzie）と共に、マラウイの沼で命を落としたのであった。バーラップは赤痢で死に、マッケンジーは熱病で死んだのである。犠牲となったのは、彼らだけではなかった。ロンドン伝道協会は、ホロウェイ・ヘルモア師（Revd Holloway Helmore）を、ロジャー・プライス（Roger Price）という名の助手、彼らの妻と五人の子供たちと共にバロツェランドへと送り出したのであった。二カ月後、生き残っていたのは、プライスと二人の子供たちだけであった。

中央アフリカと東アフリカには、宣教師たちの墓が、たくさん点在している。リヴィングストンの呼びかけに応じて、自らの命を落とすことになった男性たち、女性たち、そして子供たちの墓である。問題は、極めて単純であった。リヴィングストンは、「中央アフリカの健康な高原地帯」について、旅行会社のパンフレットのように宣伝したのだが、行ってみると、バトーカ高原には、マラリア蚊が、群生していたのである。そのため、リヴィングストンが伝道の中心地となり得る場所として示した反対側のゾンバ高原は、現在では、マラウイという名前がついている。さらには、現地の部族が、予想もできなかったほど敵対的だった。これらの場所は、単純に、ヨーロッパ人が生活できるような場所ではなかったのだ。

さらに深刻なことに、リヴィングストンの地理には、根本的な間違いがあることが判明したのだ。彼は、ザンベージ川をヴィクトリアの滝からインド洋まで足で辿ったのであったが、その間で、同じような川幅で川がつづいていると信じて、五〇マイルほど迂回した箇所があった。これが、最悪の間違いであったのだ。

ケンブリッジでの講義の後、リヴィングストンの名声は、絶頂に達した。彼は、初めて、自らの活動に対して、政府からの支援を獲得した。政府から、五〇〇〇ポンドの補助金と、領事という外交官としての肩書を得て、ザンベージ川を遡る探検へと出発することができたのだ。探検の主要な目的は、ザンベージ川が航行可能であることを証明し、通商路として適していることを示すことであった。もはや、リヴィングストンの野心に、限界はなくなっていた。彼は、自信満々に、アーガイル公〔ジョージ・キャンベル〕と、ケンブリッジ大学の地理学教授アダム・シジウィック（Adam Sidgwick）に、この探検はさらに遠大な目的を持っていると告げたのだった。

わたしは、その国の鉱山資源について調べるために、実地経験豊富な鉱山学校の鉱物地質学者を同行させます［リチャード・ソーントン］。それから、農業生産物――繊維質、粘着性、薬効のある物質、それから染料となるもの――つまりは経済効果を生みそうなものすべてについて完全なる報告書を作成するために、経済植物学者［ジョン・カーク博士］を同行させます。風景を描写するための画家［トマス・ベインズ］、河川交通の能力について調べるための海軍士官［ノルマン・ベディングヘルド中佐］、探検の目的を完全に浸透させ、それを達成するための調整官［おそらく、アメリカで会衆派の牧師を務めていたリヴィングストンの兄弟チャールズのことであろう］を同行させます。これらの一団は、アフリカでの通商の開拓と文明の促進という名目上の目的を持っています。ところで、このことは誰にも話しておらず、完全に信頼しているあなただけに打ち明けるのですが、わたしは、中央アフリカの高原地帯において、イギリス人が健康に過ごすことができる入植地を得られるだろう、という見通しを持っています。

これらの高い希望を携えて、リヴィングストンは、一八五八年五月一四日、ザンベージ川の河口に到着した。

現実を思い知らされるまでに、それほど時間はかからなかった。すぐに明らかになったことは、この探検隊のために植民地省から貸し出されていた蒸気船で航行するには、川の水深が浅すぎるということであった。探検隊は、かなり小さな外輪式の蒸気船に乗り換えたが、この船でも、しょっちゅう、座礁するのであった。一一月までかかって、ようやくカブラバッサ（Kebrabasa）まで辿り着いた。この間、探検隊のなかでは、病気と口論が絶えることはなかった。ここで、彼らは、リヴィングストンの計画の数あった欠陥のなかでも最悪の欠陥に直面するのだ。

以前の徒歩での探検では迂回した場所、それが、この場所カブラバッサであった。このカブラバッサで、川幅は狭くなり、両岸には岩が切り立っていた。川の流れは急になり、船では通れない急流となった。そして、いかなる船も通ることができないような三〇フィート〔九メートル〕ほどの滝にぶつかった。つまり、ザンベージ川は航行不能な川だ、ということが分かったのだ。このことにより、アフリカに通商、文明、キリスト教を浸透させるという計画は、崩壊した。

リヴィングストンは、何とか状況を打破しようと、かなりジタバタした。彼は、「水量が豊富な時期になれば、喫水の浅い蒸気船であれば、この急流を何の問題もなく航行できるはずだ」と強固に主張した。彼は、〔ザンビア川の支流の〕シーレ川(The River Shire)を、無理して遡ったが、そこで出会ったのは、さらなる急流と、より恐ろしい現地人であった。彼は、シーレ湖からニアサ湖〔マラウイ湖とも呼ばれる〕に抜けようと、もがいていた。しかしながら、今や、探検隊は崩壊の危機に瀕していた。ベディングヘルドは、辞任を強要された。ソーントンは、解雇された(もっとも、彼は、それ以上進むことを拒否していた)。ベインズは、店で盗みを働いたという言いがかりをつけられて首になった。エンジニアのジョージ・レイは、新しい船を調達することを目的に、イギリスにいったん戻されることとなった。

一八六二年三月、マッケンジー主教と、ヘンリー・バーラップの死を告げるニュースが入ってきた。一カ月後、メアリー・リヴィングストン――この時までに夫に合流していた――が、肝炎に冒されることとなった。彼女の体は、アルコール依存によって、弱っていたのだ。この時までに、リヴィングストンは、かなり精神的に病んでおり、周りに残った数少なくなった者たちと、辛辣に口論をするようになっていた。

カークのリヴィングストンに対する忠誠心は、どういうわけか、弱まることがなかったのであったが、モルンバラ山に標本を集めに行っている間に、置いていかれてしまったことがあった。探検隊は、携行可能な蒸気船レディ・ニアサ号に乗り換えていたが、カークは、レディ・ニアサ号を追いかけて、待ってくれ、と必死に叫ばなければならなかった。カークが何とか船に追いついた際、リヴィングストンが放った唯一の言葉は、「二〇分の遅刻だ」というものであった。カークは、悲しくなって、「リ博士」は、「何というか『おかしく』なってしまった」と結論せざるを得なかった。

イギリス本国では、今や、世論もリヴィングストンに批判的になっていた。首相のパーマストン卿は、リヴィングストンから、シーレ高原に入植地を建設することを提案する書簡を受け取ると、自分は、「イギリスが所有物を得るための新たな計画にはまったく気乗りしない」と、ぶっきらぼうに突き放し、「蒸気船で上って行けるかどうか分からないような急流の先に植民地を建設するなどという提案を」リヴィングストンに「許してよいはずがない」と述べた。一八六三年七月二日、探検隊は、正式に、呼び戻された。『タイムズ』紙は、辛辣な論説を書き、世論の転換を主導した。

われわれは、綿花、砂糖、インディゴを約束されたが、これらの産品は、野蛮人には生産できないものである。当然のことながら、われわれは、何も受け取っていない。われわれは、貿易を約束されたが、貿易は、存在しない。われわれは、改宗を約束されたが、改宗した者など、一人も居ない。われわれは、健康的な地であると聞かされたが、最高の宣教師たちが、その妻や子供たちと共に、ザンベージのマラリアが猖獗《しょうけつ》する沼で死んでしまった。

クルマンで、リヴィングストンは、宣教師としては失敗した。どうやら、今、彼は、探検家としても失敗したようであった。

しかしながら、この鉄の意志を持ったヴィクトリア期の男は、諦めるということを知らなかったようである。ザンベージ川の探検は完全な失敗であったにもかかわらず、それでも、彼は、廃墟のなかから勝利をつかみ取る道を見つめていた。問題は、奴隷制反対という、福音主義運動の原点に立ち返れるかどうかであったのだ。ザンベージ川の探検隊は、ニアサ湖で絶望の淵にいる間、多くの奴隷移送隊に出会った。苦しむ人々を見たことにより、リヴィングストンは、再び活力を取り戻し、活動を始めたのだ。

レディ・ニアサ号に乗り、インド洋を越えて、二五〇〇マイルかなたのボンベイに行った――河川用の喫水の浅い一一五フィート〔三四・五メートル〕しかない蒸気船でそれを行なったことは、それ自体が、驚くべき快挙であった――後、リヴィングストンは、ロンドンに戻り、「地獄の商人」と対峙するための戦いを再開する準備をした。一八六六年三月一九日、彼は、古い目的を持つ新しい冒険へと、ザンジバル〔アフリカ東海岸沖、インド洋上にあるザンジバル諸島の地域名、現在はタンザニア領〕を出発した。奴隷制を根絶するための冒険である。

リヴィングストンは、人生の残りの期間、中央アフリカを動き回って過ごす。その活動は、不思議なものであり、ほとんど神秘的なものといってもよい。ある時は、彼は、奴隷貿易についての調査を行なっていたようである。ある時は、彼は、ナイル川の源流を突き止めることに取りつかれたようであった。ヴィクトリア期の探検の聖杯である。ある時、彼は、それ自体を目的として、ジャングルを走破した。

一八七一年七月一五日、リヴィングストンは、ニャングウ（Nyangwe）という名の町で恐ろしい虐殺を目撃した。一羽の鶏の値段を巡る争いが起きた後、アラブ人の奴隷商人たちが、銃を引き抜き、四〇〇人以上の人々を無差別に打ちまくったのだ。この経験は、リヴィングストンの、奴隷制に対する嫌悪をいっそう深めた。ところが、実際において彼は、自らの物資が枯渇した際には、物資の供給源として、また、物資を運搬してもらう運び手として、奴隷商人たちに依存することを余儀なくされていたのである。

リヴィングストンのナイル川の源流を突き止める探索も、成功しなかった。彼のザンベージ川の新エルサレムと同様に、ナイルの源流も、彼を避けて通ったのだった。自らが発見することを夢見ていた、古代にプトレマイオスとヘロドトスが描いた「水源」だと信じたものは、コンゴへと流出する、間違いやすい沼地〔バングウェウル湖のこと〕であることが判明する。

デイヴィッド・リヴィングストンの墓は、ウェストミンスター寺院のゴシック様式の荘厳な佇《たたず》まいからは、やや、不釣り合いなものに見えるが、そこには、彼自身の簡潔な言葉が刻まれている。「わたしの孤独にわたしが付け加えることができること、それは、天の恵みがすべての人にゆきますように……そして、この人たちが、世界の開いた傷口を癒しますように、という願いである」。この言葉は、次世代への申し送り事項として、慎重に練られた言葉であった。「開いた傷口」というのは、もちろん、奴隷貿易のことである。リヴィングストンは、中央アフリカのすべての問題の根源は、奴隷貿易にある、と信じていたのだ。

彼は、一八七三年五月一日の未明、バングウェウル湖のほとりのイララという場所で、失意のまま亡くなった。結局、奴隷貿易も、根絶不能のようであった。ところが、そのわずか一カ月あまり後、奴隷の開いた傷口が、治癒し始めたのだ。その年の六月五日、ザンジバルのスルタンが、イギリスと条約を結び、東アフリカの奴隷貿易を廃止することを誓ったのである。*

＊　いつものごとく、スルタンに署名をさせるのに、〔イギリスは〕海軍力を用いたのであった。島を封鎖する、と脅したのである。

古くからの奴隷市場は、「中央アフリカへの大学宣教協会」に売却され、協会は古い奴隷房があった場所に、なかなか立派な大聖堂を建てた。奴隷廃止論者としてのリヴィングストンの没後の成功を記念するのにふさわしい大聖堂である。象徴的なことに、大聖堂の祭壇は、奴隷たちが鞭打たれていたまさにその場所に、設置されたのであった。

リヴィングストンの没後の勝利はそれだけではない。バトーカ高原の近く、ヴィクトリアの滝のすぐ脇には、ザンビアの町リヴィングストンがある。名医であった彼に因んで付けられた名前である。*

＊ もっとも、筆者がこの近くのムクニの酋長から聞いた話によると、町の名前は、酋長が「リヴィングストン（生きた石）」であるという観念に由来するとのことであった。

彼が亡くなった後、数十年の間、クリスチャンがこの地に来て生きてゆくことは不可能であった。マラリアと現地人の敵意のためである。しかしながら、一八八六年から一八九五年の間で、アフリカにおけるプロテスタント系の伝道団の数は三倍になった。現在のリヴィングストンの人口は九万人あまりであるが、一五〇以上の教会がある。おそらくは、世界でもっとも福音が浸透している場所の一つであろう。そして、ここは、大陸のなかの小さな町に過ぎないが、この大陸では、現在、多くの人が、キリスト教を信仰しているのである。実際、アフリカ大陸のクリスチャンの数は、ヨーロッパ大陸よりも多いのだ。たとえば、今日では、ナイジェリアのイギリス国教徒の方が、イングランドの国教徒よりも、人数が多いのである。

リヴィングストンの生きている間には、完全な失敗に見えたプロジェクトは、どのようにして、このような、驚くべき長期的な成功を収めたのであろうか？　どうして、インドではひどい失敗に終わったものが、最終的に、アフリカの大部分で大きな成功を収めたのであろうか？　その答えの一環は、明らかに、キニーネをベースとするマラリアに対する効果的な治療薬を開発したことにある。これを開発したことにより、宣教師という職業は、一八〇〇年代の初頭に比べて、自殺的なものではなくなった。この世紀の末には、一万二〇〇〇人もの宣教師が「現地」で活動しており、各々が、三六〇以上もの協会や組織を、代表していた。

だが、別の答えは、イギリス帝国の歴史のなかでも、もっとも有名な出会いの一つのなかにあった。

ヘンリー・モートン・スタンリー（Henry Morton Stanley）――ウェールズ人の女中の私生児ジョン・ローランズとして生まれた――は、野心的で、無法者で、すぐに引き金を引きたがる、アメリカ国籍のジャーナリストであった〔生まれはウェールズ北部のデンビー〕。非常に丈夫な体と、鉄のように強い意志を除けば、デイヴィッド・リヴィングストンとの間に、共通項はほとんどない男であった。アメリカ南北戦争の裏切り者であり脱営者であった〔初めは南軍に従軍し、捕虜となった後に寝返り、北軍に従軍した〕が、イギリス・アビシニア戦争〔マグダラの戦い〕の最中に、電信員に賄賂をつかませて、ライバル記者を出し抜いて記事を送ることで、敏腕記者としての立場を築いた。*

＊　この戦争について詳しくは、第四章を参照。

『ニューヨーク・ヘラルド』紙の編集長は、スタンリーに、リヴィングストンを探し出す仕事を与えた。当時、リヴィングストンは、数カ月間消息不明となっていた。タンガニーカ湖を目指してルブマ川を遡る探検へと出発した後、消息不明となっていたのだ。これに、スタンリーは、自身のキャリアで最大のスクープを得る匂いを嗅ぎ取った。

リヴィングストンの探索は、アラブ人とアフリカ人の間の小さな戦争に巻き込まれ、中断を余儀なくされたこともあったが、探索を始めてから一〇カ月後の一八七一年一一月三日、スタンリーは、とうとう、タンガニーカ湖の北側の畔のウジージーでリヴィングストンを発見した。スタンリーの描くこの出会いは、スタンリーが、この栄光の瞬間にほとんど圧倒されていたことを物語るものとなっている。

もし誰も見ておらず、少々おかしなことをしても許される状況であったならば、わたしは、あたかも気がふれたような振る舞いで、喜びを発散させたであろう。たとえば、バカみたいに自分の手を噛むとか、宙返りをするとか、木に蹴りを入れる、とか。ともかく、感情が高まっていて、自分でほとんどコントロールできないほどだった。心臓の鼓動は早まっていた。だが、白人としての尊厳を保たねばならなかったので、感情を表に出さないようにしなければならなかった。白人は、このような特殊な状況にあろうとも、白人らしくあらねばならないのだ。

そんなわけで、わたしは、精一杯、威厳のあるような顔をしていた。わたしは、人々を制すようにして、列の後ろから前へと、人々が並んでいる間を通り、アラブ人たちが半円を組んでいるところまで進んだ。アラブ人たちの前に、グレーの髭を蓄えた白人が立っていた。わたしは、その人の方へ、ゆっくりと進みながら、この人を観察した。肌の色は青白く、疲れているように見受けられ、グレーの髭をしていた。色あせた金線入りの青っぽい色の帽子を被り、赤茶色の袖のあるチョッキを着ており、グレーのツイードのズボンは履いていた。群衆の目がなかったならば、彼の元に駆け寄り、抱きついたところであろうが、そういうわけにもいかなかった。それに、彼はイギリス人であったので、どのようにわたしを迎えてくれるのか、わたしには分からなかった。そこで、わたしは、このような状況において最善だと思われる行動をとることにした。ゆっくりとした足取りで彼に近づきながら、帽子を取り、このように尋ねたのだ。「リヴィングストン博士でいらっしゃいますか?」

この歴史的な状況で、アメリカ国籍のスタンリーは、イギリス人のように慎み深く振る舞ったのだった。スタンリーの話が伝わると、この話は、英語圏において、紙面の第一面をいっぱいにした。だが、この話は、単にスクープというだけにとどまるものではなかった。これはまた、二つの世代の象徴的な出会いだったのである。アフリカを道徳的に変革させることを夢見た福音主義の世代と、より現世的なことに重きを置いていた実務的な新しい世代の出会いだったのである。スタンリーは、この老人に特有の扱いにくい欠点をすぐに知覚するようなシニカルな面があったにもかかわらず、この出会いに、心を動かされ、感動したのであった。実際、彼は、ウジージーでの出会いに感化されたかのように、リヴィングストンの後継者を自認するようになる。

彼は、後に、「もし神がそれを望むなら」自分は「地理学の次の殉教者になるつもりである。また、もし生き長らえることができたならば……偉大なる川［ナイル］の流れの全貌という秘密を……解き明かすつもりである」と、記している。

スタンリーは、リヴィングストンの葬儀に際して（葬儀においては、棺の運び手の八人の内の一人を務めた）、自らの日記に「アフリカをキリストの光の下に切り開く、という彼の事業を引き継がせていただけたならば」と、記していた。だが、これには、重要な語句が、書き添えられていたのだ。「しかしながら、わたしのやり方は、リヴィングストンさんのやり方とは異なったものとなろう。それぞれの人には、それぞれのやり方があるのだ。わたしが思うに、彼のやり方には、欠点があるのだ。確かに、あの老人は、個人としては、親切で、忍耐強く……自己犠牲的で、まるでキリストのようなお人であった」。

親切さ、忍耐強さ、自己犠牲は、スタンリーがアフリカに持ち込もうとしたものではなかった。彼は、コンゴ川を遡る探検隊を率いた際、ウィンチェスターライフルと象撃ち銃で武装していた。そして、彼は、それらを非協力的な現地人に向けて使用することに、躊躇することはなかった。彼の乗った船に向けてやりが振りかざされただけで、彼は、連射式の銃に手を伸ばし「六発お見舞いし、四人撃ち殺した」のであった。彼は、「バカどもをおとなしくさせるには十分だった」と、この時の様子を、満足げに記している。

一八七八年までには、スタンリーは、ベルギーの国王レオポルド二世のために働くようになっていた。国王の私設団体であった「国際アフリカ協会」の植民地をコンゴに設けるためであった。これは、リヴィングストンが生きていたら驚愕させるような皮肉であった。ベルギー領コンゴ（正確には「コンゴ自由国」

という「ベルギー王の私領地」は、まもなく、奴隷労働者の虐待で悪名高いものとなるのであった。

リヴィングストンは、福音の力に信を置いていた。スタンリーが信じていたのは、容赦のない暴力だけであった。リヴィングストンは、奴隷制を、憎悪していた。スタンリーは、奴隷制の復活に、見て見ぬふりをした。さらには、リヴィングストンは、政治の領域には無関心であった。スタンリーは、アフリカが切り分けられるのを、望んでいたのである。

そして、アフリカは、実際切り分けられたのである。リヴィングストンが亡くなった一八七三年から、スタンリーが亡くなった一九〇四年までの間、アフリカのおよそ三分の一が、イギリス帝国に編入された。アフリカのそれ以外の場所も、その大部分は、いくつかのヨーロッパの国々が支配するものとなった。そして、サブ・サハラ・アフリカのキリスト教への改宗は、この地方の政治的支配によって、初めて可能となったのである。

確かに、リヴィングストンが望んだように、通商（Commerce）、文明（Civilization）、キリスト教（Christianity）という三つのCは、アフリカにもたらされた。しかしながら、この三つのCのアフリカへの到着には、四つ目のCが伴っていた。征服（Conquest）である。

第四章　天の血統

人は、どんな状況になろうとも、自らのカースト、人種、血統にとどまるべきである。白人は、白人と交わり、黒人は、黒人と交わるのがよい。

キップリング

カルカッタの中心部にあるヴィクトリア・メモリアルは、タージ・マハルに対するイギリスからの回答だった。つまり、帝国の偉大さの永遠性を表現するものであり、統治する人々を威圧することを狙ったものであった。しかしながら、マイダン公園〔独立公園〕を疲れた目でじっと見つめるヴィクトリア女王の銅像を現在の視点で見てみると、そこから感じられるのは、かつてのイギリス支配の儚《はかな》さである。ヴィクトリア・メモリアルは、一見、荘厳さを感じさせるものの、結局のところ、ベンガル人の海に浮かぶちっぽけな島でしかなかったのだ。この猥雑とした巨大都市の人口の大部分は、ベンガル人なのであった。驚くべきは、イギリスの支配がやがて終焉を迎えたことよりも、わずか数千人ほどのイギリス人が、二世紀近くもの間、ベンガル地方のみならず、巨大なインドを支配できたことの方なのである。ある人物が述べていたように、インド政府は、「地球の五分の一の住民に対して、彼らの許可も得ず、彼らの助けを借りずに行政サービスを行なうための巨大な機構」だったのだ。

イギリスは、また、〔地中海の〕マルタ島から香港に至る広大な半球を支配するために、インドを利用することができた。インドは、ヴィクトリア期中期の帝国全体を支える礎《いしずえ》だったのだ。

そうはいうものの、ラージ〔イギリス領インド〕は、イギリス帝国の中心にありながら、謎めいた存在である。立派な大理石の裏側がどうなっていたのか、なかなか見えてこないのだ。いったい全体、どのようにして、わずか九〇〇人のイギリス人官僚と、七万人のイギリス人兵士だけで、二億五〇〇〇万ものインド人を統治できたのであろうか？

ヴィクトリア期のイギリス人たちは、巨大なインドを、どのように統治したのであろうか？

距離の消滅

ヴィクトリア帝国の頂点に君臨していたのは、女王陛下御自身であった。女王は、公では控えめであった一方、プライベートでは、勤勉で、頑固で、情熱的であり、非常にたくさんの子孫を儲け、驚くほど長生きした。女王は、プランタジネット朝〔一一五四年から一三九九年までのイングランド王朝〕の後期のように、驚くほど、巡回した。バッキンガム宮殿が好きではなく、それよりも、ウィンザー城を好み、遠く離れ、雨の多いバルモラル城に、愛着を持っていた。だが、おそらく、女王の最大のお気に入りは、ワイト島のオズボーン・ハウスであっただろう。ここを購入し、再建することを勧めたのは、最愛の夫（であり従弟《いとこ》でもあった）、アルバートである。この城は、普段はプライバシーのない夫婦が、ある程度のプライバシー――そして親密さ――を確保できる数少ない場所の一つであった。女王は、次のように述べていた。

「わたしたちの場所、つまり、静かで人目につかない場所を持つことは、とても心地よく、気持ちの良いことなのです。……これ以上素敵な場所は、なかなか思いつかないものです。ここには、わたしたちだけの素晴らしいビーチがあります。ここのビーチでは、人がついてきたり、人が群がってきたりすることなく、自由にお散歩ができるのです。」

　＃　ともに一八一九年生まれであるが、ヴィクトリア女王は五月二四日生まれ、アルバート公は八月二六日生まれで、ヴィクトリアの方が誕生日が早い。

　オズボーン・ハウスの建築様式は、ルネサンス様式で、一九世紀の建築様式上の歴史主義の一つの典型である。オズボーン・ハウスは、実際にも、象徴的にも、ヴィクトリア女王が治めるグローバルな帝国から、何千マイルも離れた場所にあった。ところが、視点を変えてみると、遠く離れた場所、とはいえなくなってくるのだ。中央階段上《うえ》にある、煌びやかで寓話的なフレスコ画は、一見したところ、イタリア様式の模倣で、近代とは無縁なものに見える。＃ところが、よく見ると、「ブリタニア（イギリスを擬人化した女神）」が、「ネプチューン（海洋神）」から、海の王冠を授かり、「産業の神」「通商の神」「航海の神」が立ち会っている様子が描かれていることが分かるのだ。ブリタニアの右側に描かれた三人の神々が象徴的に示しているように、女王夫妻は、イギリスの経済力と、イギリスのグローバル支配の関係を、しっかりと理解していたのである。

　＃　William Dice作の「Neptune Resigning to Britannia the Empire of the Sea」。海の神ネプチューンが、イギリスを擬人化した女神ブリタニアに王冠を渡そうとしているシーンを描いた画。

　一八世紀末以降、イギリスは、新技術の旗手として、ライバルたちに先んじていた。イギリスの技術者たちは、産業革命という革命において、先頭を走っていた。イギリスは、産業革命によって、蒸気の力と鉄の強さを利用できるようになり、これによって、世界経済を進化させ、国際政治のパワー・バランスを変化させることが可能になっていた。このことをどこよりもよく理解できる場所が、オズボーン・ハウスであった。オズボーン・ハウスの前に広がるのはソレント海峡であり、対岸には、頼もしい存在として、イギリス第一の軍港、ポーツマス軍港が控えていた。当時、世界最大の軍港であり、イギリスのシーパワーを、目に見える形で見せつける存在だった。女王とアルバート公は、オズボーン・ハウスの美しい庭を散策する間、霧が出ていない日には、軍港を出入りする海軍の艦船を、見つめていただろう。

一八六〇年になると、女王は、ヴィクトリア期中期の力の象徴の極致を、簡単に見つけることができたはずだ。「軍艦ウォーリア（HMS Warrior）」である。蒸気機関と、最新式のライフル付き後装砲《こうそうほう》、五インチの装甲を備えた「装甲艦」ウォーリアは、世界最強の軍艦だった。あまりにも強そうなため、この艦と砲火を交えようとする外国の艦船は、一隻もなかったほどである。さらには、この強そうな軍艦も、二四〇隻あまりの艦船と四万人の人員を有したイギリス海軍の艦船の一隻でしかなかったのだ。イギリス海軍は、他を引き離して、世界最強だった。もっといえば、比類するもののないイギリスの造船所の生産力により、トン数ベースで見た場合、世界の商船のおよそ三分の一はイギリス船だった。一九世紀なかばのイギリスのように、圧倒的な力で世界の海を支配した国家は、他の時代には存在しない。ヴィクトリア女王が、浜辺で安心感を得ていたのには、それなりの理由があったのである。

イギリスは、奴隷貿易を廃止したいと望んだ際、奴隷貿易を止めさせるために、海軍を送りこんだ。その結果、一八四〇年までに、四二五隻以上の奴隷船が、西アフリカ沖において、イギリス海軍に拿捕《だほ》されることとなった。奴隷船の乗組員たちは、シエラレオネに護送され、ほとんどの者は、その場で有罪を宣告された。合計で三〇隻の軍艦が、このような国際的な海上警備行動に従事していた。イギリス人は、ブラジル人による奴隷貿易を止めさせたいと思った時、一隻の砲艦を送りこめば、それで止めさせられたのである。これは、〔外相の〕パーマストン卿が、一八四八年に、実際に行なったことである。その結果、ブラジルは、一八五〇年九月、奴隷貿易廃止の法案を可決することとなった。

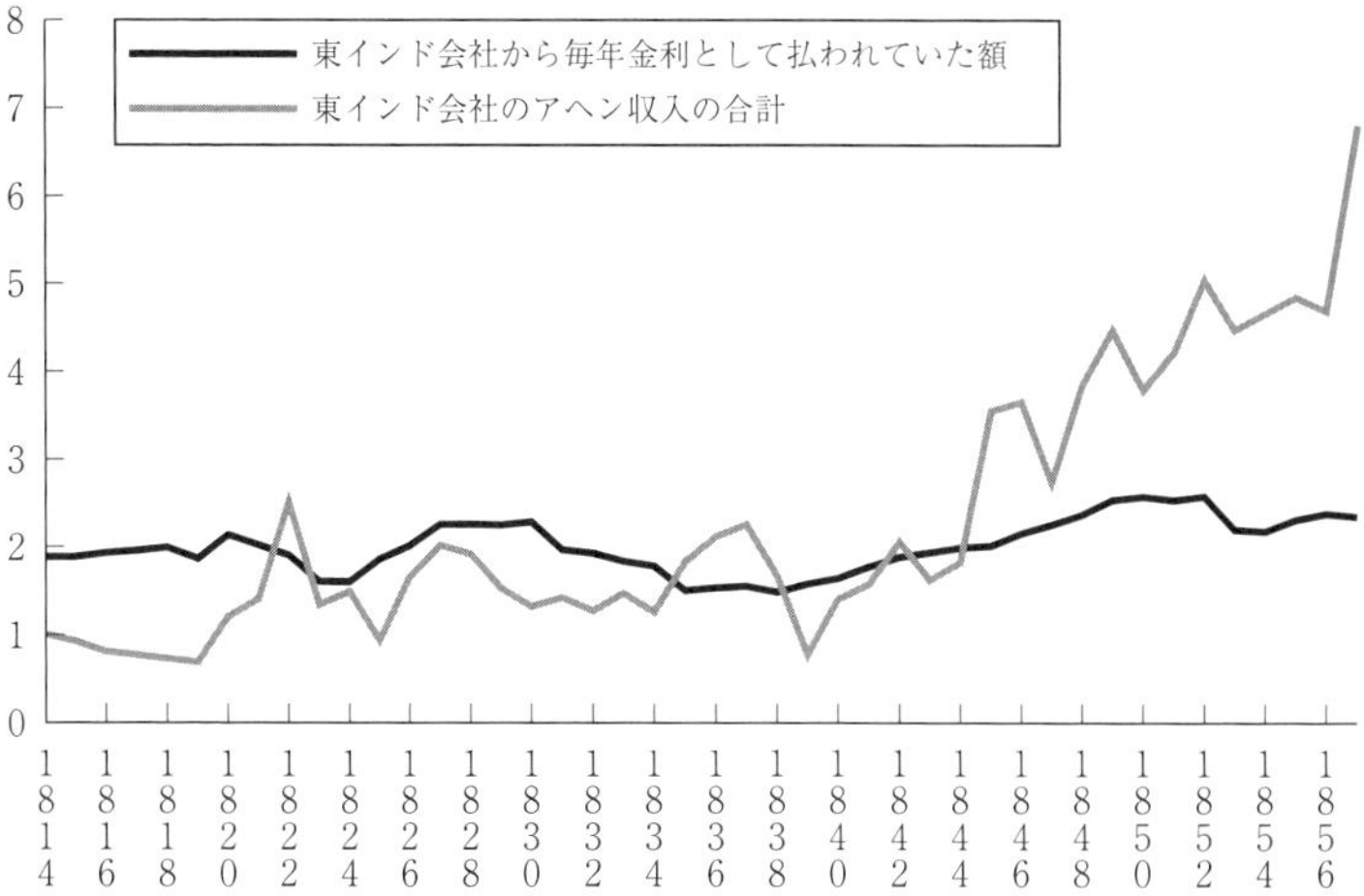

負債と麻薬：東インド会社の金利支払いとアヘン収入、1814年から1857年まで（単位は100万ポンド）

イギリスは、中国の港をイギリスの貿易に開放させたいと望んだ時、またしても、海軍を送りこんだ。これを行なった際、必ずしも、インドアヘンの輸出先を確保することだけが、その目的だったわけではない。一八四〇年から一八四二年と、一八五六年から一八六〇年の二度のアヘン戦争は、アヘンだけが争点だったわけではないのだ。『イラストレイテド・ロンドンニュース』紙は、一回目の戦争を、遅れた東洋の専制国家に自由貿易の利点を教えるための聖戦として描いており、この戦争の終結に当たって結ばれた南京条約に、アヘンへの明確な言及はない。また、開戦の原因となった船の名に因んでアロー戦争と呼ばれることもある二度目のアヘン戦争は、ある意味、大国としてのイギリスの威信を見せつけるために戦われた戦争であった。ちょうど、一八五〇年、ギリシャの港を封鎖したのと同様である。この時、〔イギリス領〕ジブラルタル生まれの一人のユダヤ人が、イギリス臣民としての権利をギリシャ当局に冒されたと訴えたために、イギリスは、ギリシャの港を封鎖したのであった。

そうはいうものの、もし、アヘン――一八二一年、中国当局によって禁止されていた――の輸出が、イギリス領インドの財政にとってそれほど重要なものでなかったならば、二つのアヘン戦争が戦われたかどうかは疑問である。* 一度目のアヘン戦争の結果、香港を獲得したが、それによって得られた実質的な利益は、一つしかなかった。それは、ジャーディン・マセソンのような会社が、アヘン密輸を行なうための拠点を香港に構えることができるようになった、ということである。ヴィクトリア期の価値観における痛烈なアイロニーの一つとは、奴隷貿易を根絶するために動員されたまさにその海軍が、他方では、麻薬貿易の拡大を推し進めていた、ということなのだ。

* 一九世紀の前半を通して東インド会社がアヘンの輸出の独占から得た利益は、東インド会社の莫大な負債の利子として、会社がロンドンへと送金しなければならなかった金額にほぼ相当するということは、注目すべき事実である。アヘン貿易は、また、インドの財政収支を保つ上で、非常に重要だった。

奴隷制を根絶するための戦争、そしてアヘンを広めるための戦争、この二つに共通するのは、イギリスの海上覇権がそれを可能にした、という点である。〔蒸気船の導入は、民間の方が海軍よりも早かったが〕蒸気船が登場した当初、海軍本部が、蒸気船が「イギリス帝国の海上覇権に打撃を与える」と思い、それに驚愕したといわれている。この話は事実である。だが、すぐに思い直し、この新しい技術を導入しなければならない、と考えたのだ。フランスと歩調を合わせるためにも、蒸気船を導入する必要がある、と考えたのである。（イギリスが軍艦ウォーリアの建造を決めた最大の理由は、フランスが一八五八年に軍艦グロワール（La Gloire）を起工したことに対抗するためであった）。

その結果、蒸気機関は、イギリス帝国を弱めるどころか、イギリス帝国の結びつきを強めることとなった。帆船の時代、大西洋を横断するには、四週間から六週間の時間が必要であった。蒸気の力によって、これは、一八三〇年代なかばには、二週間となった。さらに、一八八〇年代には、わずか一〇日間となった。一八五〇年代から一八九〇年代までの間に、イングランドからケープタウンに行くのにかかる時間は、四二日間から一九日間へと、短縮されたのである。蒸気船は、速くなると同時に、大きくもなった。同じ期間で、平均的な大きさは、およそ二倍になっている。*

＊　つまり、イギリス本国から、海を越えて、帝国の各地に向かうのに、減ったのは、時間だけではない。費用も、大幅に安くなったのである。ニューヨークからリヴァプールまでの一ブッシェルの小麦を送る送料は、一八三〇年から一八八〇年までに半分となり、さらに、一八八〇年から一九一四年までに、その半分となった。一八三〇年当時、鉄の棒を送る送料は、鉄の棒を生産するのにかかるすべての費用とほぼ同額だったが、一九一〇年までに、これは、五分の一以下となった。

帝国がより強固に結びつくようになった理由は、蒸気船だけではない。ヴィクトリア女王は、その在位期間の初期――インド大反乱まで――には、ヨーロッパの外で起こる事柄には、それほどの関心を示さなかった。だが、インド大反乱が、女王陛下の帝国への責務という関心を呼び覚ました。在位期間が長くなるにつれて、女王の外への関心は、高まっていった。一八七九年一二月、女王は、「ビーコンズフィールド伯爵〔ディズレーリ首相〕との、お茶の後の、長い会話」について記録を残している。そのなかで、「インドやアフガニスタンについて話し合い、これらの国の統治者となり、それを保ちつづける必要性について……」話し合われていた。一八八〇年七月には、女王は、「政府に対して、帝国の安全と、帝国の威信を保つため、可能なことは何でも行なうよう、強く促した」のであった。女王は、一八八四年には、ダービー伯爵〔エドワード・スタンリー植民地相〕に、「イギリス帝国の責務」とは「現地の貧しい人々を擁護し、文明を前進させること」であるという自らの希望を伝えている。一八九八年には、女王は、次のように快活に述べていた。「わたくしが思いますに、わたくしたちは、他の国に委ねることなく、自分たちで何でも行なう、そのように世界全体に思わせることが重要でありましょう……」。

オズボーン・ハウスの目立たない片隅に、どうして女王が年を取るにつれて帝国への関心を強めていったのか、それを理解する鍵となる部屋が存在する。ここは、この館が一九〇二年に国有化された際には、保存の価値はないと見なされた部屋であった。この部屋とは、居住棟の地下にあった女王の電信室である。一八七〇年代までには、インドからの電信は、この部屋に数時間で到着するようになっていた。そして、女王は、ここで、電信を熱心に読んだのであった。このことは、ヴィクトリア女王の在位期間に世界に何が起こったのかを、申し分なく例証するものとなっている。世界が、小さくなったのだ。そして、世界を小さくするのに大きく貢献したもの、それはイギリスのテクノロジーであった。

電信も、発明された当初、海軍本部は、これに関心を払わなかった。電信の発明者フランシス・ロナルド（Francis Ronalds）は、一八一六年、自らの発明品を海軍に売りこみに行ったが、追い返されていた。一九世紀、情報ハイウェイを発展させたのは、軍ではなく、民間である。その始まりは、初期の鉄道インフラを利用したピギーバック輸送〔荷物輸送〕であった。一八四〇年代の後半には、電信が、陸上でのコミュニケーションに革命をもたらすものであることが、はっきりしてきた。一八五〇年代までには、インドにおける電信網はかなり発達したものとなっており、これが、大反乱を鎮圧させる上で決定的な役割を果たすこととなった。*

＊　一人の反乱者は、処刑へと向かう途中で、電信を「わたしを絞め殺す忌々しい糸」と述べていた。

だが、帝国支配という観点から見た場合、決定的な飛躍は、耐久性のある海底ケーブルの敷設であった。#意義深いことに、耐久性のある海底ケーブルは、帝国が生み出したものだった。ガタパーチャというマラヤ〔現在のマレーシア〕産のゴムに似た物質を用いることによって、開発されたものなのである。耐久性のある海底ケーブルが開発されたことによって、一八五一年に英仏海峡に最初の海底ケーブルが敷設され、

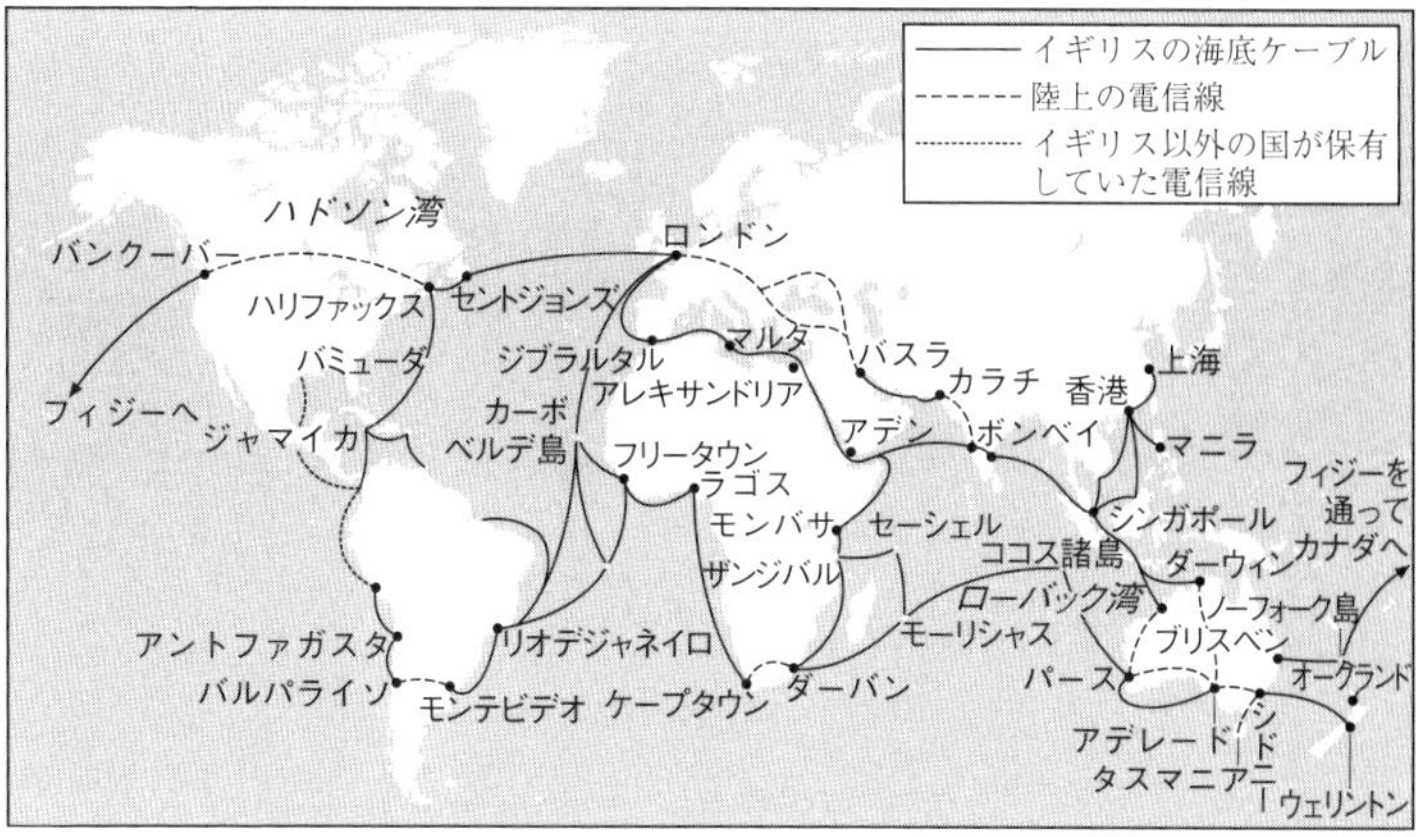

グローバルな電信網、1913年頃：帝国の情報ハイウェイ

その一五年後、最初の大西洋横断ケーブルが敷設された。一八六六年七月二七日、アングロアメリカン・テレグラフ社のケーブルが、ついにアメリカ沿岸に達したのである。〔イギリスの技術者〕イザムバード・キングダム・ブルネルが設計した巨大なグレイト・イースタン号〔当時最大の蒸気客船〕を用いて、海底に沿って、ケーブルを成功裏に敷設したのである。この日、新しい時代が幕を開けたのだ。

長時間水に浸しても劣化しないという意味。

この、アイルランドからニューファンドランドまでの海底ケーブルは、電信の時代を支配することになるのはどの国か、ということを示すものであった。インドとヨーロッパを結ぶ電信は、数年早く、インド政府によって設置されていたが、電信の支配者は、（自由競争原理があったにもかかわらず）電信網を支配しようと決意していたのだ。* 一八八〇年までには、世界の海底に敷設されたケーブルの総延長は九万七五六八マイル〔およそ一五万六〇〇〇キロ〕に達しており、イギリスと、インド、カナダ、オーストラリア、アフリカを結んでいた。今や、ボンベイからロンドンに宛てたメッセージを、一語当たり四シリングで送ることが可能となり、自分が送ったメッセージが翌日には読まれることが期待できたのである。[**] この新しいテクノロジーの使徒の一人、〔初期に活躍した海底ケーブル敷設技術者で議会議員にもなった〕チャールズ・ブライト（Charles Bright）によるならば、電信は、「世界の電気神経網」なのであった。

＊　イギリスの国内電信網は国有化されていたが、海外電信網のほとんどは、民間会社によって設置、運営されていた。
＊＊　外務省もしくは植民地省に宛てられたメッセージは、シティのイースタン・テレグラフィー社の事務所から、ロンドンの反対側へと送る必要があった〔シティは、ロンドン東部、官庁街は、ロンドン西部〕。これは、通常の文書郵便物と同じ手続きで行なわねばならなかった。

電信網と蒸気船網は、世界を縮め、世界の支配を容易にした金属を用いた三つのネットワークの二つであった。三つ目は、鉄道である。イギリスは、鉄道についても、自由市場に制限を設けることを、暗黙裡に容認していた。イギリス国内の鉄道網は、一八二六年以降、建設が進められていたが、政府の介入は最小限だった。ところが、帝国各地にイギリスが建設していた鉄道については、建設そのものは民間企業によって行われていたものの、政府から莫大な補助金が支払われており、利益を生むものとなることを、国家が、実質的に保証していたのである。インドで最初の鉄道は、ボンベイ・ターネー間の二四マイル〔およそ四〇キロ〕で、一八五三年に正式に開通したものである。それから五〇年もしないうちに、二万四〇〇〇マイル〔およそ四万キロ〕の鉄道網が建設された。わずか一世代のうちに、「テーレイン〔トレインのインドなまり〕」が、インドの経済と社会を変えたのである。七アンナの三等普通切符のおかげで、歴史上初めて、多くのインド人たちが長距離を旅することが可能になり、「友人を訪ねたり」「人々の願望を結びつけたり」できるようになった。当時の人のなかには、「時速三〇マイル〔およそ五〇キロ〕は、のろまな異教の神々にとっては致命的である」という考えから、文化的な革命が起こることを予測する人も居た。

確かなことに、インドの鉄道網は、イギリスの機関車製造業者に巨大な市場を提供した。なぜなら、インドで、鉄道運行に投入された蒸気機関車の多くは、イギリスで製造されたものであったからだ。さらには、この鉄道網は、最初から、経済上の目的を持つと共に、戦略上の〔軍事的な〕目的も、併せ持っていた。ラクナーウの中央駅が、ゴシック様式の壮大な要塞に似ていたのは、イギリス人株主たちの気前の良さによるものではなかったのだ。

帝国についての著名なコメンテーターの一人が述べているように、グローバル・コミュニケーションにおけるヴィクトリア期の革命は、「距離を消滅」させるものであった。これは、同時に、遠く離れた殲滅《せんめつ》戦を可能にしたのである。戦時には、距離は、克服しなければならない課題であった――単純に、イギリスの主要な陸軍力が、今や、世界の別の場所にあったからである。

長い間そうであったように、イギリス本国の陸軍兵力は、比較的小さな規模のものであった。ヨーロッパにおいて、防衛力を担っていたのはイギリス海軍であった。イギリスの大艦隊の三分の一以上の勢力が、常時、本国近海、もしくは、地中海に展開していたのである。イギリスが、攻撃能力を持つ陸軍力の大部分を置いていたのはインドだった。この点において、大反乱の前と後とで、変化はほとんどない。確かに、一八五七年以降、現地部隊の数は減らされて、イギリス部隊の数は、約三分の一以上増加した。しかしながら、イギリスがインドに配置できる人の数には限りがあったのだ。

王立委員会（Royal Commission）は、一八六二年、一八〇〇年から一八五六年までのインドにおける将校以外の階級（下士官兵）の死亡率は、一〇〇〇人中六九人であると報告している。これと比べるならば、イギリス本国において市民生活を送っていた同年代の人々の死亡率は、一〇〇〇人中一〇人だった。インドに駐屯していた部隊は、また、その病気の発症率も高いものであった。

王立委員会は、ヴィクトリア期に典型的に見られた精密さでこれを計算していた。それによれば、七万人のイギリス陸軍兵の内、四八三〇人が毎年死に、五八八〇人が病気で健康を損ない入院していた。新兵を募集し、インドに駐屯させる費用は、一人につき、一〇〇ポンド必要だったので、計算上、イギリスは、毎年、一〇〇万ポンドずつ失っていたことになる。同じ規模の部隊をヨーロッパに駐屯させるのに必要な費用は、二〇万ポンドほどであったと推定されているので、熱帯地方に部隊を駐屯させるには、余分な費用が八〇万ポンド必要だった、ということになる。かなり回りくどい言い方をしているが、要するに王立委員会が述べたかった点は、これ以上インドにイギリス兵を送って、病気にしたり死なせたりするべきではない、ということであった。必然的に、英印軍の規模を維持するには、セポイ兵に頼りつづける必要がある、ということになる。

その結果、一八八一年には、英印軍は、六万九六四七人のイギリス兵と一二万五〇〇〇人の現地人兵を数えることとなった。本国では、イギリス人兵六万五八〇九人、インド人兵二万五三五三人であった。イギリス帝国全体の駐屯軍に占める割合で見た場合、英印軍は、全体の半分以上を占めていた（六二パーセント）。ソールズブリー卿（首相、外相、インド相などを務めたロバート・セシル）の辛辣な言葉を借りるならば、インドは「東洋にあるイギリスの兵舎であり、そこからは、給与を払うことなく、いくらでも兵力を引き出すことができ」たのだった。卿も、他の首相たちも、定期的にインドから兵力を引き出したのであった。

一九一四年までの半世紀間で、インド人兵は、中国からウガンダまで、一二以上の帝国の戦闘に従軍した。自由党の政治家ウィリアム・エドワード・フォスター（W.E. Foster）は、一八七八年、「自国民の愛国心や勇気」に頼るのではなく、「グルカ兵やスィク教徒やムスリムたちを自分たちのために戦わせている」と、政府を批判していた。これについては、ミュージック・ホールでも、次のようなパロディーが歌われていた。

オレたちは戦いたくない、
イギリスのため、どうしても戦わなきゃならなくなったとしても、
オレたち自身は前線には行かないのだ、
おとなしいヒンドゥー教徒たちを送りこむのさ。

ヴィクトリア期中期の帝国の、ほとんどありとあらゆるものがそうであったように、英印軍も、テクノロジーに大きく依存していた。ここでいうテクノロジーとは、銃を生産するようなテクノロジーだけではない。地図を作成するというようなことも、テクノロジーに含まれていた。支配のテクノロジーとして、電信に劣らず重要であったものは、セオドライト〔経緯儀〕であった。このことは、銘記しておかなければならない。

早くも一七七〇年代には、東インド会社は、地図作成の、戦略的重要性を認識していた。一八世紀の後半と一九世紀の前半に英印間で戦われた数多い戦争に際しては、より正確な地図を持った軍が、決定的な優位を得たのであった。まさに、この理由によって、ブリテン諸島そのものの地図は、先駆的な陸地測量部（Ordnance Survey）によって、作成されていた。

一八〇二年、インドの大三角測量が、大胆不敵な地図作成者であったウィリアム・ラムトン（William Lambton）によって開始された。一八一八年、ジョージ・エヴェレスト（George Everest）がこれに加わった。〔昼間の〕照り付ける太陽によってセオドライト〔の光軸〕に歪みが生じるので、夜間に測量の仕事を行なうことで、彼らは、最初の正確なインドの地図の作成に取りかかったのであった。地理学、地質学、生態学上の膨大な情報が、四マイル〔六・四キロ〕を一インチ〔二・五四センチ〕として、正確に刻み込ま

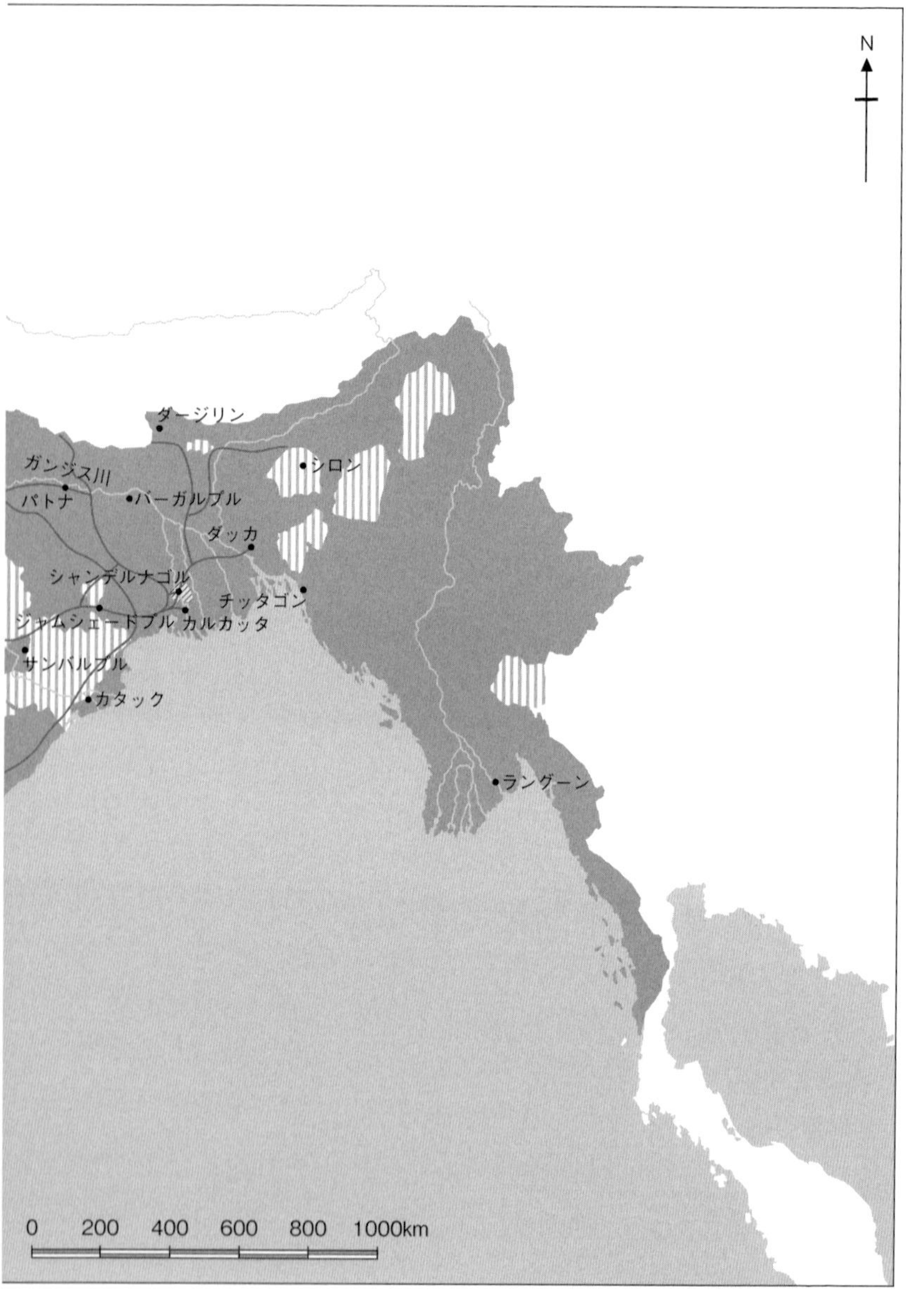
N
ダージリン
ガンジス川
パトナ
バーガルプル
シロン
ダッカ
シャンデルナゴル
チッタゴン
ジャムシェードプル
カルカッタ
サンバルプル
カタック
ラングーン
0
200
400
600
800
1000km

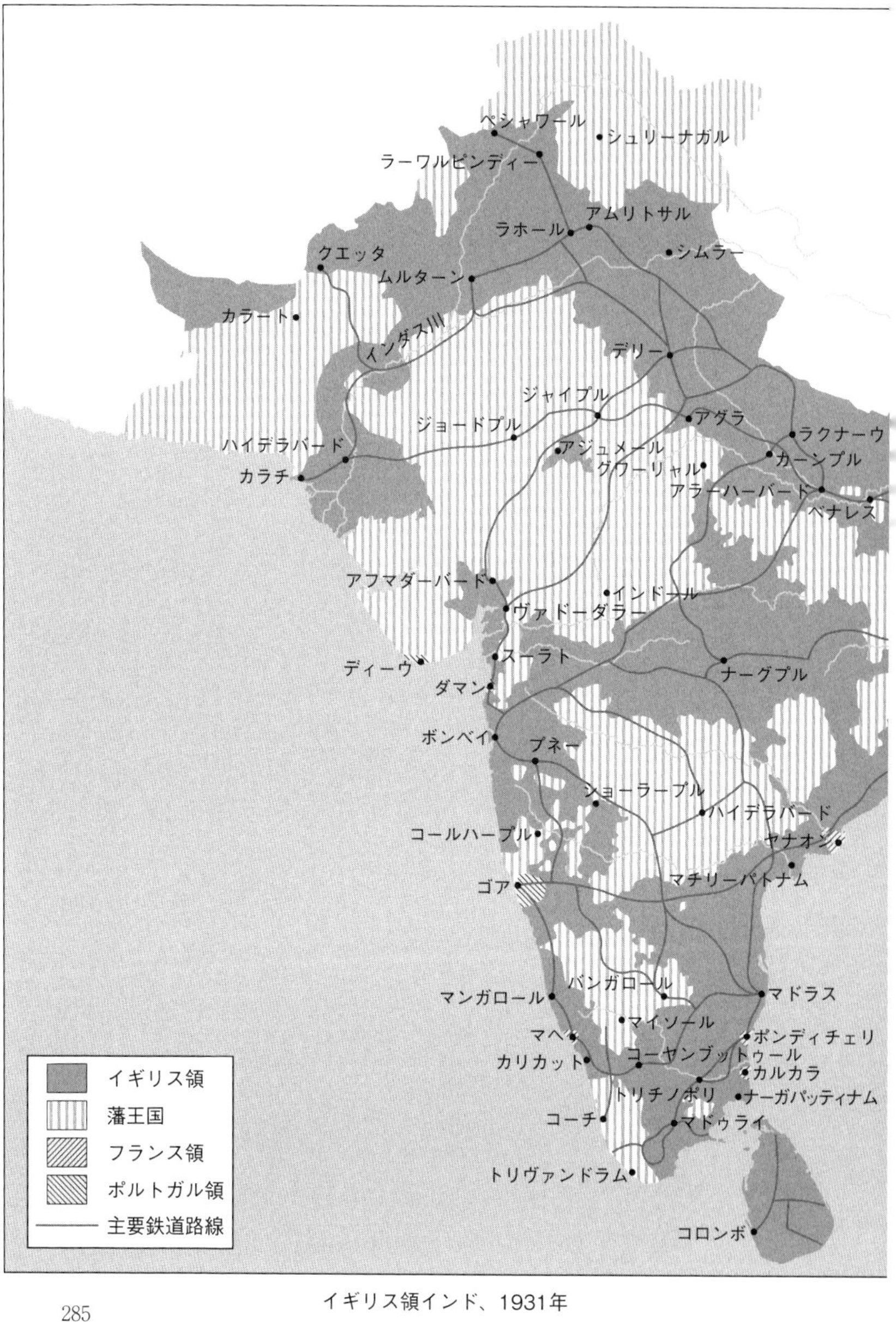

イギリス領インド、1931年

れていったのである。

知は力なり、であった。どこに何があるのか、ということは、政府が必要とするもっとも基本的な情報であった。だが、大三角測量がヒマラヤ山脈――ここでエヴェレストは、自らの名を、世界一高い山に付けた――にまで及ぶと、測量によって集められた情報は、新たな意味を持つものとなった。結局のところ、どこまでがイギリス領インドなのであろうか？　忘れられがちなことであるが、イギリス領インドは、それが最大の大きさであった時には、現在のインドよりも、かなり大きなものだった。今日のパキスタン、バングラデシュ、ビルマ〔ミャンマー〕を包含するものであり、ペルシャ〔イラン〕南部とネパールをも含むものであった。一時的には、アフガニスタンもラージに含まれることになるのではないか、と見られた時期もあったし、チベットを併合するという夢を抱いた者までいた。

ところが、インドの北方の山脈の向こう側には、同じような大志を抱いた別のヨーロッパの帝国が存在したのだ。一九世紀、イギリスが海を越えて急速に拡大していたのと同様に、ロシアは、陸を越えて、急速に拡大していたのである。南方のコーカサス方面に向けては、チェルケシア、ジョージア〔グルジア〕、エレバン、そしてアゼルバイジャンへと、そして、東方に向かっては、カスピ海からシルクロード沿いに、ブハラ、サマルカンド、タシュケント、さらにはパミール高原のコーカンド、アンディジャンへと、その勢力を伸ばしていたのである。ライオンとクマ（『パンチ』誌の風刺画では、常に、ライオン〔イギリス〕とクマ〔ロシア〕として描かれていた）は、わずか三〇マイルあまりを隔てて、世界でもっとも峻険な地形越しに、互いに睨み合っていたのだ。

一八七八年、イギリスは、アフガニスタンに侵入し支配しようとする二度目の試みを開始した〔第二次アフガン戦争〕。ここから三度目の試みを行なう一九一九年まで、イギリスとロシアは、世界最初の冷戦を、〔インドの〕北西国境沿いに戦うことになる。この人類最初の冷戦で、後の冷戦のスパイのような役割を果たしたのは、測量士たちであった。国境地帯の正確な地図を最初に作成した方が、その場所を支配できる高い確率を手にすることができたからである。それゆえ、インドの大測量は、スパイ活動と、綿密に結びついたものとなった。この情報戦を、これを国境地帯で展開させたイギリス人たちの一人は、〔チェスになぞらえて〕「グレイト・ゲーム」と呼んでいた。

時に、この情報戦は、まさにゲームの様相を呈した。仏教の僧侶に変装したイギリスのエージェントたちが、カシミールとカイバル峠を越えて、未知の領域に足を踏み入れた。そして、数珠《じゅず》を使って距離を測定したのである。一〇〇ペース〔およそ七六メートル〕ごとに、数珠玉を一個一個置いていったのだ。こっそりと記述していった地図は、マニ車〔祈禱文の入った回転式の円筒〕のなかに隠し持っていた。* だが、ゲームとはいっても、このゲームは、緩衝地帯で繰り広げられた死のゲームであった。唯一のルールは、無慈悲なパシュトゥーンもしくは「パターン」の行動規範《コード・オブ・オナー》であった。よそ者は、温かく迎えるのであったが、裏切りが判明した場合、喉を掻き切られるか、一族郎党皆殺し、となるのであった。

＊　このロマンチックなゲームの英雄には、キシェン・シン（Kishen Singh）やサラト・チャンドラ・ダス（Sarat Chandra Das）のような「碩学《せきがく》」が含まれている。ダスは、キップリングの『少年キム』に出てくる「ハリー・チャンダー・ムーケルジー（Hurry Chunder Mokerjee）」のモデル。

イギリスは、北西辺境に対する警戒を、決して緩めることはなかった。だが、イギリス領インドの力の及ぶ範囲は、ここにとどまるものではなかった。ヴィクトリア期のテクノロジーの進歩のおかげで、ラージは、インド洋を越えて、その力を及ぼすことができたのである。

一八六六年、イギリス帝国は、遠く離れた場所で人質を取られるという危機に直面し、その通信システムの限界が試されることとなった。アビシニア〔エチオピア〕皇帝テオドロス二世が、イギリス臣民のグループを拘束したのである。皇帝は、アフリカで唯一のクリスチャンの君主であるにもかかわらず、イギリスは自らに対して十分な敬意を払っていないと考え、このような行為に及んだのであった。テオドロス二世は、イギリスに、自らを援助するよう求める書簡を書き送っていたが、イギリス植民地省がこれに返事をしなかったので、手の届く範囲に居たヨーロッパ人をすべて捕らえ、遠く離れた山岳地帯にあった自らの要塞マグダラへと、彼らを連行したのである。外交団が派遣されたが、皇帝は、この外交団をも拘束してしまった。

ヴィクトリア女王の臣民〔イギリス国民〕は、丁重に扱わなければならず、その原則を犯した者は、それ相応の制裁を受けることになる。このことは、ほぼ事実であった。だからといって、誰もがこのことを認識しているわけではなかった。そうはいうものの、エチオピアの奥深くから人質を救出するということは、そう簡単なことではなかった。これを行なうには、現代の緊急即応部隊に相当するような部隊を派遣する必要があったからである。ここで注目すべきこととは、この部隊が、イギリス人部隊ではなかったという点である。まもなく、アビシニアは、イギリス領インドの力のほどを、思い知らされることになるのだ。

イギリスの素早い対応を可能にしたものは、グローバル大に急速に拡大していた電信網と蒸気船網であった。人質を救出するために即応部隊を派遣することを決断したのは、首相のダービー卿である。内閣と王室に諮《はか》った後、決断を下したのである。女王は、一八六七年四月、人質の解放を求める書簡を送っていた。だが、これに対して返事を得られなかった。事ここに及んで、政府は、「武力」によって人質を救出するしかない、という結論に達したのである。当然ながら、このような決断は、主だった政府の機関すべてが関わるものだった。外務省、陸軍省、海軍本部、大蔵省である。これらの省庁は、すべて相談を受けた。だが、侵攻を実施する命令そのものは、ロンドンに居たインド相から、一万マイル彼方の、ボンベイ管区知事へと送られた。侵攻に必要な部隊が、ボンベイ管区にあったからである。以前なら、このような命令は、到着するまで何カ月もかかった。それが、すでにその当時、電信で送れるようになっていたのだ。

遠征の計画を任されたのは、サー・ロバート・ネイピア陸軍中将（Lieutenant-General Sir Robert Napier）という、頑固な訓練至上主義の昔気質《かたぎ》を持ちながらも、同時に、軍事工学の天才でもあるという人物であった。ネイピアは、女王から公表された命令を受けており、その命令文は「汝《なんじ》、その鎖を解き放て（Break thou the Chains）」という、人を奮起させるものであった。これをラテン語で表わした「Tu Vincula Frange」は、その後、ネイピア家の家訓となる。だが、ネイピアは、個人としては、職業軍人らしく、悲観的な現実主義と共に、この仕事に取り組んだのであった。彼は、一八六七年七月二五日、ケンブリッジ公爵〔ジョージ〕に宛てて、次のように書き送っている。

金銭的にどんなに高くつくとしても、外交によって人質を解放する、それが理想です。遠征は、非常に経費がかかり、また、困難なものになるからです。たとえ一発の弾丸も発射することのない場合であっても、現地の気候や不慮の事故による犠牲者の数は、人質の数の十倍になるでしょう。ですが、このような人々が、不幸にも、殺されたり、拘束されたりしたならば、われわれは、何らかの手を打たねばなりません。

ネイピア自身、おそらく予測していた通り、この仕事は彼に任されることとなった。つまりは英印軍である。八月一三日、ネイピアは、この作戦に必要な兵力を算出した。それは、次のようなものであった。「現地人〔インド人〕騎兵四コ連隊、イギリス人騎兵一コ大隊、現地人歩兵一〇コ連隊……野戦ならびに騎兵砲兵四コ中隊、山岳輸送部隊一隊、五・五インチ迫撃砲六門からなる中隊……可能であれば、その内の二門は八インチ砲とする。そして、荷物運びと下働きに充てるための三〇〇〇人の屈強な労役夫からなる労役隊。」

二日後、ネイピアは遠征軍を指揮することを要請された。一一月までに、議会はディズレーリによって再招集されていたが〔当時はダービー内閣で、ディズレーリは蔵相だったが、ダービーが病気のため、蔵相のディズレーリが主導権を握っていた〕、ディズレーリは、アビシニア遠征を選挙のために利用しようとし、遠征に必要な予算を可決した。その後、インド相のサー・スタッフォード・ノースコート（Sir Stafford Northcote）は、「サー・ロバート・ネイピアから要求があった場合、組織に関すること、ならびに、装備の強化に関する一切の手続きは、インド政府に任せる」と、インド・ヴァイソロイ〔ジョン・ローレンス〕に書き送った。ノースコートは、また、ネイピア軍の「現地人兵の割合」は、「維持」される、と念押ししている。つまりは、インド人兵の給与は、通常通り、インド政府が支払わなければならない、ということであった。

それから二、三カ月も経ない内に、侵攻軍は、紅海に面したマッサワに向けてボンベイを出港した。船団は、一万三〇〇〇人のイギリス兵とインド兵、二万六〇〇〇人の非戦闘従軍者、それに、たくさんの家畜を載せていた。一万三〇〇〇頭のラバとポニー、ほぼ同数の羊、七〇〇〇頭のラクダ、七〇〇〇頭の牛、一〇〇〇頭のロバ、それからもちろん、四四頭の象であった。ネイピア軍は、さらには、灯台と鉄道まで組み込まれた組み立て式の湾港をも携行していた。インド人の力にイギリスのテクノロジーを完璧に組み合わせた巨大な規模の兵站《へいたん》であった。

アビシニアの皇帝は、いかなる侵攻軍も、海岸からアグダラまでの乾燥した山間の四〇〇マイルに及ぶ道のりを走破できるはずはない、と見なしていた。ネイピアを見くびっていたのだ。だが、ネイピアは、ゆっくりと確実に、目的地に向かって軍を率いていた。その通った跡には、水がなくて死んでしまった何千頭もの家畜の死体が横たわっていた。三カ月の行軍の後に、ネイピアの軍は、要塞の前に辿り着いた。辛い行軍が終わったという安心感が軍にみなぎっていた。後は攻撃をしかけるのみ、となった。

　稲妻が鳴り響き、軍楽隊が「ギャリーオーウェン」を演奏するなか、ウェスト・ライディング連隊とブラック・ウォッチ連隊を先頭に、一斉に丘を駆け上がっていった。わずか二時間の戦闘で、ネイピアの軍は、テオドロスの軍の七〇〇人以上を殺し、一二〇〇人以上を負傷させた。皇帝は、捕らえられることを望まず自害した。イギリス側の負傷者は、わずか二〇名、死者は居なかった。遠征軍に参加した一人が、嬉しそうに振り返っている。「絹の連隊旗がはためき、鉄兜《てつかぶと》がうごめき、勝利の喜びが轟《とどろ》いていた。勝利の音が、丘を駆け下り、二マイルの距離を駆け抜けた。……丘には『女王陛下万歳〔事実上のイギリス国歌でイギリス王室への賛歌〕』の音がこだましていた。」

　ネイピア軍の勝利は、ヴィクトリア期中期の精密攻撃（surgical strike）の典型だった。当時の呼び方では「ブッチャー・アンド・ボルト（butcher and bolt）〔虐殺と雷〕」オペレーションである。兵站、火力、規律における圧倒的な力で、イギリス側の犠牲は最小で、皇帝をひねりつぶしたのである。勝者は、解放した人質ばかりでなく、たくさんの戦利品と共に凱旋した。ネイピアと彼の軍は、何でもかんでも持ち帰った。なかでも注目されるのは、ディズレーリを喜ばせるための、アビシニアのキリスト教の古くからの一〇〇〇の文書と、皇帝のネックレスだった。喜んだ王室は、躊躇することなく、ネイピアに爵位を授けた。もちろん、ネイピアの騎馬姿の銅像が建てられ、この銅像は、今でも、〔インドの〕バラックポールの旧総督邸の庭に立派に立っている。

　インド兵を、エチオピアのような遠い場所に遠征させ、これほどの成功を収めたという事実は、一八五七年の大反乱以降、インドがどれほど変わったのかを物語るものとなっている。ネイピアの遠征のわずか一〇年前には、インドにおけるイギリスの支配は、大反乱により、その根底を揺るがされようとしていた。だが、イギリスは、この苦い経験から学ぼうと必死であった。イギリスは、大反乱を受けて、そのインド統治のやり方を大きく変えたのである。東インド会社が清算され、一企業がインド亜大陸の統治を行なうというような変則に、最終的に終止符が打たれたのだ。

確かに、変更のいくつかは、単なる名前の架け替えにしか過ぎないものであった。かつての総督(Governor-General)はヴァイソロイ(Viceroy)という名称となり、その諮問機関としての六人の委員による顧問団にわずかな変更が行なわれたのである。制度の上においては、今では、インドに関して最高の権威を持つ者は、インド担当国務大臣(The Secretary of State for India)〔インド相〕となり、その諮問機関としてインド委員会(The India Council)が設置された(それまでの理事会(The Court of Directors)と管理委員会(The Board of Control)が組み合わされたものであった)。だが、想定としては「インドの統治は、大枠において、インド自身が行なうべきである」とされていた。

一八五八年、女王は、その宣言において、インドの統治に関して、インドの人々に対して二つの約束をした。最初の約束についてはすでに見た。これ以降はインドの伝統的宗教文化に干渉を行なわない、という約束だった。宗教的干渉が大反乱の主要な原因の一つとなったということを暗に認めたのである。二つ目として、宣言は、「原則として、すべての採用に関して、ヨーロッパ人と現地人の間で、完全なる平等が適用されることになる」と述べていた。このことは、将来へと向かうなかにあって、これ以降、非常に重要なポイントとなってゆく。

もちろん、その後もインドは専制国家のままであった。女王の臣下であったはずの多くのインド人は、代表制のかけらも持たなかった。後のヴァイソロイの一人は、インドは、「実のところ、インド相とヴァイソロイの秘密のやり取りによって統治されている」と述べていた。さらにいえば、宣言においては融和的な約束が示されている一方で、現場で実際に実施されていた政策は、概して、より対決的なものであった。

ラクナーウで何が起こったかを見れば、イギリスの統治が、現場レベルにおいて、どれだけ徹底したものであったのかが分かるだろう。大反乱の後、落ち着きを取り戻した頃になっても、少なくともベンガルの工兵隊の准将であった一人の男は、一八五七年のような出来事が再び起きないようにするためには、徹底的な改革を行なわなければならない、と考えていたのである。この男は、「ラクナーウ市の軍事占領に関するメモランダム」で、次のように述べていた。「ラクナーウ市は、非常に広く、地形上、特に目立つような特徴もないので、ここを常にコントロール下に置くためには、大規模な部隊を駐屯させる必要がある。」

この工兵の名は、ロバート・ネイピアである。後にイギリス軍を率いて、アグダラで勝利を収めた、あの男である。ラクナーウの問題に対する彼の解決策は、同様に、秩序立ったものであった。

> この問題は、市内のあちらこちらに広い道路を通し……十分な数の軍事拠点を設けることで、大きく減少させることができるであろう。……そうすれば、部隊は、あらゆる方向に迅速に動けるようになる。……部隊の動きの妨げとなっている……郊外の住宅や藪《やぶ》は……一掃する必要がある……［新しい］道路に関しては……それらは絶対に必要なものである。……自らの財産を破壊されることになる個人には、間違いなく困難がのしかかることであろう。だが、コミュニティーは、全体として、利益を受けるのである。そして、この利益は、個人の犠牲を埋め合わせるものとなろう。

それゆえ、まず、住民が市から追い出されたのであった。それから、取り壊しが始まった。ネイピアは、仕事を完了するまでに、旧市街地の五分の二ほどを取り壊した。さらに、傷口に塩を塗るように、市でもっとも重要なモスクは、間に合わせのバラック造りとなった。これにかかった費用は、すべて住民に課せられた。住民は、税金を払い終わらなければ、元に戻ることを許されなかったのである。

すべての主要なインドの都市と同様に、駐屯軍の主要な部隊は、今では、市街地の外側の「常駐地(cantonment)」に駐屯することとなった。イギリスの支配に対する挑戦があった場合、ここからただちに出撃し、鎮圧できるようにするためだった。常駐地のなかでは、将校たちは、一人一人バンガローに住んでおり、それぞれのバンガローの大きさは、住む人の階級に応じたものとなっていた。バンガローには、使用人用のエリアがあり、馬車置き場も完備されていた。将校の居住エリアに近い場所には、イギリス兵たちのレンガ造りの兵舎があった。一方で、現地人兵たちの住居は、そこから少し離れた草ぶき屋根の小屋であり、各自が、自分で造ることになっていた。

ラクナーウの新しい鉄道駅の設計も、秩序の維持を考慮に入れたものとなっていた。駅舎は、要塞のような構造となっており、長いプラットフォームは、万が一のために、救援隊が下車することを考慮に入れて設計されていた。駅の前には、広い射界を確保するために、ネイピアは広い大通りを設けた。〔ジョルジュ・ウジェーヌ・〕オスマン(Georges-Eugène Haussmann)がナポレオン三世のためにパリの町を作り直したのに対して、ヴィクトリア期のイギリスにはこれに匹敵するものがない、とよくいわれるが、これに近いものが、ラクナーウであろう。

ネイピアによるラクナーウの作り直しは、インドにおけるブリティッシュ・ラージについて、根本的な事実を物語るものであった。ラージの基盤は、その軍事力にあったのだ。ここの陸軍は、単に、帝国の戦略的備えであったばかりではなかった。それは、帝国のアジアにおける兵器庫を、内側から支えていたのである。

そうはいうものの、イギリス領インドは、武力のみによって統治されていたわけではない。イギリス領インドには、ネイピアのような武人たちばかりではなく、文官たちも居たのである。実際のインドの統治に携わっていた行政機関である。法を執行し、壊れた橋を巡る論争から、大規模な飢饉に至るまで、次から次に起こる地方の出来事を処理していたのであった。誰にも感謝されず、時には地獄のような仕事をこなさなければならないのであったが、これを行なっていたエリートたちには、輝かしいニックネームがあった。彼らは、「天上人（the heaven born）」と呼ばれていた。

高原からの眺め

毎年、三月末に向かう頃から、インドの大地は、耐えられない暑さとなり、この暑さは、雨季を越えて、九月の終わりまでつづく。

すべてのドアと窓を閉じる。外の空気は、まるでオーブンの中のようだからである。室内の温度は、温度計によれば〔華氏〕一〇四度〔＝摂氏四〇度〕であり、空気は、質の悪い石油ランプの嫌な臭いで、重苦しい。そして、この臭いに、現地の人のタバコの臭い、焼けたレンガの臭い、乾燥した大地の臭いが合わさり、多くの屈強な男たちさえ、参らせてしまう。この臭いは、大インド帝国の臭いであり、六カ月間の拷問なのだ。

エアコンが登場する以前、ヨーロッパ人にとって、インドの夏は、まさに「拷問部屋」であった。パンカワラント〔主人たちに風を送る巨大な扇を動かす労働者〕が動かす扇は、酷暑に対してあまり効果がなかった。イギリス人たちは、汗をかき、暑さを罵りながら、どうにかして、気力を奪うようなインド平原の暑さから逃れることができないかと、思案していた。毎年毎年暑さにやられることなく、インド亜大陸を統治するにはどうすればよいのだろうか？　その答えは、ヒマラヤの裾野にあった。ここの真夏は、「故国」の気候を、かろうじて思い起こすことができる程度のものであった。

　年がら年中日焼けしていたイギリス人たちのための高原の避暑地はいくつかあった。東のダージリン、そして、南のウータカマンド〔ウダカマンダラム〕などである。しかし、一つの避暑地は、なかでも飛びぬけた存在であった。デリーから北行きの列車に乗り、山間部に入って行くと、今日のヒマーチャル・プラデーシュに到着する。この道のりは、何世代にもわたって、イギリス人の将兵、行政官、そして彼らの妻、恋人たちが通った道のりである。彼ら、彼女らの幾人かは、そこに休暇のために行ったのだった。そこで散策したり、パーティーを行なったり、結婚したのである。だが、多くがそこに行ったのは、毎年、七カ月の間、インド政府そのものがそこに置かれていたからなのであった。

　シムラーは、海抜七〇〇〇フィートちょっと〔二二七六メートル〕の場所にあり、カルカッタからの距離は、一〇〇〇マイル〔一六〇〇キロ〕ちょっとである。# カールカーからシムラーまでの鉄道が一九〇三年に開設されるまで、そこに行くには、馬に乗って行くか、ドーリー〔担《にな》い駕籠《かご》〕やダンディー〔担い椅子〕で運んでもらわなければならなかった。川の水量が増えた場合には、象が必要となった。現代の旅行者にとって、シムラーは、実際よりもさらに遠い場所に感じる。息を呑むような山並み、聳《そび》えるようなマツの大木、ひんやりとした優美な空気、さらには時折湧いてくる雨雲、ここは、ヒマラヤというよりは、〔スコットランドの〕ハイランドを思い起こさせる場所である。ゴシック様式の教会、さらには、ガイエティー・シアターという劇場まであるのだ。この場所を見出したのは一人のスコットランド人であったということを聞けば、なるほど、と思わされるところである。そのスコットランド人は、チャールズ・プラット・ケネディー（Charles Pratt Kennedy）という名の人物であった。彼が、一八二二年、ここに最初の山小屋を建てたのである。

　　# 現在はヒマーチャル・プラデーシュ州の州都。

　ヴィクトリア期のイギリス人は、ロマン主義によって、カレドニア〔スコットランドのラテン語名〕の山々を理想化していた。そんな彼らにとって、シムラーは、楽園だった。初期の訪問者の一人は、うっとりとして、このように述べた。山の空気が、「まるで、わたしの体内の血管に染みこんでくるようである。そして気力が充満し、深い谷だって、ひょいと飛び越えるか、向こう側の峻険な崖を、簡単に飛び上がれそうな気になってくるのである……」。アマースト伯爵〔ウィリアム・アマースト〕は、総督として、早くも一八二三年にシムラーを訪れている。一八六四年、シムラーは、公式に、夏の間のヴァイソロイの居住地となった。この時から、夏の間、オブザーヴァトリ・ヒルの頂上に位置するヴァイソロイ公邸は、権力の中心となった。

　山の上に位置するシムラーは、ちょっと変わった、複合的な要素を兼ね備えた場所であった。ある部分、ハイランドであり、ある部分、ヒマラヤであり、ある部分、権力の中心であり、ある部分、保養地であった。* シムラーのある世界を、誰よりもよく知っていたのがラドヤード・キップリングである。キップリングは、一八六五年にボンベイに生まれた。彼は、人生の最初の五年間、両親よりも、インド人のアヤー〔乳母〕と、より多くの時間を過ごし、英語を話し出す前に、ヒンドゥー語を話し始めたような人物であった。五歳の時、教育を受けるためにイギリスへと送られたが、イギリスが嫌いになった。一一年後、彼はラホール〔現在はパキスタンの都市〕に拠点のあった『シビル・アンド・ミリタリー・ガゼット』紙の編集助手として働き始めるために帰国した。まもなく、彼は、活気を取り戻し、快活な文章と、〔自らの造語である〕「半色人種なんかじゃない（no half-tints）」という語を用いて、アングロ・インディアン〔インド在住のイギリス人〕の暮らしについて描いた。

＊ 見晴らしのよい高さに位置していたヴァイソロイ公邸と陸軍司令長官公邸であったピーターホフ〔現在はホテルに改装され「ホテル・ピーターホフ」として営業している〕の下の丘陵地は、まもなく、チューダー様式を模倣したような別荘が、ひしめき合うように立ち並ぶこととなった。〔著名な建築家のエドウィン・〕ラッチェンスは、シムラーについて、「これらは、みんな、サルどもが建てたというのならば、『素晴らしいサルたちではないか。そんなことをいうのならば、全部取り壊してしまえばいい。そうすれば、彼らがもう一度建てるのが見られる』と、いい返してやる」と、述べている。

キップリングは、ヒンドゥーの店主たちや、ムスリムの商売人たちを相手に、物々交換をし、値切り交渉をしながら、新米の新聞記者として、ネタを求めてラホール〔「あの、素晴らしい、猥雑で、不思議な蟻《あり》塚《づか》」〕の市をさまよい歩くことを好んだ。このような場所こそが真のインドであり、彼は、五感への刺戟を楽しんだ。彼は「この暑さ、油や香辛料の香り、吹き付けてくる寺院の香、汗、闇、埃《ほこり》、性欲、暴力。それから、素晴らしい、うっとりとさせられる無数の事々」と記している。夜になると、アヘン窟《くつ》にも足を踏み入れた。キップリングは、逸脱に憧れを持つまじめな男として、アヘンを「それ自体、素晴らしいものである」と考えていた。

他方、キップリングは、シムラーに対しては、はっきりとしない態度であった。そこを訪れた他の人々と同様に、キップリングも、山々の「シャンパンのような空気」を楽しみ、緑の起伏を「女性の谷間」のようだとして喜び、次のような表現で、表わしていた。「風が、草間を駆け抜け、雨が、ヒマラヤスギにあたりながら、『しー、しー、しー』と音を立てている。」一方で、キップリングは、シムラーでの社交を「ガーデン・パーティー、テニス・パーティー、ピクニック、アナンデール〔競馬場〕でのランチ、射撃大会、夕食会、舞踏会、さらには散策と乗馬」からなる気晴らしの連続であることを発見した。時に、シムラーの暮らしは、「この人里離れた場所で何とか過ごすためのものに過ぎない」ように思えたのであった。半分まじめに、キップリングは、このことを、『二つの都市』（カルカッタとシムラー）に書いている。

あの商人は、危険がないことの危険を冒している。
金儲けのためだ。
金持ちになった支配者たちは自分の家を支配できないようだ。
家は台所〔妻〕が支配するものだからだ。

キップリングは、どうしてそうなのかを、完全に理解していたようである。

……海のほとりの町の支配者たちは
逃れようとする。
春がやってくるたびに病魔から逃れるのだ、
高原へと。

その快適な気候の他に、シムラーには、他人の妻たちとの不倫を楽しむという悦楽が存在した。夫たちは、下のインド平原で汗水たらして働きながら、妻たちを信頼して、健康のために彼女たちをシムラーへと送り出すのであった。
それでも、キップリングは、ヴァイソロイとその取りまきたちが、自分たちが統治を行なっている人々から、「一カ月の航海で隔てられている」かのごとく、半年の間、「責任を負わない川の反対側」で過ごすことが賢明なことであるのか、疑問を感じずにはいられなかった。キップリングは、シムラーの緑地に居る夫から切り離された女性たちが大好きではあったものの、彼の心は、常に、下界のインド平原で頑張っていた同郷の男たちと共にあった。イギリス兵士の孤児であったキム〔キップリングの代表作『少年キム』の主人公〕は、大幹道〔インドから中央アジアに至る幹線道路〕に沿って、「現地人となった」。ストイックな兵士テレンス・マルヴァニー伍長〔キップリングの作品の登場人物〕は、アイルランドなまりとヒンドゥー語が混ざった、不思議な言葉を話していた。インド高等文官の地方官僚たちは、焼けるような暑さのそれぞれの任地で、汗を流していたのである。

キップリングがかつて描いたように、彼らは、「冷笑的で、みすぼらしく、冷淡」であったかもしれない。彼らは、かわいそうなジャック・バレットのように、高原に居る不道徳な妻たちに、裏切られていたのかもしれない。[*]だが、ラージを保っていたのは、彼らのような「文官」たちだったのである。

＊　ジャック・バレットはクエッタに行った、
なぜなら、そこに行くよう求められたからであった。
彼は、妻をシムラーに残していった、
自らの給与の四分の三を託して。
……
ジャック・バレットはクエッタに行った、
そして、そこで幽霊になった〔死んでしまった〕、
二人分の仕事をしようとしたのだ、
そのような、とても健康的な場所で〔皮肉。耐えきれなく熱い場所、という意味〕。
バレット夫人は喪に服した。
少なくとも五カ月間は。〔通常、喪に服する期間は一年だった。この五カ月間とは、シムラーから人が少なくなる期間である一〇月から三月までを指している。つまり、本当は夫の死を全然悲しんでいないという意味を表現してい

る皮肉的表現。〕
〔「The Story of Uriah」という詩の一部〕

おそらく、イギリス領インドに関するありとあらゆる数字のなかで、もっとも驚くべき数字とは、インド高等文官の数だろう。一八五八年から一九四七年までの間、誓約した高等文官*の人数が一〇〇〇人を超えることはほとんどなかった。この数をインドの総人口と比べるならば、インドの総人口は、イギリスの統治が終了するまでには、四億人を超えていたのである。キップリングが述べているように、「インドがイギリスに対して得ていた数少ない優位の一つとは、〔官僚同士が互いに〕知り合いであることである……勤続が二〇年にも達する頃には、その人は、インド中のすべてのイギリス人と知り合いになるか、彼ら一人一人について、何かしらを知っていることとなるのである」。

＊　彼らが誓約した高等文官として知られているのは、彼らは、インド高等文官の一員になるに当たって、インド相に誓約したからである。一九世紀のほとんどの期間、その数は、およそ九〇〇人だった。インド高等文官の数が一〇〇〇人を大きく超えたのは、二〇世紀に入ってからである。一九三九年の時点で、その数は一三八四人だった。このように人数が少なかったというのは、インドに限ったことではない。アフリカにおいて植民地行政――一二の植民地にまたがり、その人口は、およそ四三〇〇万人であった――に携わっていた行政エリートの総数は、一二〇〇人をわずかに超える程度だった。マラヤでは、三二〇万人の人口に対して高等文官の数は二二〇人だった。この数字は、インドの基準に当てはめると、慢性的に多すぎるのであった。

インド高等文官は、歴史上、もっとも効率的な官僚機構だったのではないだろうか？　たった一人の高級官僚で、一万七〇〇〇平方マイルもの広さの地域に住む三〇〇万人ものインド人の面倒を見ることなど、本当に可能だったのだろうか？　ディストリクト・オフィサーたちのなかには、これを実際に行なわねばならない者たちがいたのである。〔「ディストリクト・オフィサー」は、日本の県に相当する行政単位であるディストリクトの長――行政長官であり、徴税官であり、治安維持の責任者であり、下級裁判所を管轄する者でもあった。ディストリクトによっては、「ディストリクト・コレクター」「ディストリクト・マジストレイト」と、異なる名称であった。〕キップリングが結論しているように、主人が奴隷のように働いて、これを行なっていたのである。

毎年毎年、イギリスは、新卒の新人たちを最前線へと送り出している。彼らは、公式には、インド高等文官と呼ばれている。彼らのなかには死亡する者も居る、働きすぎで自殺する者も居る、死を心配する者も居る、心を病む者も居る。彼らは、自分の行政範囲が、死、疫病、飢饉《ききん》、紛争から守られることを願っており、最終的には、何でも一人でこなせるようになることを願っている。何でもかんでも一人だけでできるわけはないのだが、理想としてはそうなのであり、そのためには命さえも捧げるのである。年がら年中、ものごとがうまく運ぶようにするために、押したり、説得したり、叱咤《しった》したり、懇願する仕事を行なっている。ものごとがうまくいくと、賞賛は、すべて現地人の下にいき、イギリス人は、一歩下がって、汗を拭うのである。ものごとがうまくいかない時は、イギリス人が一歩前に出て、咎《とが》を受けるのである。

キップリングの「オーティス・イリーの教育（The Education of Otis Yeere）」のなかに、次のような記述がある。「『蒸気機関が人力に代わって帝国の動力源となる以前』は、『日常業務で、最後まで頑張り、精根果てるまで働く人々』が常に存在していた。このような『一介の兵卒や役人たち』は、『物事が機能するために不可欠な存在であり、農民たちや牛引きたちと共に、国家の基盤を担っているのは自分たちだ、という自負心を抱いていた』。〔懸命に働くものの報いの少ないベンガルの中堅官僚〕オーティス・イリーは、公式の皮肉としては〔アングロ・インディアン社会のなかでは〕、「腹を立て、泣き言をいう、弱々しい群衆の一人であり、自分のことも満足にできないくせに、情緒不安定になり、挫折し、悩むようなことに関しては一人前な」典型的な「目の虚ろな男」にしか過ぎない存在であった。

キップリングが描いたように、インド高等文官は、魅力的な職業とは、とても思えないようなものであった。そうでありながら、インド高等文官になるための競争は非常に激しく、おそらく、歴史上もっとも厳しい試験であっただろう。一八五九年の試験において受験者たちに課された問題をいくつか見てみよう。今日の目で見れば、実際、「歴史」科目の設問は、難問揃いである。ここに挙げるものは、何も、特別変わった設問ではない。

問一四、イギリスの主な植民地を列挙し、それぞれについて、いつ、どのような経緯で獲得したのかを説明しなさい。

問一五、一八三〇年までの歴代のインド総督を列挙し、彼らの統治期間の日付を付し、それぞれの総督の下で、インドにどのような変化があったのかを簡潔に述べよ。

「歴史」と比べれば、「論理ならびに精神哲学」の問題は、より難しく、より洗練されたものだった。

問三、二つ以上の原因が考えられる事象の先行事例となるものを決定するに当たって、どのような実験的評価方法を用いることができるのかを述べよ。

問五、虚偽について分類せよ。

だが、インド高等文官の採用試験で、もっとも難しく、意義深かったのは「精神ならびに倫理哲学」であった。

問一、満足を与える権力を生み出すのに必要な様々な状況について記述せよ。

ひっかけ問題があったとすれば、この問題は、まさにそうであった（おそらく、権力の側に満足があるとするような答えを書いた受験生は不合格となったであろう）。次の質問は、より簡単なものであった。

問二、正義という題目に分類し得る個別の義務について、可能な限り具体的に説明しなさい。

最後に、〔オックスフォード大学の名門〕ベイリオール〔・カレッジ〕*の俊英たちを他の者たちと区別するために設けられた設問が、次の問いである。

＊　帝国志向の強かったベンジャミン・ジャウェット（Benjamin Jowett）が学寮長を務めていたので、ベイリオール・カレッジは、将来の総督を目指す者たちが選択するカレッジとなった。一八七四年から一九一四年まで、ベイリオール・カレッジの卒業生の二七パーセント以上が帝国で職を得ている。

問七、（一）現実の道徳規範と（二）望ましい道徳規範について考察した上で、実益性を支持する論拠と実益性を否定する論拠を、それぞれ展開させなさい。

トマス・ピットやウォレン・ヘースティグスの時代から見れば、物事は確実に変わっていた。ピットやヘースティグスの時代には、東インド会社の職は、貴族たちが幅を利かす込み入った制度の下で、売り買いされていた。一八〇五年、将来のインド高等文官を育成するための教育機関としてヘイリーベリー・カレッジが設立され、一八二七年には、最初の採用試験が導入されたのであったが、その後も、東インド会社の幹部たちは、東インド会社の職を、自分たちが与えることができるもの、と捉えていた。

一八五三年になってようやく、縁故主義は、実力主義に取って代わられることとなった。その年に施行されたインド統治法によって、インド高等文官の職は、ヘイリーベリー・カレッジが実質上独占するものではなくなり、広く開かれた試験による競争原理が導入されることとなった。ヴィクトリア期の人々は、インドが、公平で、清廉で、知識を持った、最上の学力エリートたちによって統治されることを求めたのである。

そこにあった考え方とは、大学――理想としてはオックスフォードもしくはケンブリッジ――で優秀な者たちを、最初の学位を取得した後〔学部卒業後〕、すぐに帝国行政に引きこもうとするものであった。採用後、彼らには、一年間か二年間、法律、言語、インド史、乗馬の訓練が課された。実際のところは、オックスフォードやケンブリッジの最優秀な学生たち――奨学金獲得者#、二科目最優秀成績者、大学賞受賞者――がインド高等文官に引き寄せられたわけではなかった。インド亜大陸の厳しい環境に適した者とは、本国での可能性がほどほどの者たちであった。典型的には、田舎の専門職〔医者や弁護士など〕の聡明な子弟で、外国で地位のある職業に就くために猛勉強も厭わないような者たちだ。デヴォン出身のエヴァン・マコノヒー（Evan Machonochie）は、まさにそのような男だった。

＃ 日本の奨学金とは異なり、家庭が貧しい者を援助するためのものではなく、最優秀の学生に与えられる、報奨金のような性格を持つ。貴族や資産家の子弟でも、成績が優秀であれば獲得できるもの。

マコノヒーの大叔父と兄は、インドで官僚として働いていた。彼は、二人からの手紙によって、「幸福への道は東に向かうことだ」と確信するようになった。一八八七年、二年間に及んだ猛勉強の末に、彼は、インド高等文官の採用試験に合格した。さらに二年間、オックスフォードにおいて、インド史、インド法、インドの諸言語を叩き込まれ、それらの試験に合格した後、ベンガルに向けて旅立った。選抜の過程はそこで終わりではなかった。インドに着いてからも最初の数カ月は、試験勉強に費やさねばならなかった。ヒンドゥー語の予備試験の後、マコノヒーは、三等マジストレイト〔裁判権を持つ行政官〕に正式に任命された。彼は、不名誉なことに、仕事を始めてから最初の、グジャラート語、インド法、財務取扱、簿記の試験で「しくじった」（なぜならば、彼の頭は、「最初の愛馬、最初の猟犬の子犬、ウズラを打ち落とすために最適な射撃距離など、試験よりももっと心が引かれることでいっぱいだったのだ」）。幸い、二度目の挑戦で、合格点すれすれで合格した。

マコノヒーは、マジストレイト（二等マジストレイトになっていた）の仕事、そしてディストリクト・コレクターの仕事が、非常に楽しいものであることを発見した。

早朝は、特にやらなければならない仕事はないので、乗馬やテッド・ペディング〔馬を疾走させながら杭《くい》を抜く競技〕などの運動を行なうか、庭仕事や、カメラ〔写真撮影〕などで過ごします。仕事は、一一時から五時までの日中に行ない、その後は、テニスをするか、コレクター官邸のベランダで会話を楽しみ、そのまま夕食へと移行するのです。……ちょっと想像してみて下さい、雨季の後の一一月のすがすがしい朝、若い副官が、馬の背に乗っています。……彼が心配しなければならないことは、それほどなく、彼の心は、軽やかなのです。ただちに反応しなければならないことはないので、のんびり構えているはずです。もしかしたら、道の途中には、視察を行なわなければならない村があるでしょう。時間が許すならば、ちょっとした狩りもできますでしょう。……巡回中のちょっとした会話から、もしくは、プールのほとりで自分の浮き輪が浮いているのを眺めながらの会話から、村人たちがどんなことを考えているのか、多くの手がかりが得られます……

だが、海外に住む官吏の生活には別の側面もあった。税の負担額に対する長たらしい不服に耳を傾けなければならないことがあった。「（出張先で）長時間の巡回を終えた後、たっぷりとした朝食をとった。その暑い日の午後、証言を記録している間、そして、現地の新聞を読んでもらっているのを聞いている間、目をつぶらず起きていることは大変だった……」それから、寂しさもあった。数百マイルの範囲に住んでいる白人は、自分一人だという寂しさである。

仕事を始めた時、わたしのオフィスで英語を話せる者はほとんどいなかった。マムラットダー〔タルカ人の管理職〕のなかに英語が話せる者がわずかにいたが、他のタルカ人は誰も英語が話せなかった。そして、他のディストリクト・オフィサーと会うことはめったになかった。七カ月の間、英語を話す機会はほとんどなく、何でもかんでも自分一人で行なわねばならない環境であった。

なかでももっとも厳しいことは、文字通り数百万の人々を統治するという責任であった。伝染病がボンベイを襲った一八九六年や、飢饉に見舞われた一九〇〇年など、危機が訪れた際には、殊更そうだった。マコノヒーは、後に、このように回想している。「その頃、無責任に過ごせた幸せな日々は終わりを告げた。その後の数年間、伝染病や飢饉に付随する差し迫った状況から、解放されることはほとんどなかった。」*

* イギリスの当局が、この時期、干ばつによってもたらされた飢饉に対して、何も行なわなかったと主張することが流行となっている。だが、こうした主張は、事実に反する。一八七四年、インド高等文官の二等マジストレイトであったH・M・キッシュは、一九八平方マイルの広さがあり、およそ一〇万人の人口を抱えていたビハール地方のある地域に、救援を指揮するために派遣された。彼は、家族に対して、次のように誇らしげに書いている。「ここに到着して以降……政府の穀物貯蔵庫を一五棟建て、二二ほどの救済事業を始めました。毎日、一万五〇〇〇人ほどの男女に仕事を与えており、三〇〇〇人以上の人々に無料で食事を提供しています。どのようなことを行なうのかは、完全にわたしに任されており、わたしは、それらを実行に移したのです。」一八七七年の惨劇〔インド大飢饉のこと〕が起きたのは、同様の策を実行に移すことに失敗したからである。

最終的に、一八九七年にようやく一息つけた。歳入農業省〔The Department of Revenue and Agriculture〕の次官としてシムラーに配置されたのである。ここでマコノヒーは、「自分たちは、何の重要性も持たない独りぼっちの個人ではない……巨大な歯車の一部であり、その歯車が効率よく機能するかどうかは、自分たちの働きしだいなのである」という認識を持つようになった。

マコノヒーは、地方官僚が、自分たちが統治を行なっている人々にとって重要な存在であることについて、確信を持っていた。「農民たちにとって、『サヒーブ〔インド人がヨーロッパ人に対して用いていた尊称〕』の訪問を受けたり、『サヒーブ』とちょっと言葉を交わしたりすることは、興奮するようなことなのである。……村の焚火で何日間も話題に上ることであり、何年間にもわたって記憶してもらえることなのである。白人は、気さくで頭がいいと評価されるのである。なので、われわれは、〔そのような評価に見合うよう〕自分たちの言動に注意しなければならないのだ！」

だが、マコノヒーの回顧の行間からは、はっきり言葉にされているわけではないものの、重要な真実が読み取れるのである。彼や、彼の同僚のディストリクト・オフィサーたちの仕事は、あらゆる面で、自分たちの下にあった、より大きな官僚機構に依存していたのだ。これは、インド人たちによって構成される非誓約職員（The uncovenanted civil service）であり、それぞれの地方のタルカやテシル〔日本の郡に相当する行政単位〕で日々の行政を担っていたのは、彼らだったのだ。一八六八年には、この、インド人の非誓約職員は、四〇〇〇人居り、彼らの下にも、電信員や改札員など、様々な種類の公務員たちが働いていた。彼らの多くはユーラシアン〔インド人とヨーロッパ人の混血〕であるか、インド人であった。

一八六七年時点で、およそ一万三〇〇〇人の人々が、公共部門の仕事で、月収七五ルピー以上の収入を得ており、その半分くらいはインド人だった。この、補助的な仕事を担う現地生まれの公務員たちが居なければ、「天上人」たち〔インド高等文官たちのこと〕も、何もできなかったであろう。このことは、イギリス領インドについての、語られることのない真実だった。それゆえ、マコノヒーが記しているように、「支配された国」であると感じることはとてもできないような状況だったのである。イギリス人たちに取って代わられ、押さえつけられていたインド人は、支配階級だけだったのである。ほとんどのインド人たちは、それ以前と変わらなく暮らしていたのだ。実際、一部のインド人たちにとっては、イギリスの支配は、個人として躍進するための機会となったのである。

親英的なインド人エリートが登場する上で鍵となったのは、教育であった。イギリス人たち自身は、当初、現地人に西洋流の教育を施すことに対して懐疑的であったものの、多くのインド人たち、特にカーストの高いベンガル人たちは、英語を習得し、新しい主人の文化を理解することの利点を、すぐに知覚した。早くも一八一七年には、西洋流の教育を望む豊かなベンガル人たちによって、カルカッタにヒンドゥー・

カレッジが開校され、西洋史、文学、自然科学のコースが開講された。多く設立される同様の学校で最初のものである。すでに見てきたように、インド人のキリスト教への改宗を進めると共にインドの近代化を推し進めようとした人々は、インド人に西洋流の教育を施すというアイデアに飛びついていたのであった。一八三五年、歴史家でホイッグ史観〔社会進化論的立場に立つ歴史観〕の大家、また、インドで行政にも携わったことのあったトマス・バビントン・マコーリー（Thomas Babington Macaulay）――奴隷廃止論者のザッハーリー・マコーリーの息子――は、有名な、教育に関する覚書において、どのようにこれを行なえばよいのかについて、明確に打ち出していた。

われわれは、限られた資源しか持たないので、多くの人々に教育を施すことは不可能である。われわれが、今なすべきは、われわれと、われわれが統治している多数の人々の、通訳となる階級を育成することなのである。つまり、血統と肌の色においてはインド人であるが、嗜好、ものの見方、道徳感、知的水準においてイギリス人同様の人々を育て上げることなのである。

一八三八年には、公教育総合委員会（The General Committee of Public Education）の下、英語で教育を行なう学校が四〇校存在した。一八七〇年代までに、マコーリーの理想は、概ね、実現された。六〇〇〇人のインド人学生が、高等教育機関に通っており、二〇万人を超えるインド人学生が「レベルの高い」親英的な中等学校〔日本の中学と高校に相当〕で学んでいた。カルカッタには、英語を媒介とする出版産業が存在するようになり、毎年、一〇〇〇点以上の人文科学や自然科学の出版物が出版されるようになっていた。

英語教育の拡大から利益を受けた者のなかに、ジャナキナート・ボース（Janakinath Bose）という名の、

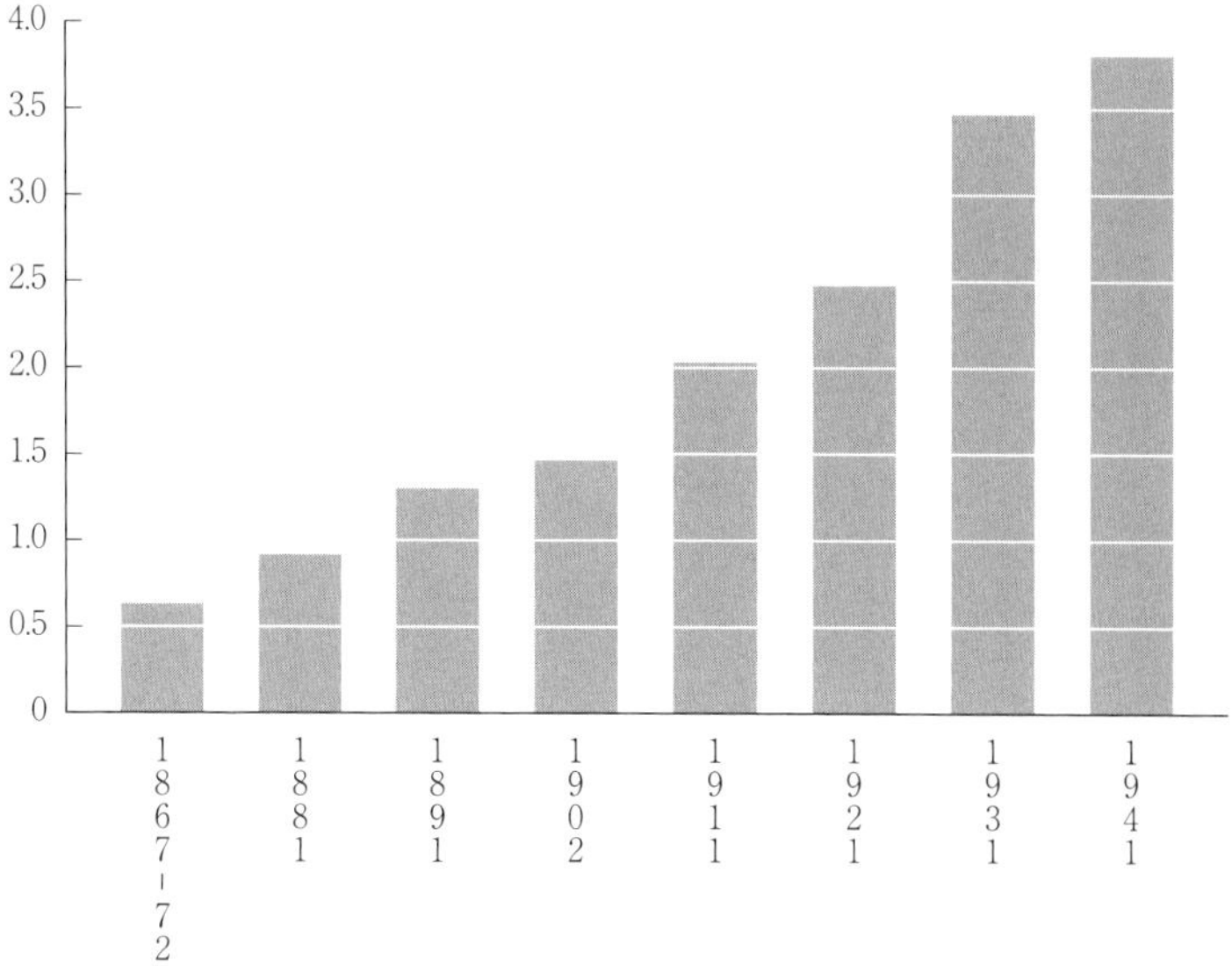

イギリス統治下において、初等教育、中等教育を受けるインド人の割合は確実に増加していた。もっとも、その割合は、ヨーロッパの標準と比べると低いものにとどまった。1911年、ヨーロッパ諸国で学校に通う子供たちの割合は、8パーセントから18パーセントである。

向上心に富んだ若いベンガル人が居た。ボースは、カルカッタで教育を受け、一八八五年、カタク（Cuttack）の町で弁護士資格を取得した後、カタクの役場の議長を務めることとなった。一九〇五年、ボースは、政府弁護官と首席検察官になり、七年後、ベンガル立法評議会の議員に任命されて、そのキャリアに華を添えた。ボースは、法律家として成功を収め、カルカッタの高級住宅街に広い邸宅を構えられるまでになった。イギリスは、また、彼にラーイ・バハードゥル（Rai Bahadur）の称号を授けた。〔イギリスの〕ナイトに相当するインドの称号である。さらに、こうしたことは、彼だけにはとどまらなかった。彼の三人の兄弟の内の二人は、政府に勤めるようになっていた。その内の一人は、シムラーで、帝国事務局に勤めていた。

　彼ら、新しい時代のインド人エリートのなかには、インド高等文官にまで上り詰める者も現われるようになった。一八六三年、サティエンドラナート・タゴール（Satyendranath Tagore）は、インド人で最初に試験に合格した人物である――ヴィクトリア女王が約束したように、この試験は、肌の色にかかわらず、常に、開かれたものであった。一八七一年には、さらに三人のインド人が合格し、「天上人」の一員に加わることとなった。

ボースや彼の仲間たちは、帝国が、インドにおいて、真に必要としている人々であった。彼らの能力によって、インド高等文官の理念が現実化されることがなければ、イギリスのインド統治は、機能しなかったであろう。実際、帝国のあちらこちらにおいて、政府が曲がりなりにも機能し得たのは、統治を受ける人々の一部を味方に取り込んだからなのである。これは、カナダ、オーストラリア、ニュージーランドなどのように、現地人の人口が取るに足らないほどにまで減少した場所においては、比較的、容易であった。鍵となるのは、インドのように、白人人口が少ない場所において、入植者と現地人エリートの関係をいかにして維持するのか、という点であった。インドでは、イギリス人の人口は、最大でも、総人口の〇・〇五パーセントにしか過ぎなかったのだ。*

＊　一八〇五年の時点で、インドにおけるイギリス人人口は、わずか三万一〇〇〇人だった（その内訳は、陸軍に二万二〇〇〇人、政府の民政部門に二〇〇〇人、民間に七〇〇〇人であった）。一八八一年、インドにおけるイギリス人の総数は八万九七七八人だった。一九三一年には、合計人数、一六万八〇〇〇人だった。陸軍と警察に六万人、政府の民政部門に四〇〇〇人、民間に六万人だった。

インドの置かれた環境の下では、ロンドンから送られてきた官僚たちは、否が応でも、現地人のエリートたちと、協力しなければならない状況にあった。ところが、実際に現地に居たイギリス人たちは、これを拒絶したのである。現地のイギリス人たちは、現地人を押さえつけ、必要とあらば、脅迫することも辞さなかった。協力など、問題外であった。これは、ヴィクトリア期最大の、帝国のジレンマであった。そして、そのことによって、インドばかりでなく、イギリス帝国全体が、自分の角に突き刺されようとしていた〔危機に瀕しつつあった〕。

人種間の裂け目

一八六五年六月、ジャマイカのハノーバー教区のルシアの埠頭の入り口に、一枚の張り紙が張られた。その張り紙には、謎めいた予告が告げられていた。

一八六四年、天の声を聞いた。それは、このように告げていた。「アフリカの息子たち、娘たちに告げなさい。汝《なんじ》らは、偉大なる救済により、抑圧から解放されるであろう」。天の声は、その理由について「彼らは、政府から、マジストレイトたちから、主人から、商人たちから、抑圧されているからである」と述べていた。天の声は、さらに、次のようにも述べていた。「彼らにこう呼びかけなさい。厳かな集会を開き、救済の日に備えて、自らの身体を清めなさい。救済の日は、必ず訪れる。もしも、彼らが、わたしの声を無視するならば、わたしは、その地に剣《つるぎ》をもたらすことになる。わたしの言葉を聞かなかったことを戒め、彼らの不正を正すためである。」……その地にわたしがもたらす災いは、たいそうひどく、耐えがたいものとなろう。それは、多くの人々が、死んだ方がましだ、と思うほどのものとなろう。だが、彼らが、わたしたちの神、主の御前で、ニネヴェの民たちが行なったように、荒布をまとい、灰をかぶり、悔い改めるならば、アフリカの息子たち、娘たちは、神の御意思によって救済される。心から祈り、心から悔い改めるのならば、怖れることは何もない。敵がそれほどではないとしても、ゴグやマゴグと戦わねばならないのだ。わたしを信じなさい。〔ゴグ（Gog）とマゴグ

（Magog）は、旧約聖書に登場する、神に逆らう勢力」

張り主の名は、ただ「アフリカの息子」となっていた。

ジャマイカは、かつて、植民地威圧の最たるものの中心地だった場所である。もちろん、奴隷制のことだ。奴隷制は、その後、廃止された。だからといって、大多数の平均的な黒人ジャマイカ人たちの暮らし向きが、奴隷時代から大きく向上することはなかった。かつての奴隷たちは、非常に小さな土地をあてがわれ、自分の土地を耕せるようにはなった。だが、農作物の価格が上昇するのは、干ばつの時だけだった。そうこうしているうちに、強制労働という援助がなくなった古くからのプランテーション経済は、成り立たなくなってしまった。砂糖の価格が暴落し、代わりとして、換金作物であるコーヒーの栽培に乗り出したのであったが、たいした足しにはならなかった。この場所で、かつて、人々は、文字通り、死ぬまで働かされていた。今では、ここの人々は、仕事を失い、やることがなくぶらぶらするようになっていた。

他方、ジャマイカの権力——政治権力、そしてそれ以上に、法的権力——は、依然として、少ない数の白人たちが握りしめたままであった。議員たちは、白人であり、マジストレイトも、白人であった。ごくわずかなジャマイカ黒人たちが、十分な土地と教育を手に入れ、生まれたての中産階級を構成するようにはなっていた。だが、支配的な立場にあった「白人農園主」たちは、彼らを、猜疑の目で見ていたのである。大多数の黒人ジャマイカ人にとって、自分の意見を自由に表明できる場所は、教会のなかだけであった。

こうしたことを背景に、一八六〇年代、ジャマイカ島では、宗教的情熱が吹き荒れ、バプテスト派に、アフリカの民間信仰マイオ（Myal）が融合し、力強い、独特の信仰が生まれた。ルシアの張り紙で明確に予期されたように、「偉大なる救済」が近づきつつあるという見方があったが、これは、バプテスト伝道協会の書記であったエドワード・アンダーヒル（Edward Underhill）の書簡が出版されたことで、さらに高められた。この書簡は、ジャマイカの窮状に対して、調査を求めるものであった。ヴィクトリア女王は、元奴隷たちが、元の主人から土地を借りるのではなく、元奴隷たちに、自由と共に土地を与えることを意図していたという噂が広まった。アンダーヒルの書簡の中身について議論するための集会が開かれるようになった。何かが起こるのではないかという期待が、盛り上がりつつあった。

それは、一八六五年一〇月七日土曜日、ジャマイカ東部のセント・トマス教区のモラント・ベイの町で始まった。この日、近隣のプランターから訴えられ、不法侵入というささいな罪を問われた、ルイス・ミラーという男の裁判が行なわれた。ミラーは、ポール・ボーグル（Paul Bogle）の従弟《いとこ》であった。ポール・ボーグルは、ストーニー・ガット村の小さな農場の農場主で、地元のバプテスト派の黒人教会の熱心なメンバーであった。彼は、アンダーヒルの書簡に刺激を受けて、政治的行動に打って出たのである。

ポール・ボーグルは、以前から、黒人のための別の「裁判所」〔を創設すること〕を支持していた。今、彼は、武装集団を率いていた。彼は、一五〇人の男たちを率いて、従弟の裁判が行なわれている裁判所に乗り込んだ。裁判所の外で警察ともみ合いになり、その結果、裁判所は、ボーグルと男たちの逮捕状を出したのであった。火曜日〔一〇日〕、警察は、ストーニー・ガット村で、逮捕状を執行しようとしたが、殺すぞ、と脅かされて、撃退された。

翌日、ボーグルと、彼を支持する数百人の人々が、「貝や角笛を吹き鳴らし、太鼓を打ち鳴らしながら」モラント・ベイに行進し、自警団と衝突した。自警団は、教区総会を守るために派遣されていたのだった。これが、暴動となり、〔ボーグル側の〕群衆は、一八人を、刺すか、殴り殺すかして殺害した。殺害された者のなかには、教区総会のメンバーもいた。一方で、群衆の側も、自警団によって、七人が殺害された。その後の数日間、暴力が、教区全体とそれを越えて広がり、二人のプランターが殺害された。一〇月一七日、ポール・ボーグルは、周辺の住民に呼びかけたが、これは、まさに武装蜂起の呼びかけ、であった。

君たち一人一人が家を出て、銃を取るのだ。銃を持たない者は、すぐに、カットラス〔海賊映画などでお馴染みの、湾曲した刃を持つ剣〕を取るのだ。……貝を吹き、太鼓を打ち鳴らしながら、家々を回り、すべての男を連れ出すのだ。……勝機はわれらにあり、われらの黒い肌にある。決戦は、今日から明日にかけてだ。

ここにある言葉が示しているように、これは、今となっては、明確に、人種間の紛争となっていた。ある白人女性は、反乱者たちが、血も凍るような歌を歌っているのを耳にした、と訴えた。

バックラ〔白人〕どもを血祭にしたい
バックラどもを血祭にしてやる
バックラどもを血祭にするのだ
一人残らず、だ

あるプランターは、脅迫状を受け取った。差出人は、「トマス・キルメニー（killmany）〔たくさん殺す〕」となっていた。そして「もっと、もっと、たくさん殺してやる」と記されていた。

これ以前にも、ジャマイカで、白人支配に対する反乱は起こっていた。最後の反乱は一八三一年で、徹底的に鎮圧された。エドワード・エアー（Edward Eyre）は、最近任命された総督であったが、オーストラリアのアウトバック〔荒野〕で、もまれた男であった。* 彼にとって、対処法は、ただ一つであった。彼の見方によれば、黒人たちが貧しいのは、彼らが「怠惰で、先見の明がない、人間のクズだから」なのであった。

＊　エアーは、〔イングランド東部のベッドフィードシャーの〕ウィップスネードで副司祭の三男として生まれた。彼は、アデレードから〔北東方向におよそ一三〇キロ離れた〕ムーランディ〔現在のブランチェタウン〕まで、オーストラリアの砂漠を走破した最初の白人だった。モラント・ベイでその後起きたことと考え合わせると皮肉なことだが、彼の探検の偉業により、この地域は、アボリジニの保護区となった。現在、この地域の湖〔エアー湖〕、半島〔エアー半島〕、アデレードとパースを結ぶ道路〔エアー・ハイウェイ〕などには、すべて彼の名前が付けられている。

一〇月一三日、エアーは、サリー郡全土に戒厳令を布き、正規軍を投入した。一カ月間に及ぶ、徹底的な報復を加え、この間、およそ二〇〇人が殺害され、別の二〇〇人が鞭打ちにされ、一〇〇〇棟の家が取り壊された。エアーのやり方は、八年前のインド大反乱を鎮圧した際のやり方を、強く思い起こさせるものであった。少なくとも、法的な適合性など、ほとんど意に介さないものであった。実際、この作戦に投入された兵――ここに投入されたのは、マルーン〔解放された元黒人奴隷〕の援助を受けた第一西インド連隊であったので、その多くは、彼ら自身も黒人たちであった――たちは、実質的に、暴れ狂うことを容認されていたのである。投降した人々の大多数は、裁判を受けることもなく、そのまま、撃ち殺された。一人の病弱な少年は、母親の前で、撃ち殺された。一人の少女は、自分の家で、レイプされた。鞭打ちは、数えきれないほど、行なわれた。

ボーグル自身に加えて、処刑されたなかに、ジョージ・ウィリアム・ゴードン（George William Gordon）が居た。ゴードンは、地主であり、元マジストレイトであり島議会の議員であった。黒人コミュニティーの支柱であり、急進的な人物ではなかった。唯一残された写真に写る彼は、メガネをかけ、髭を生やしており、なかなか立派な人物である。彼が反乱に関与しなかったことは、ほぼ確実である。ジャマイカ東部のセント・トマス教区は、彼の選挙区であり、数年前、彼は、そこの教区総会から追放されていたのであったが、実際、反乱が起こった際、彼は、モラント・ベイの近辺には居なかった。

だが、ゴードンは、「白人と黒人のハーフ（half-cast）」――プランターと女奴隷の子だった――として、元奴隷たちの立場を公に代弁していたので、エアーからは、トラブルメーカーとして見られていたのだ。実際、三年前、ゴードンを教区総会から追放したのはエアーであった。エアーは、最終的にゴードンを始末するため、この機会を捉えて、ゴードンを逮捕し、キングストンから、戒厳令が布かれている場所へと、ゴードンを追放したのだ。性急に裁判が行われ、ゴードンは、反乱を陽動した罪で、有罪となった――その根拠とされた証拠には、かなり疑わしい証言記録も含まれている。一〇月二三日、ゴードンは絞首刑となった。

モラント・ベイの反乱は、情け容赦なく、徹底的に鎮圧された。だが、事件に際してエアーの捌き方を賞賛した白人プランターたちは、ショックを味わうことになるのだ。そして、エアー自身も、そうなるのであった。最初の内こそ、植民地相から、その「精神、精力、判断」を賞賛されたのであったが、エアーは、彼のやり方について検証するための王立委員会が組織され、総督の職務を一時停止される、と聞いて、ショックを受けることとなった。エアーの残忍なやり方に対して声を上げたのは、「イギリスと海外における奴隷制反対協会（The British and Foreign Anti-Slavery Society）」のメンバーたちだった。彼らは、その頃になっても、以前から掲げていた奴隷制反対を掲げつづけており、彼らにとって、戒厳令を用いたエアーのやり方は、奴隷制時代への後戻りとして映ったのである。遠く離れたアフリカでも、リヴィングストンが、事件について聞き、声高に非難した。

イギリスは、遅れている。子供の頃〔悪いことをすると〕、母親に、「〔そんなことをしたら〕怖い黒人がでてきちゃいますよ」といわれながら育ったイギリス人たちは、暴動に際して、正気を失うほどの恐怖に駆られたのである。そして、おばさんたち〔母親たち〕を困らせる「やんちゃな子供たち」の側に立った陽動的な物書きたちが、〔奴隷〕解放は間違いだった、と叫んでいるのだ。彼らは、より一層強い言葉を用いて……ちょうど死刑が行なわれる度にニューゲート〔ロンドンの有名な刑務所〕に群がる群衆が叫ぶような感じで、「ジャマイカの黒人たちは、アフリカを出た時とまったく変わらず凶暴だ」とでも叫びたいようなのである。

エアーへの批判は、まもなく、エアーを擁護した人の一人が「クラッパムのおばさん連中」と呼んだ人々を越えて広まり、チャールズ・ダーウィンやジョン・スチュアート・ミルなど、ヴィクトリア期の偉大な自由主義の思想家たちも、ここに加わることとなった。彼らが組織した委員会は、エアーを総督の職から解雇するだけでは満足せず、共犯罪から殺人罪に至るまで、四つの罪で彼を告発したのである。ところが、エアーの側にも、影響力のある擁護者たちがいたのである。トマス・カーライル、ジョン・ラスキン、チャールズ・ディケンズ、桂冠詩人のアルフレッド・テニスン卿らである。結局、エアーは有罪にはならず、政府からの年金を受け取りながら、デヴォンで余生を過ごすこととなった。エアーは、死ぬまで年金を受け取りつづけて、一九〇一年、八六歳で、生涯を閉じた。

それにもかかわらず、エアーがジャマイカを出るや否や、プランターによる、古い支配体制は、終わりとなった。これ以降、ジャマイカ島は、総督を通じて、ロンドンから直接統治されることになる。総督から任命された議員による立法議会が、古くからの議会に取って代わることとなった。「責任政府」以前の状況へ一歩後退し、政治的権力は、再びイギリス人の入植者たちに委ねられたのであった。だが、その精神は、一歩後退なのではなく、一歩前進だった。プランターが好き勝手にできた時代を終わらせ、黒人ジャマイカ人の権利を擁護するためにそうしたからなのである。*

＊ 当時、黒人ジャマイカ人による、黒人ジャマイカ人のための議会を設けて、彼らに行政をやらせてみようという考え方は、誰も思いつかなかった。

これ以降、このやり方は、イギリス帝国に特徴的なものとなってゆく。ホワイトホール〔ロンドンの官庁街、日本の霞ヶ関に相当〕とウェストミンスター〔国会のある場所、日本の永田町に相当〕では、自由主義が優勢であり、これが意味することとは、肌の色に関係なく、法の支配が優先される、ということであった。法の支配が優先されていないと見られた場合には、植民地議会の意向は、くつがえされなければならなくなるのであった。

ところが、イギリス人の入植者たち――現地にいたイギリス人男性たちとイギリス人女性たち――は、しだいに、自分たち自身を、法律上はおろか、生物学的にも、他の人種よりも優れた存在と見なすようになってきたのであった。彼らの目から見れば、エアーを批判するような人々は、植民地の状況を経験していない、もしくは、植民地の状況をまるで分かっていない、おぼっちゃま、お嬢様なのであった。遅かれ早かれ、この二つのまったく対照的な見方――中央〔ロンドンを中心とするイギリス本国〕における自由主義と周辺〔植民地〕における人種主義――は、再び、衝突する運命にあった。

一八六〇年代までに、人種は、すべてのイギリス植民地において、問題となった。ジャマイカでもそうであったが、インドでもそうであった。そして、この問題をもっとも深刻に捉えたのは、アングロ・インディアン＊のビジネスマンたちであった。

＊ まぎらわしいことに、「アングロ・インディアン」という用語は、しばしば、イギリス人とインド人の混血の人々を指す単語として用いられる。本書では、ヴィクトリア期に用いられていた用法に従いたい。つまり、「アング

ロ・インディアン」という用語は、インドに長期滞在するイギリス人たちを指し、混血の人々は、「ユーラシアン」と呼ぶことにしたい。

ジャマイカの経済は下降局面にあった。反対に、ヴィクトリア期のインドは、急成長しつつあった。イギリスから、巨額の資金が、綿糸紡績、ジュート紡績、石炭鉱業、鉄鋼生産など、様々な分野の新しい産業に投資されていた。これがもっとも顕著に見られた場所は、ガンジス川に面したカオンポール〔カーンプル〕であった。ここは、かつて、インド大反乱でもっとも激しい戦いが行なわれた場所である。そこが、わずか数年で、発展しつつあった産業の中心となり、「東洋のマンチェスター」とまで呼ばれるようになっていたのだ。

このような変貌に大きく貢献したのが、ヒュー・マックスウェル（Hugh Maxwell）のような、いかつい者たちであった。彼の家系――出身地は〔スコットランドの〕アバディーンシャーである――は、一八〇六年、この町に居を構え、この地で、インディゴ〔インド藍《あい》〕と綿花栽培の先駆者となっていた。一八五七年以降、マックスウェルと、彼と同類の人物たちが、インドに産業革命を持ち込んだ。イギリスから、紡績機械と製織機械を輸入し、イギリス式の織物を生産する織物工場を建てたのである。

蒸気機関が登場する以前、インドは、手動式の紡績、製織、染色で、世界をリードしていた。その昔、イギリスは、関税を引き上げて、インドの製品に対処した。その後、イギリスがインドの製品に対抗できるような技術を身に付けると、今度は、自由貿易を要求した。そして、今、イギリス人たちは、イギリスの技術力とインドの安い労働力を組み合わせて、インドを生産拠点として生まれ変わらせようとしていたのである。

われわれのイメージにあるイギリス領インドとは、軍人たちや官僚たちなど、政府の側の人間によって描かれたものとなりがちである。キップリング、E・M・フォスター、ポール・スコットなどが鮮やかに描き出した、あのイメージである。その結果、彼らは少数派であったという事実は、忘れられがちなのだ。実際は、彼らをはるかに上回る数の、ビジネスマンたち、入植者たち、専門職の人たちが、居たのである。そして、政府の側の人間たちと、ビジネス界の人間たちの間には、その考え方に、大きな違いがあったのだ。ヒュー・マックスウェルのような人たちは、力を持ちつつあった教育を受けたインド人エリートたちは自分たちにとって脅威だ、と感じていたのだ。彼らは、インド人エリートたちが、自分たちに取って代わるようになるかもしれない、と恐れていたのである。何だかんだいっても、適切な教育を受けたインド人たちは、マックスウェル家の人間と同じくらい、織物工場をうまく経営するのではないだろうか？　と、恐れていたのである。

人は、他の人種の人々に脅かされていると感じた時、多くの場合、自分たちの方が優れていることを示すために、他の人種を貶《けな》す行動に出る。一八五七年以降のアングロ・インディアンたちのやり方は、まさにそうであった。インド大反乱の前にも、白人と現地住民の間の分離は進みつつあった。非公式のアパルトヘイトのようなものが生まれて、カオンポールの町を分離しつつあったのだ。「文明線」を境にした白人街と、その反対側の「黒人街」である。この二つの境には、キップリングが「境界」と呼んだものが走り、「ここは、白い血統が最後に記されている場所で、黒い波が押し寄せ始める場所」なのであった。ロンドンで、もっとも進歩的な自由主義者たちが、やがてインド人が政府に加わる日がやってくることを心待ちにしていたその頃、アングロ・インディアンたちは、現地人を蔑むために、アメリカ南部の用語であった「黒んぼ《ニガー》（niggers）」という単語を、しだいに用いるようになっていたのだ。彼らが望んでいたのは、自分たちの優越が法的に保証されることなのであった。

アングロ・インディアンたちの期待は、一八八〇年、打ち砕かれることとなる。この時、新しく誕生したグラッドストン内閣は、ド・グレイ伯爵ならびにリポン侯爵ジョージ・フレデリック・サミュエル・ロビンソン（George Frederick Samuel Robinson）を、インド・ヴァイソロイに任命したのであった。ヴィクトリア女王でさえ、非常に進歩的な人物として知られた彼がインド・ヴァイソロイに任命されたことを聞いて、「非常に驚いた」。さらに、彼は、カトリックに改宗していたのだ（このことは、女王の目には、罰点と映っていた）。女王陛下は、「彼は、とてもいい人ではありますが、弱い人なので、わたしは、この任命に大きな疑問を感じております」と、グラッドストン首相に注意書きを送っている。リポン侯爵が、女王の疑念の正しさを証明するには、それほど時間はかからなかった。彼は、カルカッタに到着するや否や、ヒュー・マックスウェルらインドの古株が非常に重要だと見なしていた事柄に、介入を始めたのである。

一八七二年から一八八三年までの間、イギリス人のディストリクト・マジストレイト〔ディストリクトの治安判事〕の権限と、インド人でそれに相当する職であった地方――モーフスィル（Mofussil）――のインド人裁判所判事（session judges）の権限には、かなりの開きがあった。[*] 両者とも　誓約した公務員であったにもかかわらず、インド人の方は、容疑者が白人である刑事事件において裁判を行なう権限を持たなかった。新しく就任したヴァイソロイの目には、このことは、整合性を持たない変則と映り、彼は、これを是正する法案を求めたのである。

＊　このことは、ボンベイ、カルカッタ、マドラスの三つの都市では、当たらない〔すでに、実現されていた〕。

この仕事は、ヴァイソロイの顧問団の法律担当〔法務大臣とも訳される〕であったコートネイ・ペルグリン・イルバート（Courtenay Peregrine Ilbert）に託された。イルバートは、上司のヴァイソロイ同様に熱心な自由主義者であり、多くの点においてヒュー・マックスウェルとは対照的であった。マックスウェルの家系は、代々インドに生まれて、何世代にもわたってインドで暮らしてきた。イルバートは、インドに到着したばかりで、〔オックスフォード大学〕ベイリオール〔カレッジ〕の教室やチャンセリー・レーン〔法律事務所や弁護士事務所が集まるロンドンの通り〕の事務所以外の世界はほとんど知らないような、ちょっとおずおずとした若い法律家であった。だが、イルバートとリポンは、躊躇することなく、経験よりも原則を優先したのである。イルバートが草案を書いた法案では、適当な資格を持ったインド人は、肌の色に関係なく、被告人の審理を行なえることとされていた。カルカッタ高等裁判所の庭に立つ目隠しをされた像〔正義の女神像〕がまさに象徴する通り、司法手続きは、これ以降肌の色に左右されることがなくなるはずだった。

この変革案は、実際に、二〇人以上居たインド人マジストレイトの立場を変えようとするものであった。その一方で、イルバート法案は、アングロ・インディアンの社会にとっては、自分たちが享受してきた特権への攻撃であり、とても我慢できるものではなかった。イルバート法への反対は暴力的なものとなり、人によっては、「白人大反乱」と呼ぶほどのものとなった。法案が公示されてから二、三週間も経ない内に、また、マスコミに抗議する内容の封書が殺到した後の一八八三年二月二八日、数千人の人々が、ネオ・クラシック様式の立派なカルカッタ市庁舎に集まり、「ベンガル・バブー」(Bengali Babu)〔「ベンガル人様」という意味〕と綽名《あだな》されていた教育を受けたインド人官僚に向けた扇動的なスピーチが、連続して行なわれたのであった。

批判の先頭に立っていたのは、J・J・J・「キング」ケズィックであった。ケズィックは、茶商であり商社であったジャーディン・スキナー会社(Jardine Skinner & Co.)のシニア・パートナーだった。彼は、次のように聴衆に問いかけた。皆さんは、「三年か四年ほど」イギリスに住んだ「現地人の裁判官は」その性格も気質もすっかりヨーロッパ人化され、被告が無実の罪を着せられたヨーロッパ人であるような場合でも、ヨーロッパで生まれ育った裁判官と同様に適切に裁判を行ない得る、そんなふうにお思いでしょうか？　エチオピア人は、肌の色を変えることができるのでしょうか？　ヒョウは、斑点を変えられるのでしょうか？　インド人を教育することは間違っている、と訴えかけたのである。

政府は彼らに教育を授けたのですが……不満たらたらな彼らは、自分たちが受けた教育を、政府を詰《なじ》ることに用いているのです。……そして、そうした人々が、今では、裁判官の席に座りたいと叫び、ライオンの魂を持った人種〔イギリス人のこと〕を非難しているのです。彼らの国が今ある姿になり、彼らが今のようになれたのは、ライオンの魂を持った人種の勇気と、流した血があったからにもかかわらず、彼らはそんなことをいっているのです！

ケズィックにとって、裁判官にするためにインド人を教育することは、まったく意味のないことであった。インド人は、その生まれと育ちによって、ヨーロッパ人を裁判する資格はない、と考えていたからである。ケズィックは、次のように結論して、聴衆を盛り上げた。「このような状況下で、われわれが抗議を行なうことに、どのような疑問があるというのだろうか？　ここで、われわれが、彼らはわれわれを統治するには不適格である、彼らはわれわれの裁判を行ない得ない、彼らはわれわれの判決を下すことはできない、と述べなかったならば、どうなってしまうのであろうか？」この夜、ケズィックに負けないほど過激な演説を行なったのが、この夜の二番手の演説者ジェームズ・ブランソン（James Branson）であった。

何とびっくりすることに、ロバ〔インド人〕がライオン〔イギリス人〕を蹴飛ばしているのですよ。（満場の喝采。）われわれにとって、自分たちの自由がどれほど重要なものか、ロバに思い知らせてやりましょう。ライオンは決して死なないと、ロバに思い知らせてやりましょう。ロバが寝ている間に、神の御名において、ロバがびっくりして飛び起きるようにしてやろうではありませんか。（会場全体から歓声と叫び。）

道を一本隔てた総督府では、イルバート法への、耳に聞き取れるほどの反対意見に、リポンは驚いていた。彼は、植民地相のキンバリー卿に、「正直に申し上げれば、これほど多くのインドに住むイギリス人たちが、このような感情に突き動かされるようになるなどという事態は、まったく予想外でした」と、告白している。

そのような批判は、おそらくわたしに向けられているのであり、二年半インドに居ながら、日々現地人のなかで暮らしている平均的アングロ・インディアンの現地人への真の感情を理解していないという批判は、確かにその通りであろう。今、ようやく、それが分かったのだが、それを知ってしまうと、この国の将来に対して、絶望のようなものしか感じられないのである。

リポンは、それにもかかわらず、前に進もうと決意していた。彼は「われわれは、その問題を取り上げ、それに向き合い、後進のために、ここで解決しておかなければならない」という信念を持っていた。リポンの見るところ、問題は単純明快であった。インドは、「インドに住むすべての人種、階層、宗教の人々の利益」となるよう統治されるべきか、それとも、「少数のヨーロッパ人の利益だけを叶える」よう統治されるべきか？　ということであった。

インドの人々を向上させることはイギリスの責務ではないだろうか。彼らを、社会的に引き上げ、彼らを、政治的に教育し、彼らが、物質的、教育的、精神的に繁栄できるよう、手助けするのである。それとも、このあやふやな権力を、ブランソン氏が呼ぶところの「自分たちの統治者に抜きがたい敵意を抱く従属民」に対して維持することを、統治の第一目的かつ最終目的とする、とでもいうのだろうか？

正しいのは、もちろん、リポンの方だった。カルカッタのビジネス界からの反対は、粗野な人種的偏見ばかりか、狭量な自己利益を基盤としていたのであった。つまり、こういうことなのだ。ケズィックやブランソンのような男たちは、自分たちの会社のジュート〔紡績〕工場、絹工場、インディコ工場や茶農園があったモーフスィルでは、自分たちの都合に合わせて、勝手に法律を解釈していたのである。ところが、今、彼らがイルバート法への反対を表明したことにより、ヴァイソロイは、法の原則だけではなく、法の運用についても、考慮しなければならなくなったのであった。

ただ、残念なことに、ヴァイソロイは、前例を踏襲することとなるのだ。リポンは、白人社会に雷を落とすのではなく、すぐにカルカッタを出発したのであった。結局のところ、夏が近づいていたので、ヴァイソロイの神聖な慣例に従ったのである。シムラーに向けて出発する時期が今年もやってきたので、シムラーに向けて旅立ったのである。高原への避暑は、カルカッタのオフィスで働くビジネスマンたちには、許されていない贅沢であった。どんなに暑かろうとも、彼らは、いつも通り、平原で働いていたのである。シムラーで優雅に過ごすリポンは、「キング」ケズィックのような男たちをなだめなければならない、とは、思わなかったのだ。

この議論を呼んだ法案の起草者自身も、高原へと向かった――シムラーにあった自分の優雅な別荘、チャプスリー（Chapslee）〔現在の Chapslee Hotel、イルバートは、この歴史的建物の当時の所有者〕へと向かったのである。イルバートは、ここで夏を過ごし、騒ぎが収まるのを待とう、と考えていたのだ。彼は、オックスフォードで指導教官であったベンジャミン・ジャウェット（Benjamin Jowett）に、申し訳なさそうに「この法案が巻き起こすことになった騒動の種類と規模については」「わたし自身、考えてもみませんでした……まして、これほどの騒動になろうとは」と、書き送っている。

また、彼は、別の友人に「この法案によって、人種間の対立が呼び覚まされ、強化されてしまいました……そのことを、非常に申し訳なく感じています」と語っている。商務庁に勤める友人サー・トマス・フェラー（Sir Thomas Farrer）は、自由主義が彼の側についていると書いて、イルバートを慰めている。

一方の側には、支配への強い欲望、人種のプライド、商売人の貪欲さ……他方には、真の自尊心、人間性、弱い者へのいたわり、同情〔まるで〔新約聖書のマタイによる福音書やルカによる福音書に出てくる〕「山上の垂訓」であり、〔対立する者に〕嫌悪感を催させる言葉である〕、両者、ともに譲れない戦いであり、まるで、人間の魂を巡る……天使と悪魔の戦いなのです。

この言葉が示しているように、イルバート法は、インドばかりか、イギリスにおいても、世論を二分するものであった。フェラーのような自由主義者にとって、この戦いは、倫理の戦いであった。そうはいうものの、山上の垂訓に耳を傾けるような啓蒙された者は、クラッパムとは異なり、カルカッタでは少数派であった。実際、イルバート法を巡る危機によって明らかになったこととは、山上〔高原〕から大陸〔平原〕を統治することの害悪であった。

焼けつくようなインドの夏、アジテーションが、インド全土に広がっていった。公務員以外のアングロ・インディアンたちが結集し、委員会が立ち上げられ、資金が募られたのであった。キップリングが、ここに加わり、「できもしない理想郷を描き、バブー〔インド人様〕たちのプライドを助長させ、正義のおとぎ話のなかで、彼らの側についた」としてリポンを非難した。キップリングは、ヴァイソロイの政策によって「混乱、騒動、止むことのない争い」が生まれた、と批判したのである。ヒュー・マクスウェルも、カーンプルから、この非難の叫びに加わった。彼は、「これほどの人種対立を引き起こしたこと」は、政府の「愚かさ」のためである、と、力強く宣言したのであった。どうして、リポンとイルバートは「現地の人々が、国土や国民を統治する行政のやり方に関して、ヨーロッパ流の考え方を受け入れて、賛同するようになるはずはない」とは思わなかったのであろうか？

この「白人大反乱」は、わずか二五年前の、元祖「インド大反乱」の記憶と密接に関係するものであった。その時は、カーンプルに居たすべての白人女性が殺されたのであった。すでに見たように、殺人と共にレイプの伝説が生まれ、まるですべてのインド人男性が、近くに居る奥様をレイプしようとその機会を窺っているように語られたのであった。これと同様の文脈で、イルバート法への反対キャンペーンのなかで、まるで、インド人のマジストレイトがイギリス人女性に危険を及ぼそうとしているかのように語られたのである。

『イングリッシュ・マン（English-man）』紙への匿名の投書は、次のように述べている。「どなたかの奥様が、濡れ衣を着せられて連行されるかもしれないのです……われわれの従属民にとって、けなげなヨーロッパ人女性を犯すことは、何にも勝る喜びなのではないでしょうか？……その夫が高い地位にあればあるほど、その夫が尊敬を集めていればいるほど、その女性を犯す楽しみは増すものなのでしょう。」

同様の趣旨の記事が『マドラス・メール（Madras Mail）』紙に掲載された。記者は、次のように問いかけていた。「わたしたちの家から、わたしたちの妻が、無実の罪で連行されて、女性に敬意を払うことなく、われわれを理解しておらず、多くの場合、われわれを憎んでいる男によって裁判が行なわれることになるのです。それでもよろしいのでしょうか？　イギリス人読者の皆様、想像してみて下さい、あなたの妻が、半裸の原住民の前に引き出されて、裁判を受け、場合によっては有罪にされてしまうような事態を……」

ヴィクトリア期の帝国の、内に秘められていた強迫観念——性的な危険性への恐怖——を、あからさまにしてしまうような言葉遣いである。イギリス領インドのもっとも有名な小説——フォスターの『インドへの道』とスコットの『大英帝国の宝石（The Jewel in the Crown）』——の物語が、インド人男性がイギリス人女性に性的暴力を働いたという訴えがなされ、インド人の判事による裁判が行なわれるという話で始まるというのは、偶然ではないのだ。

こうしたことは、実際に起こっていたのだ。イルバート法への反対キャンペーンが最高潮に達した頃、ヒュームという名のイギリス人女性が、自分の掃除人に性的暴力を加えられたと訴えたのである。これは、後に、彼女の虚偽であることが判明したのであった（実際には、二人は恋仲にあった）が、当時の熱狂的な雰囲気のなかでは、彼女の言い分の方が正しいように感じられたのである。

ここでの問題とは、どうして、インド人判事がイギリス人女性を裁判するという話が、インド人男性とイギリス人女性の性的関係の危険性という話に、これほど多く結びつけられて語られたのか、という点である。結局のところ、イギリス人男性とインド人女性という、反対方向の性的関係は、数多く見られたのである。一八八八年まで、イギリス兵のための慰安所は、合法的だったのだ。ところが、どういうわけか、イルバート法が、兵舎の壁を破る危険性があるばかりではなく、バンガロー〔白人の住居〕のベッドルームの壁をぶち破るようなものに、見えたのである。三億五〇〇〇万人の現地人を統治していると称していた九万人の白人には、法の前の平等が、人種間の性的関係につながるようなものに、見えたのである。*

* 性についての不安の原因の一つと思われるものに、一般的に「白と黒」のはっきりした境界とされていたものが、実際にはかなり曖昧だった、という問題がある。ヨーロッパ人と二世紀にわたって交わるうちに、一般的には「ユーラシアン」と呼ばれる混血人種の人口が、かなりなものとなっており、彼らは、通常、下級公務員の仕事を担っ

ていた（特に、鉄道と電信）。「異人種混交」に対する反感は、ヴィクトリア期後期の重要な特色である。キップリングの作品中、少なくとも二つの短編において、女性の指の爪の色合いが、人種的純潔性を示す最善の指標であることが「事実」として語られている（爪の付け根の半月上〔爪半月〕のものに対して、色が濃ければ、それは、村八分、を意味したのである）。第一次世界大戦後悪名を馳せることになる一人のインド生まれの兵隊は、母親が父親に「まあ、なんてだらしないの、そんなんだから、シムラーには三万人ものユーラシアンが居るのね！」と叫ぶのを聞いたが、その時、父親が、ビルマ人〔ミャンマー人〕の若い女性の両切り葉巻から、自分のタバコに火をつけるところだったのだ。こうした関係のほとんどは、白人男性とインド人女性の関係であったのだが、そのことは、人々が、現地人男性と白人女性の関係を想像することを、阻まなかったのである。

一二月になり、ついに、リポンがシムラーからカルカッタに帰ってきた。その時、人々の反応は様々であった。人種ごとに反応が違った、といってもいいだろう。リポンが駅を出て、橋を越えると、通りは拍手を送るインド人たちでいっぱいであった。彼らは、自分たちの「友人、そして救世主」に、歓声を送っていた。だが、政府庁舎に到着すると、今度は、集まっていた自国民から、ブーイングを受け、罵声を浴びせられた。その内の一人は、興奮して「くたばれ、クソじじー」と叫んでいた。夕食会の席では、ヴァイソロイの健康を祝して乾杯したのは、官僚たちだけであった。さらには、彼を幽閉してイギリスに送り返すことが計画されていることが、まことしやかにささやかれていた。哀れなイルバートの肖像画は、公衆の面前で、焼かれてしまった。

ヴァイソロイは、かつて女王陛下が懸念したように、弱気であった。ヴァイソロイは、譲歩したのである。タイミング悪く、女王陛下の息子、コノート公爵〔ヴィクトリア女王の三男、アーサー王子〕がインドを訪問していたが、何の足しにもならなかった。公爵は、ヴァイソロイを、「アジア一の大バカ者」と評している。

イルバート法は、骨抜きにされたのである。いかなる刑事裁判においても――インド人のマジストレイトが裁くこともあり得る――白人の被告人には、陪審請求権が認められ、陪審員の半数は、イギリス人もしくはアメリカ人でなければならない、と修正されたのであった。かなり遠回りな言い回しを用いており、これだけ読んでも、それほど大きな譲歩をしたようには感じられない。だが、確実な譲歩なのであった。そして、このことが、イギリス領インドの将来に、禍根を残すことになるのである。教育を受けたインド人マジストレイトとその仲間たちにとって、自分たちが、アングロ・インディアンの大多数から見下されていることが、今や、明らかになったのである。

イルバートの同僚の一人が不安げに観察していたように、マスコミの法案への反対キャンペーンの論調は、まったく抑制を欠いたものであった。マスコミは、「現地人に対する罵詈雑言《ばりぞうごん》と、横暴な侮辱に満ちたものであり、まるで、すべての鉄道保安員、そしてインディコ工場の親方が、主人が農奴に対するがごとく、罪に問われることなく、現地人を踏みにじっている」かのように描いていた。「二つの人種〔白人と現地人〕の微妙な関係を何とか保つために政府がかけていた政治上のヴェール」が、「すべての現地人に対して群衆が振りかざした拳《こぶし》」によって、「真っ二つに引き裂かれて」しまったのである。

そして、とうとう、イルバートの同僚が恐れていたことが現実となったのだ。イルバート法から、かなり大きな波紋が広がったのである。それは、「白人大反乱」ではなく、この法律に対して、インド人が示した反応であった。まったく意図せずして、リポンは、インド人のなかに、真の国民意識を芽生えさせたのである。『インディアン・ミラー（The Indian Mirror）』紙は、このように述べている。

近代の歴史で初めて、ヒンドゥー教徒、ムスリム、スィク教徒、ラージプート族、ベンガル人、マドラス人、ボンベイ人、パンジャーブ人、パルビア人が団結し、全体的な連合を生み出した。すべての民族、すべてのカーストは、これまで、国全体の問題について、何の関心も示さなかったが、今では、これまでの無関心を償うかのように、熱意を持ってまじめに考えるようになっている。

「白人大反乱」からわずか二年後（の一八八五年）、インド国民会議（The Indian National Congress）の第一回の会議が開催された。イギリス人の設立者は、当初、インド人の不満を伝え、吸収することを意図してこれを設立したのであったが、この会議は、まもなく、インドの近代ナショナリズムの坩堝《るつぼ》となるのであった。* インド国民会議は、当初から、ジャナキナート・ボースやアラーハーバード（イラーハーバード）の弁護士モティラル・ネルー（Motilal Nehru）ら、イギリス領インドの教育を受けた者のなかでもしっかりとした者たちが参加するものであった。

＊　インド国民会議を設立したのはアラン・オクタヴィアン・ヒューム（Allan Octavian Hume）である。自由主義のインド高等文官であった彼は、イルバート法反対キャンペーンにうんざりしていた。

後に、ネルーの息子のジャヤハワラールは、インド独立後、最初の首相となる。ボースの息子、スバス・チャンドラ・ボースは、第二次世界大戦中（日本軍と組み）、（インド国民）軍を率いて（インパール作戦に参加し）イギリスと対峙することとなる。彼らの家系は、イギリスの統治と袂《たもと》を分かつこととなるのだが、その源を白人大反乱に求めることは、決して言い過ぎとはいえないであろう。

インドは、イギリス帝国の、戦略上の中枢であった。もしイギリス人が、イギリス化したインド人エリートたちを遠ざけたならば、その基盤は、崩壊し始めることとなる。ところで、インド社会において、イギリス化したインド人エリートたち以外に、イギリス領インドの支えとなる人々など、果たして存在し得ただろうか？　ありそうなことだが、アジアのアパルトヘイトの代わりになるものを求めた人々が、イギリスの階級社会のなかに、存在したのである。

トーリー主義#

インドに居る多くのイギリス人公務員たちは、遠く離れた僻地で、来る日も来る日も懸命に働いていたが、そんな彼らは、灼熱の地で、「故郷」――シムラーのことではなく、いつか帰ることができると考えている本物の故郷――への思いを馳せていた。ところが、ヴィクトリア期も終わりに近づくにつれて、海外在住者の記憶にある故郷と、現実の故郷は、だんだんと乖離《かいり》してゆくのであった。彼らの記憶にある故郷とは、地主が居り、牧師が居り、藁葺《わらぶき》屋根の田舎家があり、へりくだった村人たちの居る、いつまでも変わらないイギリスの田園の、ロマンチックでなつかしい風景であった。つまり、彼らの心のなかにあった故郷とは、トーリーが理想として思い描くような、伝統的で階層的な社会であり、家父長的な土地貴族たちが、愛情深く治めるような村なのであった。実際のイギリスは、今や、巨大な産業国家に生まれ代わっていた――すでに一八七〇年の時点で、国民のほとんどは、人口一万人以上の町に住むようになっていた――が、そのことが、どういうわけか、すっかり忘れられていたのである。

王室、国教会、階級社会、貴族制などのイギリス社会の伝統的権威を尊重するという立場、姿勢あるいは生き方。「イギリス流伝統的保守主義」とも訳せるであろうが、政治思想としての「保守主義」、すなわち「近代保守主義」とは、重なる部分はあるものの、イコールではない。

しかしながら、同様の現象は、反対の方向でも生じていた。イギリスの人々がインドをどのように見ていたのか、である。キップリングは、かつて、「イギリスしか知らない人間が、イギリスを知っているといえるのだろうか?」という問いを発していた。ブリテン諸島の外側に足を踏み出した経験を持たないにもかかわらず、グローバルな帝国を統治していた同胞たちへの警句である。キップリングは、もしかしたら、この警句を、ヴィクトリア女王に向けても発していたのかもしれない。

一八七七年、議会が女王にインド女帝の冠を授けた時、女王は喜んだ（このことを提案したのは、女王自身だった）。ところが、女王は、インドやその周辺に行った経験を持たなかった。ヴィクトリア女王は、インドが彼女の元に来ることを好んだのである。一八八〇年代、女王のお気に入りの従者は、アブドゥル・カリム（Abdul Karim）という名のインド人であった。彼は、『ムンシ（Munshi）〔インド英語で書記、通訳、語学教師の意味〕』、もしくは先生とも呼ばれていた。カリムが、女王と共にオズボーンにやって来たのは一八八七年だった。彼は、礼儀正しく、控えめで、従順で、忠実であり、まさに、女王がそうあって欲しいと望むインドを体現するような人物であった。

それからしばらくもしない内に、インド女帝でもあった女王は、オズボーン・ハウスに新しい棟を加えた。その棟の中心的存在は、見事なダーバー・ルーム（The Durbar Room）であった。この部屋の装飾を監修したのはラドヤードの父ロックウッド・キップリング（Lockwood Kipling）であり、装飾的な曲線を用いたこの部屋のインテリアは、明らかに、ムーガル朝の宮殿の影響を受けたものであった。実際、その一部は、まさに、デリーのレッド・フォートを白くしたものであった。ダーバー・ルームは、また、過去を振り返るものだった。ここには、新しいインドを象徴する、イギリスが持ち込んだ鉄道、炭鉱、紡織工場を思い起こさせるようなものは、何もなかったのである。ここから分かるのは、一八九〇年代、イギリスがどのようにインドを見ていたのか、ということである。ファンタジーだったのだ。

そんな状況のなか、一八九八年、ソールズブリー侯爵〔ローバト・セシル〕の保守党政府は、新しいヴァイソロイを任命した。この新しいヴァイソロイは、インドでの自身のキャリアを、ファンタジーを現実に変えようとする試みに費やすこととなる。

同時代人の多くにとって、ジョージ・ナサニエル・カーゾン（George Nathaniel Curzon）は、高慢ちきなほどお高くとまった人物であった。生まれは〔イングランド、イースト・ミッドランド〕ダービーシャーの貴族の家であり、〔一〇六六年の〕ノルマン・コンクエストにまで遡ることができる家系である。彼は、イートン校、オックスフォード、〔議会の〕庶民院、インド担当省〔というスーパー・エリート・コース〕を、矢のように突き進んだ。実際、彼の代名詞ともいえる、お高くとまった態度は、その育ちの過程で、身に付いたものであった。*

＊　彼は風刺されて、次のように描かれていた。「わたしの名は、ジョージ・ナサニエル・カーゾン、わたしは、この上なく優れた人物なのです。わたしの頬は、ピンク色で、髪は、つややかなのです。わたしは、週に一度、ブレナム宮殿で夕食を食べます。」

子供の頃の教育は、精神錯乱気味の〔児童虐待癖のある〕女性家庭教師《ガヴァネス》に任されていたが、彼は、時折、「うそつき」「卑怯者」「臆病者」などの文字の書かれた大きな円錐型の帽子を被らされて、村中を回らされた〔彼は、後に、「良い生まれで、良い育ちであった子供で、わたしほどたくさん泣かされた者はいないのではないだろうか」と回想している〕。カーゾンは、学校では「何でも一番になることを要求された……つまり、わたしは、他人のやり方ではなく、自分のやり方で行なわねばならなかった」。オックスフォード――ある人物は、〔オックスフォードでの学生生活のことを〕「イートン校と政府の間の束の間の休息」と評しているが――での生活も、前後に劣らず、駆り立てられるような日々であった。一番になることを試験官たちに阻まれたので、彼は、「試験官たちを見返してやろう」と決意をして突き進み〔猛勉強し〕、ロシアン賞

（The Lothian Prize）、アーノルド賞（The Arnold Prize）、オールソール特別奨学金（Fellowship of All Souls）を相次いで獲得した。マーゴット・アスクィス（Margot Asquith）は、カーゾンの「光り輝く自信」に、強く印象づけられた。他の多くは、彼を、嘲笑の対象とした。議会の書類入れの前で演説する彼の風刺画には、「カブトムシたちに演説する神」というタイトルが付けられていた。

　カーゾンは、ヴァイソロイに任命された時、まだ四〇にも達していなかった。あらかじめインド・ヴァイソロイに任命されるよう運命づけられている、自身そう思うような任命であった。そもそも、カルカッタの豪勢なヴァイソロイ公邸は、ケドルストンのカーゾン家の屋敷を模倣したものではないだろうか？カーゾンは、ヴァイソロイへの任命を「子供の頃からの夢であり、男としての野心を叶えるものであり、国家に仕えるものとして、最高の使命である」と明言した。カーゾンは、ヴァイソロイとしての自らの使命を、イギリスのインド統治を立て直すことにあると考えていた。カーゾンの考えでは、イギリスのインド統治は、リポンのような自由主義者たちによって、ずたずたにされてしまっていたのである。

　すでに見てきたように、イギリス領インドには二つの対立する見方があった。自由主義者たちは、肌の色に関係なく、すべての人間は平等であるべきだと考えていた。これに対して、アングロ・インディアンたちは、アパルトヘイトのようなものを支持していた。つまり、ごくわずかな白人たちが多くの「黒人たち」に対して威張り散らすことができる、という考え方であった。ところが、カーゾンのようなトーリー貴族にとって、インドの社会は、この二つの対照的な見方が示すほど単純なものではなかった。イギリス社会は、王室を頂点に、下に向かって大きく広がるピラミッド型をしているが、カーゾンは、その頂点に近い場所で育ってきたのである。そんなカーゾンにとっては、階層構造こそが、望ましい社会の姿なのであった。カーゾンやその仲間たちは、自分たちが賞賛するイギリスの封建的な過去を、インドで再現しようとしたのである。一世代前にインドを統治したイギリス人たちは、インドの文化を身に付け、真の東洋主義者《オリエンタリスト》（true Orientalists）であろうとしていた。カーゾンのような考え方は、「トーリー主義者《エンタリスト》（Tory-entalist）」#とでも呼べようか。

「東洋主義者（Orientalist）」の「東洋（Ori）」の代わりに「トーリー（Tory）」を当てた造語。

封建制インドのおおまかな姿を得ることは、それほど難しいことではなかった。インドの面積の三分の一ほどは、「藩王国」と呼ばれる国家群が占めるものであった。これらの国家群は、実際のところは、イギリス人の顧問に、その行動を厳しく監視されているものであったとはいえ、名目上は、伝統的なマハラジャたちが統治するものであった（イギリス人顧問の役割は、〔オスマン帝国など〕他の東洋の帝国の「大宰相（Grand Vizier）」に相当するものであった）。さらには、イギリスが直接統治を行なっている地域においても、地方のディストリクトのほとんどには、貴族的なインド人の地主たちが居た。カーゾンの目には、これらのインド人たちが、インドのリーダーにふさわしい人々として映ったのであった。彼は、一九〇五年のカルカッタ大学の学位授与式で、次のようなスピーチを行なっている。

> わたくしは、常日頃から、インド人諸国の存続を熱心に信奉し、インド人君主たちを熱烈に支持しております。ですが、わたくしは、彼らを、過去の遺物ではなく、統治者であると見なし、また、操り人形ではなく、行政の重要な担い手であると見なしております。わたくしは、彼らにも責任を分担して欲しいと願っており、同様に、イギリス統治の栄光を共に分かつことを願っております。

カーゾンが念頭に置いていた人物とはマイソールのマハラジャ〔クリシュナ・ラージャ四世〕のような人物である。マイソールのマハラジャは、一九〇二年、新しい顧問を任命したが、その人物とは、エヴァン・マコノヒーであった。少なくとも理屈の上では、このマハラジャは、ティプー・スルターンの君主の座を継承する者であった。ティプー・スルターンは、かつて、東インド会社にとってもっとも危険な敵であった人物である。だが、今となっては、マハラジャと東インド会社の対立など、遠い過去の話であった。このマハラジャは、インド高等文官の高官サー・スチュアート・フレーザー（Sir Stuart Fraser）による教育を受けていた。マコノヒーは、マハラジャの顧問の役割について、次のように回顧している。「顧問には、インド高等文官から、陛下の骨折り仕事を軽減させるに足る十分な経験を積んだ者が選ばれました。われわれは、〔イギリス人の〕仕事のやり方について陛下に示し、陛下が個性を発揮するのを押さえつけながら、われわれの望む方向に陛下が向かうよう、影響力を行使するのです。」マコノヒーの七年に及んだマイソールの宮廷での経験の回顧は、君主たちが操り人形のような役割を果たすことを要求されていたことを、丁寧に物語るものとなっている。

陛下は……その若さにもかかわらず、なかなかに成熟した頭脳を備えていた。しかしながら、その成熟した頭脳は、若者らしく振る舞ったり、男性スポーツを心から楽しむための妨げとなるものではなかった……彼は、また、自国の音楽と同様に、西洋の音楽を解する審美眼を備えていた。

われわれは〔そうこうしているうちに〕仕事に取りかかった。スラムを排し、道路を真っすぐにして拡張し、排水を浄化槽へと導く下水道と連結された排水溝を設置し、退去させられた住民たちのための新しい居住区を設置し、全体的な整理を行なった。

プレイボーイのマハラジャ――裕福で、西洋化されており、政治的には、ほとんど無能と呼べるほど弱い存在となっていた――は、インドのあちらこちらで、多く見られるものとなりつつあった。

イギリス人たちは、マハラジャたちに代わって彼らの国を治め、潤沢な生活費を供給する見返りに、たった一つのことを求めていた。受け身の忠誠である。ほとんどの場合、これは、得られた。カーゾンがナシプールを訪問した際、これを記念して、カーゾンには、特別な詩が贈られた。

インドを力強く治めておられるヴァイソロイ閣下、閣下の御訪問を歓迎いたします、
御覧下さい！　何千という目が、閣下の御訪問を待ちわびています！
われわれの心は、喜びに満ち溢れています、
われわれは、清められ、われわれの希望は、叶えられるのです。
この度、ナシプールは、閣下の足跡によって、聖なるものとなるのです。

インドにおけるイギリスの統治は、光り輝き、力強いものです。
これほどまでに寛大なる統治者の下にあって、われわれは、何と幸せなのでしょうか。
閣下は、われわれ臣下の生活を向上させるため、常に気を配っておられます。
優しく心温かい父のように、臣民をいたわり、保護して下さるのです。
何と素晴らしいことでしょう！　閣下のように高貴な統治者は、他には居りますまい！

ここに居るではないか？　カーゾンは、そう思ったのだった。
実際のところ、カーゾンの階層へのこだわりは、特に珍しいものではなかった。ディズレーリの仲間でロマンチックなリットン卿は〔ロバート・リットン、リットン調査団のリットン卿の父〕、インド・ヴァイソロイとして、「東へ行けば行くほど、一片の旗の重要性が増す」という考え方を持っており、インドの

「封建貴族」に対して、さらに大きな希望を託していた。リットン卿は、さらに、東洋の貴族たちの子弟を特別に任命するために、インド高等文官に新しい部門を創設することを試みたことがあった。パンジャーブの官僚の一人は、一八六〇年、その目的は、「適宜、特別法により……全土において、土地保有や階級に応じて任命し、国家〔の仕事を行なわせる〕」ことであった、と述べている。

トーリー主義は、インドだけにとどまるものではなかった。タジキスタンでは、サー・ドナルド・キャメロン（Sir Donald Cameron）が、「農民」から始まって、「その農民たちの村長、さらに、その上の副族長、さらにその上の族長、それからディストリクト・オフィサーへ」とつながる流れを強化しようと奮闘していた。西アフリカでは、キンバリー卿（Lord Kimberley）は、「『教育を受けた現地人たち』をまったく相手にせず、世襲の族長たちとだけ交わる」方がうまくゆく、と考えていた。フィジー総督夫人であったハミルトン夫人は、さらに、フィジーの族長たちを、自分と対等の社会的立場を有する人たちであると見なしていた（彼女は、自分の子供の乳母を務めていたイギリス人は、自分よりも社会的な地位が低い者と見なしていたにもかかわらず、である）。

ジョージ・ロイド〔ジョージ・アンブローズ・ロイド（George Ambrose Lloyd）男爵、同時代の政治家で後に首相となったデイヴィッド・ロイド＝ジョージとは別の人物〕は、新しく爵位を得て、エジプト高等弁務官となる前、「すべての東洋人は、貴族を、非常に尊重している」と主張していた。西アフリカのイギリスの〔植民地〕帝国を築き上げたフレデリック・ルガード（Frederick Lugard）は、「帝国の大きな目的とは、移り行く世界のなかで、伝統的な支配者たちを、社会保障の要塞〔基盤〕として維持することなのです……本当に重要なものとは、身分なのです」と主張している。

ルガードは、「間接統治」という、完全な理論を生み出した。これは、一八六五年にジャマイカのプランターたちが課した直接統治に、相対するものであった。間接統治の下では、イギリスは、最小限のコストでその統治を維持することができたのだ。地方の支配は、その土地の伝統的な支配層に委ね、イギリスは、中央の中心的要素のみ（特に、財布のひも〔予算〕）を握りつづけたのである。

伝統的な階層構造を復活させたり、維持したり、（それが必要な場所においては）創設したりしたのを補うように、帝国自体の運営上の階層構造は、念入りに構築された。インドでの身分は、「官位相当表（The warrant of precedence）」によって細かく定められた。一八八一年の時点で、この表には、少なくとも七七段階に分かれた身分が載せられていた。帝国全体では、官僚たちは、聖マイケル・聖ジョージ勲章〔保護領や植民地、自治領の人々のための勲章、後に、外国人などにも贈られるようになる〕を受勲することを渇望した。それが「コンパニオン（CMG）（「Call Me God〔わたしを神と呼びたまえ〕」の略だとするジョークがある）〔三等〕」であろうが、「ナイト・コマンダー（KCMG）（「Kindly Call Me God〔謹んでわたしを神と呼びたまえ〕」の略だとするジョークがある）〔二等〕」であろうが、である。もっとも身分が高い統治者たちのためには、「ナイト・グランド・クロス（GCMG）（「God Calls Me God〔神がわたしを神と呼びたまう〕」の略だとするジョークがある）〔一等〕」が用意されていた。カーゾン卿は「世界中の英語話者コミュニティーで、爵位や勲章が飽くことなく求められている」と述べていた。

カーゾン卿も認識していたように、堂々たる建築物への憧れも存在した。カーゾン卿の下で、タージ・マハルとファテープル・シークリーが修復され、カルカッタには、ヴィクトリア記念堂が建設された。意義深いことに、カーゾンがインドでもっとも嫌っていたのが、ヴィクトリア期のイギリス人たちが、自分たちでゼロから建設したシムラーだった。カーゾンは、シムラーを「中流階級向けの高原の郊外住宅地にしか過ぎない」と評しており、そこでは、彼も、「ポロやダンスにしか興味のない若い連中」と同じ場所で食事をしなければならないのであった。〔シムラーの〕ヴァイソロイ公邸は、カーゾン家にとって、俗悪な趣味のものであった（「ミネアポリスの成金がそれに狂喜しているのを見て、絶望に陥らないよう、何とか心を保たなければならなかったのです」とカーゾン夫人は語っている）。夕食の席は、彼らにとって「毎日、使用人たちや女中たちと、使用人部屋」で食べているような気にさせられるものであった。それは、カーゾン家にとって、あまりにひどいものであり、そうした方がまだましだということで、シムラーのゴルフ場の横の草原でバーベキューをするようになるほどであった。カーゾン家にとって、悲しい現実とは、インドのイギリス人たちは、〔一緒に居るのが〕耐えがたいと感じるほど、身分の低い者たちばかりだったのである。

カーゾンのトーリー主義の頂点を飾るものは、一九〇三年の、エドワード七世の即位を祝うため、彼が自ら挙行した壮大で煌《きら》びやかな式典デリー・ダルバールである。ダルバール――「カーゾン祭」とも呼ばれていた――は、ヴァイソロイの、インドにおける準封建的見解の、完璧な表現であった。そのハイライトは、豪華絢爛な象の行進であり、その行進では、インド人の君主たちが中心的な役割を果していた。見物人の一人は、次のように述べている。

荘厳なる眺めである。その趣き、色彩の艶《あで》やかさ、そして次から次に移り変わる光景、それらは、どんなに言葉を尽くしたとしても、余すことなく表現することが、不可能なほどである。様々な種類の象かご、象飾り、君主たちが身にまとう豪華な衣装、それらがヴァイソロイの後につづいている……歓喜のささやきが、瞬く間に喝采となり、観衆から湧き上がってくる。

そこには、ボーパールのベーグム#から、カプールタラーのマハラジャまで、皆が、勢ぞろいしており、それぞれ、象の上で揺られながら、大御所様〔カーゾン卿〕の後につづいていた。ダルバールを取材したジャーナリストの一人は、「黒ひげの王様たちが、巨大な馬の動きに合わせて、ゆらゆらと揺られているように思えてくる……その光景は、われわれの生きる一九世紀［ママ］の光景とはとても思えない、という印象を得た」と記している。この壮大なる催し物の最中に、そこには居ない、インド皇帝でもあった国王陛下からメッセージが届いた。そのメッセージは、まるでカーゾン自身が書いたかのように、カーゾンの心境を丁寧に表わしたものであった。

部族長の称号ベグの女性形で、ベグの妻あるいは娘を意味する。

帝国は、強大である。……なぜなら、この帝国が、自由、そして、すべての家臣と臣下の権威と権力、それらを尊重するものだからである。インドにおけるイギリスの政策の基調、それは、現地社会の枠組みの、もっとも優れた特徴のすべてを保存することである。この政策により、われわれは、素晴らしい成功を収めることができた。未来に、更なる成功を収めるための確固たる鍵も、ここに存するであろう。

しかしながら、ここには、致命的な欠点もあった。* ダルバールは、煌びやかな催しであった。そのこと自体、疑う余地はない。だが、ダルバールは、見せかけの力であった。真の力では、なかった。象の上のマハラジャたちは、イギリスの力の真の基盤ではなかったのだ。英印軍を除いたならば、真の力の基盤は、マコーリーが呼び込んだ、イギリス化したエリートの法律家たちや官僚たちであった。ところが、カーゾンは、まさにこのような人々を、脅威と見なしたのである。実際、カーゾンは、このようないわゆる「ベンガル・バブー」たちを、名指しして遠ざけたのである。

＊（マコノヒーが観察していたように、）インドの君主たちの多くは、カーゾンが、「学校の先生のような態度」で自分たちを扱うことに、内心では、憤りを感じていた。それだけではない。カーゾンは、この祭典に彼らを招集して

おきながら、返礼としての訪問を行なうことを怠ったので、ダルバールという最高の見せ場によって、彼らを怒らせた。

カーゾンは、誓約した現地人のインド高等文官たちが、彼の下ではどうして出世できないのかと尋ねられた時、次のように、彼らを蔑むように答えている。「現地人の高級官僚たちは、〔その仕事を〕任せられる存在ではありません。その部下がヨーロッパ人であろうが現地人であろうが、部下たちからの尊敬を勝ち得ることができないのです。このような制度は廃止してしまうか、さもなければ、彼ら抜きでやった方が良いのです。」

ダルバールからわずかに二年後、カーゾンは、「バブー」たちに、あらかじめ計画していた攻撃を加えた。カーゾンは、彼らの出身地であったベンガル地方を二つに分割すると発表したのである――その理由は、表向きには、より効率的な行政のためとしていた。ベンガル地方とインドの両方の首都であったカルカッタは、インド国民会議が権力基盤を置く場所であった。その都市が、今では〔それまではそうであったかもしれないが〕、現地人の不平不満の安全弁としての役割を終えることになったのである。

カーゾンは、この分割案が、インドのナショナリスト運動に火をつけることになることを、完全に認識していたのである。彼は、「首都は、会議運動の策源地である……ベンガル語話者を分断するようないかなる手段……あるいは、その手で全組織を握っている法律家たちの影響力を弱めるための手段は、〔実行に移せば〕彼らの激しい怒りを買うであろう」と述べていたのだ。この提案は、不人気であり、インド大反乱以降で最悪の、イギリスの統治に対する政治的抵抗を招いたのであった。

ナショナリストたちは、初めて、組織的なイギリス製品不買運動を展開させ始めた。スワデーシー〔国産品愛用〕、つまり経済におけるインドの自給自足という考え方を呼び起こしたのであった。作家ラビンドラナート・タゴール（Rabindranath Tagore）のような穏健派も、この戦略を支持した。* ストライキやデモも、広範に広がった。だが、抗議者の一部は、さらに一歩、先へと進んだのであった。

* タゴールが一九一三年にノーベル文学賞を受賞したことは、イギリスの文学界には大きな衝撃だった。ジョージ・バーナード・ショウは、「スチュペンドラナート・ベゴール（Stupendranath Begorr）〔たいそうご立派なベンガル人殿〕」と当てこすった。教養あるベンガル人たちへの嫌悪感がいかに広範囲にわたっていたかを示す安っぽい当てこすりである。

ベンガル管区全体で、イギリス人行政官への暴力行為が頻発していた。ベンガル管区知事も、何度か、その命が狙われたのである。最初の内、当局は、暴力行為を、貧しい、教育を受けていないインド人たちの仕業であると考えていた。だが、一九〇八年四月三〇日、ムザファルプル地区判事J・D・キングスフォールド（J.D. Kingsford）氏を狙った爆弾によって二人のイギリス人女性が死亡した時、警察の捜査によって、より厄介な真実が浮かび上がってきたのだ。これは、一八五七年にセポイ兵たちが反乱を起こした時とは、背景がまるで違ったのである。

セポイ兵たちは、単なる兵隊であり、イギリスからの介入に対して、自分たちの宗教的伝統を守ろうとしただけであった。これに対して、今回のものは、近代テロリズムであった。極端なナショナリズムが、ニトログリセリンと結びついたのである。首謀者たちは、貧しい労働者たちなどではなかった。「ベンガル解放運動（The Anushilan Samiti）」として知られていたテロ組織の一つを率いていたのが、P・ミトラとして知られるカルカッタ高等裁判所の法廷弁護士、プラマタナート・ミトラ（Pramathanath Mitra）であった。特殊捜査班が、人々の憧れであったカルカッタの高級住宅街で五カ所の手入れを行なったところ、それらの場所は、爆弾製造のための材料でいっぱいだった。二六人の若者が逮捕されたが、怪しげな労働者たちではなく、ベンガルのバラモンのエリート階級に属する者たちだった。

アリープルでその後裁判に掛けられた者たちは、最高の学歴を有する者たちだった。被告人の一人オーロビンド・ゴーシュ（Aurobindo Ghose）は、ロンドンのセント・ポール・スクールで首席となり、ケンブリッジ大学のキングス・カレッジで奨学金を獲得した者だった。裁判で審理を行なった〔イギリス人〕マジストレイトの一人は、彼の〔ケンブリッジ大学での〕同期生だった。実は、そのマジストレイトは、ゴーシュが、インド高等文官試験のギリシャ語の試験で打ち負かした相手だったのだ。ゴーシュがインド高等文官になれなかったのは、乗馬の試験で不合格となったからである。この裁判を担当した別のイギリス人法律家は、次のように述べている。

アラビンド〔ママ〕ほど頭脳明晰な者が、馬に乗れない、あるいは、乗れるようにはなれないはずだ、という理由だけで、高等文官からはじき出される、このことは、残念なことである。……彼は、インドの教育制度のなかで、場所を得ていれば、間違いなく出世したであろうが、それだけにとどまらず、彼の同胞たちと、われわれの間の結びつきを強める仕事を行なうことになっていたであろう。

だが、今となっては、後悔するには時すでに遅し、であった。イギリス人たちは、自らのインド人像を勝手に作り上げていた。今や、イギリス化したエリートたちを遠ざけたことにより、イギリス人たちは、フランケンシュタインのようなモンスターを生み出したのだ。オーロビンド・ゴーシュは、イギリスの教育制度の究極の作品であり、その後帝国中に見られるようになるナショナリズムを象徴するような人物であった。

しかしながら、アリープルでの裁判〔「一九〇八年アリープル爆弾裁判」〕は、ちょうど四〇年前のモラント湾での裁判と大きく異なるものであった。判決がすぐに出されるのではなく、七カ月近く審理がつづき、最終的に、オーロビンド・ゴーシュには、無罪が宣告されたのである。ゴーシュの弟でグループの主犯格であったラビンドラ・クマール・ゴーシュには死刑が宣告されていたが、これも、後に軽減となった。ラビンドラ・クマール・ゴーシュは裁判中に、主任検察官を暗殺する命令を出したことを認めていたにもかかわらず、である。

一九一一年、最終的に、屈辱的な譲歩が行なわれた。ベンガル管区を分割するという決定が、取り消されたのである。皮肉なことに、これが実施されたのは、インド独立後である〔東ベンガルがパキスタン領となり西ベンガルがインド領となった〕。政府が弱みを見せたことは、テロを終結させようと計算した上のものではなかった。テロは、収まることがなかった。

しかしながら、そうこうしている内に、イギリス人は、ベンガルの手に負えない首都を懲らしめる、より良い方法を思いついたのであった。イギリス人は、首都を、かつてムーガル帝国の首都であったデリーに移すことに決めたのである。厄介なバブーたちが登場してくる以前、カルカッタは、商業上の利益から見た、帝国の基盤だった。トーリー主義の時代にあっては、デリーは、より適切な本拠地となるのであった。そして、ニューデリーは、この時代の、言葉で表現することはむずかしい貴族趣味の、窮極の表われとなるのだった。

カーゾンにとって、ダルバールのために彼が企画した壮大な都市構想が、ピンクの石が輝く実際の都市に変貌するのを見届けるまでヴァイソロイの任に居なかったことは、残念なことであった。ニューデリーの都市計画を行なったハーバート・ベイカー（Herbert Baker）とエドウィン・ラッチェンス（Edwin Lutyens）が、ニューデリー建設の目的を、イギリスの力の象徴として、ムーガル帝国の業績に匹敵し得るものを築くことにあるとしていた。このことは、疑いようがない。

彼らが理解していたところによれば、ニューデリーは、トーリー主義帝国の否定しようのない現われとなるのであった。ラッチェンスは、単にインドに居るというだけで、「非常にトーリー的である」と感じ、「前トーリー的な封建制」を感じる、と述べている（ラッチェンスは、また、リットン卿の娘を妻として迎えている）。ベイカーは、「政治上の首都に必要な政治上の観点」について認識していた。ベイカーは、自分たちの役割を、ニューデリーに、「政府の役割がそうであるように、全体的な原則との衝突を避けながらインド的な趣きを与えることにある」と考えていた。この二人の建築家は、素晴らしい成果を生み出した。ニューデリーは、イギリス帝国の、建築上の最高傑作の一つとなった。

ニューデリーは壮大である。それは、確かだ。ヴァイソロイ宮殿だけでも、四・五エーカーを占めるものであり、そこでは六〇〇〇人の使用人と四〇〇人の庭師が働いていた。その内の五〇人は、鳥を追い払うという役目だけを果たすために雇われた者たちであった。一方で、ニューデリーは、非常に美しい都市だった。たとえバリバリの反帝国主義者であろうとも、現在では大統領官邸となっているこの宮殿で、衛兵の交代や、高く聳える塔やドームが夕日を受けて輝く姿を見たならば、心動かされずにいることは、なかなか難しいであろう。

それでいながら、ニューデリーの政治的メッセージは、非常に明確であった。非常にはっきりしたものであるため、建物の姿からそれを読み取ろうとするなどという努力は、必要ないほどだった。ベイカーとラッチェンスは、自分たちが築いた庁舎の建物の壁〔入口の上〕に、次のような言葉を刻み込んだのだ。この言葉は、イギリス帝国の全歴史のなかでも、もっとも恩着せがましい言葉であろう。

自由は、与えられるものではない。自由は、自らの手で勝ち取るものである。自由という恵みは、それを味わう前に、獲得しなければならないのである。

この言葉は、確かに、カーゾンの言葉ではない。だが、その家父長的な語調には、まごうことなく、カーゾンの香りが感じられる。

非常に皮肉なことに、この壮大な建築群の建築費用は、インドの納税者たちによって賄われていた。インド人たちは、自由を獲得する前に、まず、イギリスの統治を受けるという特権と引き換えに、それに伴う費用を払いつづけなければならなかったのである。

では、その特権は、費用を払う価値があるものだったのだろうか？　イギリス人たちは、当然ながら、価値あるもの、と考えていた。だが、あのカーゾンでさえ、イギリスの統治は、「われわれにとっては良いものかもしれないが、彼らにとって同じくらい良いものではない、あるいは、そこまで良いものではない」ということを、かつて、認めていたのである。インド人のナショナリストたちは、これに、心底から同意したであろう。彼らは、インドの富が外国人の手によって奪われている、と主張していたのである。

事実、われわれが現在知るところによれば、一八六八年から一九三〇年までの間、インドの国内生産の正味一パーセント強――植民地の貿易収支から見た場合の植民地負担――が、流出していたのである。この数字は、オランダが、その東インド帝国〔現在のインドネシア〕から「引き出していた」額と比べると、かなり小さい。オランダの金額は、同時期のインドネシアの国内生産額の七パーセントから一〇パーセントに匹敵する額であった。

そして、バランスシートの反対側には、インドのインフラストラクチャー、灌漑《かんがい》、産業に対するイギリスからの莫大な投資があったのだ。一八八〇年代には、イギリスからインドへの投資額は、二億七〇〇〇万ポンドであり、イギリスの全海外投資額の五分の一を上回るものであった。一九一四年には、この額は、四億ポンドに達した。イギリス人は、灌漑地の面積を八倍に増やした、それゆえ、イギリスの統治の終了までに、灌漑地は、インドの全面積の四分の一となった。これと比べるならば、ムーガル帝国の支配下における数字は、わずか五パーセントだった。イギリス人は、インドの石炭産業をまったくの無から育成して、これは、一九一四年には、毎年一六〇〇万トン近くの産出量を挙げるまでになった。イギリス人は、ジュートの生産量を一〇倍にしたのだ。

さらには、公衆衛生の分野でも顕著な進歩が見られた。イギリスの統治下で、インド人の平均寿命は、一一年延びたのだ。* キニーネをマラリアの予防薬として導入し、天然痘ワクチンの予防接種を大々的に実行し——これは、多くの場合、地元住民からの反対があった——コレラやその他の病気の感染源となっていた都市の水道設備の改善に努めたのは、イギリス人たちである。

＊　二一歳から三二歳になっている。もっとも、同じ時期（一八二〇年から一九五〇年までの間）に、イギリスの平均寿命は、四〇歳から六九歳に伸びている。

そして、これは数値化して述べるのが難しいのであるが、インド高等文官のような汚職の少ない官僚機構が行政を担っていたということについて、何の利益もなかったなどとは、とても述べられるものではない。インド独立後、風変わりな親英派チョウドリー（Chaudhuri）が『名も知れないあるインド人の自伝（Autobiography of an Unknown Indian）』を「インドにおけるイギリス帝国の思い出」に捧げたことで、「オール・インディア・レイディオ（All India Radio）」から解雇された。「……すべての良いもの、われわれの身近にあるものは、その同じイギリス帝国によって創られ、形を与えられて、活気づけられたものであると述べたからであった。さすがに、これは、いいすぎであろう。だが、この言葉には一抹の真実が含まれているのである。そして、だからこそ、チョウドリーを批判するナショナリストの批評家たちを、そこまで怒らせたのであった。

確かに、平均的なインド人は、イギリスの統治下で、より豊かになったわけではない。一七五七年から一九四七年までの間、イギリスの国内総生産は、実質で、三四七パーセント増加している。これに対して、インドは、わずか一四パーセントだった。インド経済が近代化したことで生まれた利益のかなりの部分は、イギリス人経営者、銀行家、株主の下に行ったのだ――インドに、能力のある投資家や起業家が不足していたわけではない、にもかかわらずである。一九世紀、インドに強いられた自由貿易によって、現地の手工業者は、ヨーロッパ人との激しい競争に晒されることとなった。この当時は、独立したばかりのアメリカは、その生まれたての産業を、高い関税障壁によって保護していたのである。一八九六年、インドの繊維需要の内、インドの工場が供給していたのはわずか八パーセントであった。*

* しかし、この数字は、戦時中には、変わった。一九四五年には、インドの工場は、インドの繊維需要の四分の三を担うこととなった。

これと同時に記憶しておかなければならないのは、インド人の契約移民労働者たちが、安価な労働力の大きな供給源となり、後に、イギリス帝国の経済がこれに依存するようになった、ということである。一八二〇年代から一九二〇年代までの間、一六〇万人近いインド人たちが、カリブ海、アフリカ、インド洋、アジア太平洋――マラヤ〔現在のマレーシア、シンガポール〕のゴム園からフィジーの砂糖工場に至るまで――の各植民地の様々な場所で働くために、インドを出国したのであった。彼らの移動中の環境、そして労働場所での環境は、多くの場合、一世紀前にアフリカ人奴隷たちが置かれていた環境と、たいして変わらないものであった。マコノヒーのような官僚たちが最大限の努力をしたのであったが、一八七六年から一八七八年にかけて、そして、一八九九年から一九〇〇年にかけて、ひどい飢饉を避けることはできなかった。実際、一八七六年から一八七八年にかけての飢饉においては、イギリスが放任主義経済《レッセ・フェール・エコノミクス》〔自由競争主義経済〕に固執したことが、さらに状況を悪くしたのであった。* だが、ムーガル帝国による支配がその後もつづいていたならば、インド人の生活はさらに良くなっていたのであろうか？　あるいは、オランダの植民地となっていたならば、どうであろうか？　ロシアではどうであろうか？

＊　とはいうものの、一八七七年の飢饉で、イギリスが市場経済に依存していたことを、ナチスのユダヤ人に対する虐殺と同列に論ずることは、まったくおかしなことである。ヴァイソロイだったリットン卿が、一八七六年のひどい干ばつの後、市場経済に依存することで食料を十分に供給できると考えたことは、確かに間違いであった。だが、ヴァイソロイは、住民を殺そうと意図したわけではない。ヒトラーは、殺そうと意図したのである。

インド人の統治者の下に置かれていたならば、インド人の生活がより良くなっていたであろうということは、自明であるようにも思われる。イギリスがひっくり返したインドの支配層についていうならば、これは、確かにその通りだろう。国民所得において彼らの占める割合は、五パーセントほどであったと思われるが、自分たちが支配していたならば、この五パーセントを、自分たちの消費に当てることができたことであろう。

だが、大多数のインド人について述べるならば、インドが独立していたならば彼らの生活が向上していたかどうかは、はっきりしないのだ。イギリスの統治の下で、税引き後の総収入の内、農村経済の占めていた割合は、実際に、四五パーセントから五四パーセントに増加しているのである。農村経済の全人口に占める割合は四分の三ほどであったので、それゆえ、イギリスの統治が、不平等を是正したということについては、疑いようがないのである。そして、イギリスがインド人の収入を大きく向上させることはなかったとしても、インド大反乱が成功して、ムーガル帝国の再興に成功していたならば、収入が減少したかもしれない、ということも考えられるのである。中国は、中国人の統治下〔正確には、満洲人の統治下〕にあったが、繁栄していないのだ。

そして、現実としては、インドのナショナリズムは、多くの貧しい人々が燃え上がらせたものではないのである。これを燃え上がらせたのは、拒絶された少数の特権者たちなのであった。マコーリーの時代、イギリス人たちは、英語を話し、英語で教育を受けたインド人たちをエリート階級として育成し、行政機構のなかで補助的な役割を担わせる階級とし、そして、イギリスによる行政機構全体が、彼らに依存することになったのであった。その後、時代を経るにしたがって、マコーリー自身も予測していた通り、*これらの人々は、政府のなかでより大きな役割を担いたい、と望むようになったのである。ところが、カーゾンの時代になると、彼らは退けられ、華はあるものの、得てして無能なマハラジャたちが、彼らの代わりに選ばれたのである。

＊「奴隷の身分や、迷信に捕らわれる人々のなかから、偉大な人物を見つけ出し、彼らが市民としてのすべての権利を得たいと望むようになり、それを叶えられるような統治を行なうことは、実に、われわれ自身にとっても、名誉なことである。」

その結果、ヴィクトリア期の終わり頃には、インドにおけるイギリスの統治は、カーゾンが愛してやまない宮殿の一つのようになったのであった。その外観は、ピカピカ光り輝いていた。だが、内側の地下室では、使用人たちが、床板をはがして薪にするのに忙しかったのである。

はるかな地で、わが海軍が消えてゆこうとしている。
あの砂丘で、この岬で、その灯りがしぼんでゆく。
何ということか、昨日《きのう》の輝きのすべては、

ニネヴェやティルスと同じなのだろう!
諸国の審判は、未だわれらに下らない、
だが、われわれは決して忘れない——決して忘れない!
〔ラドヤード・キップリングの詩「Recessional(退出讃美歌)」の一部、「ニネヴェ」はかつて繁栄していたアッシリア帝国の首都、「ティルス」はかつて非常に栄えていた、地中海沿い〔現在のレバノン〕にフェニキア人が築いた都市〕

一八九七年、キップリングが、もの悲しい「退出讃美歌」を書いて、彼の同胞たちの背中に懸念の欠片《かけら》を投げかけた時、この彼の同胞たちは、ヴィクトリア女王のダイヤモンド・ジュビリー〔在位六〇周年記念式典〕を祝っていたのである。確実にいえることとは、ニネヴェやティルスが誇った城と同様に、カーゾンの仕事の多くは、時の経過という試練に耐え得るものではなかったのである。カーゾンは、ヴァイソロイとして、自信に満ちた情熱とともに、インドのイギリスの政府を、より良いものにしようとしたのであった。カーゾンは、インドを失ったならば、イギリスは「世界最強の大国」という地位から転落して、「三等国」となってしまう、と熱烈に信じていたのである。

だが、カーゾンは、インドそのものではなく、イギリスの統治のやり方を変えようとしたのである。カーゾンは、まるで古代の遺跡に対して行なうかのように〔譬えていえば〕、インドの君主たちに、文化財保護命令を貼りつけようとしたのである——文化財として選定された建物に、由緒ある貴族たちを「文化財として選出」し、住まわせようとしたのである。これは、とても、現実的な行為とは呼べまい。

カーゾン自身は、その後、一九一五年に王爾尚書《おうじしょうしょ》〔国王の御璽《ぎょじ》の管理、および関連する事務を司る閣僚〕となり、一九一九年に外務大臣となる。だが、結局、自らが就きたいと望んだ最高の地位に就くことは叶わなかった。〔一九二三年にボールドウィンと並んで首相候補に挙げられた際、〕内々のメモに「特権を得ている守旧派を代表する人物である」と書かれ、保守党党首〔つまり首相〕の地位は、彼の頭上を通り過ぎていった。カーゾンのような者は、「この民主主義の時代」にあっては、もはや、その地位にふさわしくない、とされたのであった。このことは、同時に、トーリー主義というプロジェクト全体にとっても、十分な死亡宣告であっただろう。

アーサー・リー（Arthur Lee）議員は、一度、カーゾン卿とマダム・タッソー館で出くわしたことがあった。その時、カーゾンは、自分の蠟《ろう》人形を、真剣ではあるが愁いを帯びた表情で眺めていた。カーゾンが、今日、ラクナーウ動物園の、忘れられた裏庭に立つ女王陛下や雑多な植民地総督たちの像を見たならば、どんなにがっかりすることであろうか。彼らは、インド独立後、ここに、忘れられた存在で立っている。巨大な大理石のヴィクトリア女王が、侘しく、狭い場所に立っているのである。帝国の儚《はかな》さをこれほど雄弁に物語るものは、他になかなかないであろう。彫刻された巨大な石の塊を、ロンドンからラクナーウまで運んで来るだけで、かなりの難業であったであろう。これは、ヴィクトリア期の真の力の原動力であった、クレーン、蒸気船、鉄道によって、初めて可能となったのである。今日の視点で見てみると、この物憂げな老婦人が、かつてインドを統治していたということは、なぜか不思議なことのように感じられる。この、巨大な白い女王陛下像は、かつてどこかの広場に立っていたのであろうが、自分が乗っかっていた台座から引きはがされたことで、象徴としての力を失ったのである。*

＊　確かにそうなのだが、どこかの誰かが彼女の鼻をそぎ落としたという事実は、不思議なことに、不敬な行為であるように思えてくるのだ。

そして、またしても、である。一九世紀が終わりを迎える頃には――カーゾン卿には失礼ながら――インドは、一八六〇年代には、イギリス帝国のもっとも重要な部分であり、欠くことのできない宝石であったかもしれないが、もはやそのようなものではない、と主張されるようになったのである。世界の他の場所では、新しい世代の帝国主義者たちが登場しつつあった。この新しい帝国主義者たちは、イギリス帝国が生き延びようとするのならば――つまりは、新しい世紀の新たな課題に適応しようとするならば――帝国は、新たな方向へと拡大してゆく必要がある、と信じていたのだ。

彼らの考え方によれば、イギリス帝国は、虚飾を捨てて、ヴィクトリア期以前の原点に戻る必要があったのだ。つまりは、新市場を切り開き、新たな植民地を獲得し――そして、その必要がある場合には――新たな戦争を始める、ということなのであった。

著　者

ニーアル・ファーガソン　Niall Ferguson

歴史家。1964年、イギリス、スコットランド・グラスゴー生まれ。オックスフォード大学モードリン・カレッジ卒業の後、同カレッジD.Phil（歴史学）。現在は、スタンフォード大学フーヴァー研究所シニアフェローならびにオックスフォード大学ジーザスカレッジ、シニアリサーチフェロー。元ハーヴァード大学教授。英米両国で新聞や雑誌に頻繁に寄稿している。2004年にはタイム誌より「世界で最も影響力のある100人」に選出。著書に『憎悪の世紀』『マネーの進化史』『劣化国家』『文明』などがある。

訳　者

山本文史（やまもと・ふみひと）

近現代史研究家。1971年フランス・パリ生まれ。獨協大学英語学科卒業、獨協大学大学院外国語学研究科修士課程修了、シンガポール国立大学（NUS）人文社会学部大学院修了。Ph.D（歴史学）。著書・翻訳書に『文明と戦争（上）（下）』中央公論新社、2012年（共監訳）、『検証　太平洋戦争とその戦略（全３巻）』中央公論新社、2013年（共編著）、Japan and Southeast Asia: Continuity and Change in Modern Times (Ateneo de Manila University Press, 2014)（分担執筆）、『大収斂――膨張する中産階級が世界を変える』中央公論新社、2015年（単訳）、『日英開戦への道――イギリスのシンガポール戦略と日本の南進策の真実』中公叢書、2016年（単著）などがある。

大英帝国《だいえいていこく》の歴史《れきし》　上
——膨張《ぼうちょう》への軌跡《きせき》

2018年6月10日　初版発行

著　者　ニーアル・ファーガソン
訳　者　山本《やまもと》 文史《ふみひと》
発行者　大橋 善光
発行所　中央公論新社
〒100-8152　東京都千代田区大手町1-7-1
電話　販売 03-5299-1730　編集 03-5299-1840
URL http://www.chuko.co.jp/

DTP　嵐下英治
印　刷　図書印刷
製　本　図書印刷

Published by CHUOKORON-SHINSHA, INC.
Printed in Japan　ISBN978-4-12-005087-9 C0022

P・フェルトバウアー
藤川芳朗 訳
喜望峰が拓いた世界史
ポルトガルから始まった
アジア戦略 1498-1620
Peter Feldbauer
DIE PORTUGIESEN IN ASIEN
1498-1620
中央公論新社

イタリアの鼻

ルネサンスを拓いた傭兵隊長フェデリーコ・ダ・モンテフェルトロ

DIE NASE ITALIENS
Federico da Montefeltro,Herzog von Urbino

B・レック／A・テンネスマン 著
藤川芳朗 訳

ウルビーノの領主の非嫡子として生まれながら傭兵隊長として財をなし、画家ピエロ・デッラ・フランチェスカや建築家ラウラーナ、マルティーニを育て絢爛豪華な宮殿を建設。権謀術数渦巻く15世紀を生き抜いた一領主の生涯と功績から初期ルネサンスの光と影を解読する

目　次

四六判・単行本